中国赫哲族民俗体育文化

ZHONGGUO HEZHEZU MINSU TIYU WENHUA

赵忠伟 著

中山大学出版社

·广州·

版权所有　翻印必究

图书在版编目（CIP）数据

中国赫哲族民俗体育文化/赵忠伟著.—广州：中山大学出版社，2021.7

ISBN 978-7-306-07162-0

Ⅰ.①中… Ⅱ.①赵… Ⅲ.①赫哲族—民族形式体育—体育文化—研究—中国　Ⅳ.①G852.9

中国版本图书馆 CIP 数据核字（2021）第 047839 号

出 版 人：王天琪
策划编辑：谢贞静
责任编辑：谢贞静
封面设计：林绵华
责任校对：邱紫妍
责任技编：何雅涛
出版发行：中山大学出版社
电　　话：编辑部 020-84110283，84113349，84111997，84110779，84110776
　　　　　发行部 020-84111998，84111981，84111160
地　　址：广州市新港西路 135 号
邮　　编：510275　　传　　真：020-84036565
网　　址：http://www.zsup.com.cn　　E-mail：zdcbs@mail.sysu.edu.cn
印 刷 者：广州市友盛彩印有限公司
规　　格：787mm×1092mm　1/16　16.5 印张　296 千字
版次印次：2021 年 7 月第 1 版　2021 年 7 月第 1 次印刷
定　　价：68.00 元

如发现本书因印装质量影响阅读，请与出版社发行部联系调换。

国家社科基金后期资助项目
出版说明

　　后期资助项目是国家社科基金设立的一类重要项目,旨在鼓励广大社科研究者潜心治学,支持基础研究多出优秀成果。它是经过严格评审,从接近完成的科研成果中遴选立项的。为扩大后期资助项目的影响,更好地推动学术发展,促成成果转化,全国哲学社会科学工作办公室按照"统一设计、统一标识、统一版式、形成系列"的总体要求,组织出版国家社科基金后期资助项目成果。

全国哲学社会科学工作办公室

目　录

第一章　导论 … 1
　　第一节　赫哲族的民族认同 … 1
　　第二节　赫哲族的民族融合 … 3
　　第三节　赫哲族的宗教信仰 … 5
　　第四节　赫哲族民俗体育文化研究缘起 … 7
　　第五节　赫哲族民俗体育文化研究意义 … 8

第二章　赫哲族历史演变与口传文学 … 12
　　第一节　赫哲族族源发展史 … 12
　　第二节　赫哲族地理分布 … 31
　　第三节　赫哲族人口状况 … 42
　　第四节　赫哲族口传文学 … 45

第三章　赫哲族渔业生产产生的民俗体育 … 58
　　第一节　赫哲族渔业文化概况 … 59
　　第二节　赫哲族叉鱼产生的民俗体育 … 70
　　第三节　赫哲族造船、划船产生的民俗体育 … 76
　　第四节　赫哲族网鱼产生的民俗体育 … 91
　　第五节　赫哲族挡亮子产生的民俗体育 … 100
　　第六节　赫哲族钓鱼产生的民俗体育 … 103

第四章　赫哲族狩猎与军事战争产生的民俗体育 … 108
　　第一节　赫哲族狩猎文化与军事战争概况 … 108
　　第二节　赫哲族弓箭产生的民俗体育 … 118
　　第三节　赫哲族激达产生的民俗体育 … 125
　　第四节　赫哲族摔跤产生的民俗体育 … 128

第五节　赫哲族犬猎产生的民俗体育 …………………………………… 133
　　第六节　赫哲族滑雪板产生的民俗体育 ………………………………… 140
　　第七节　赫哲族枪猎产生的民俗体育 …………………………………… 145
　　第八节　与猎物的骨头相关的民俗体育 ………………………………… 149

第五章　赫哲族地域环境产生的民俗体育 ………………………………… 152
　　第一节　与水有关的赫哲族民俗体育 …………………………………… 153
　　第二节　与冰雪有关的赫哲族民俗体育 ………………………………… 156
　　第三节　与山林有关的赫哲族民俗体育 ………………………………… 162
　　第四节　与河沙有关的赫哲族民俗体育 ………………………………… 165
　　第五节　与小动物有关的赫哲族民俗体育 ……………………………… 167
　　第六节　赫哲族民间舞蹈 ………………………………………………… 172

第六章　赫哲族游戏 ………………………………………………………… 183
　　第一节　儿童绳戏 ………………………………………………………… 183
　　第二节　角力游戏 ………………………………………………………… 186
　　第三节　抛掷游戏 ………………………………………………………… 189
　　第四节　赛跑游戏 ………………………………………………………… 194
　　第五节　跳跃游戏 ………………………………………………………… 196
　　第六节　女孩游戏 ………………………………………………………… 198
　　第七节　球类游戏 ………………………………………………………… 203
　　第八节　其他游戏 ………………………………………………………… 204

第七章　赫哲族乌日贡大会概况 …………………………………………… 207
　　第一节　乌日贡大会的设想 ……………………………………………… 207
　　第二节　乌日贡大会的相关元素 ………………………………………… 209
　　第三节　乌日贡大会程序和各届文体项目 ……………………………… 215
　　第四节　乌日贡大会的作用 ……………………………………………… 220

第八章　赫哲族民俗体育文化的保护与传承 ……………………………… 225
　　第一节　赫哲族民俗体育文化的传承方式 ……………………………… 226
　　第二节　赫哲族民俗体育文化的传承困境 ……………………………… 231
　　第三节　赫哲族民俗体育文化的传承措施 ……………………………… 235

第九章　赫哲族运动员参赛成绩 ································ 248
　　第一节　黑龙江省少数民族运动会参赛情况 ················· 248
　　第二节　国家级运动会参赛情况 ···························· 249

参考文献 ·· 252

第一章 导 论

中国是一个古老的、高度文明的、统一的多民族国家，具有悠久的历史，56个民族光辉灿烂的文明铸就了中华民族的灵魂。中华五千年的文明史也是各个民族之间兼并融合的历史、相互接纳对方文明的历史、向外传播中华文明的历史。

中国北方少数民族轮番崛起，一次次冲击中原大地，同时也是一次次接受中原文明的过程。辽、金、元、清这些少数民族政权都利用汉文化来支撑国家，同时也把自己的文化融入汉文化之中，使中华大地的文明出现多元化，使中华文明丰富多彩。

北方少数民族的历史也是半部中国史，阿尔泰语系三大语族（突厥语族、蒙古语族、通古斯语族）的各少数民族对中原地区的冲击最大，西汉时期的抗击匈奴（突厥前身）、北魏（东北鲜卑，蒙古前身）与南朝的对峙、隋唐时期抗击高句丽（濊貊）、辽（契丹）宋之战、宋金（女真）之战、蒙古灭宋、大清（满）灭明等，使中国古代政权一次一次地洗牌，使民族一次一次地融合。西汉抗击匈奴后，匈奴部族衰弱，从而融入其他部族中，族名消失；北魏灭亡后，鲜卑绝大多数人融入汉族中，鲜卑这一名称成为历史的记忆；辽朝灭亡后，契丹人融入汉族、女真、蒙古之中，契丹部族消失……匈奴人、鲜卑人、契丹人等消失了吗？没有，他们只是融入其他民族之中。所以说，无论哪个民族，都是中华民族的重要组成部分，在构建中华民族的过程中，都做出了巨大的贡献。

第一节 赫哲族的民族认同

生活在我国北方的少数民族共分三大语族，即通古斯语族、蒙古语族、突厥语族，而通古斯语族的先民主要生活在我国东北地区，其先民可追溯到6000~7000年前的古肃慎时期，因此，通古斯语族是一个古老的语族，主要分布在黑龙江、吉林、辽宁等省部分地区。生活在河网密布、森林密集的地区的先民主要以渔猎为生，以鱼、兽皮为衣，以鱼、兽肉为食，夏季乘船，冬季乘狗爬犁及踏雪板，住地窨子，这一部分共同体最终形成了赫哲族。生活在森林之中的先民主要以狩猎与采集为生，以兽皮为衣，以兽肉和野果为食，冬季乘坐驯鹿雪橇，住撮罗子，这一部分共同体形成了鄂伦春族、鄂温克族。生活在东北南部地区的先民主要以农耕为主，以渔猎为辅，穿布衣，骑马、乘马车，住土坯房，这一部分先民最终形成了满族、锡伯族。这些民族属于同一语族，同根同源，同属于阿尔泰语系通古斯语族。

1858年《瑷珲条约》和1860年《中俄北京条约》的签订，将黑龙江以北、乌苏里江以东100多万平方公里的土地及其居民划归沙皇俄国，使诸多世居于此，属于同一族体、同一文化，使用同一种语言（通古斯语族满语支）的民族分属中俄两国，成为黑龙江、乌苏里江两岸的跨国民族。赫哲族便是这一历史过程中的典型跨国民族。在沙皇统治时期，俄国人将黑龙江以北、乌苏里江以东的赫哲人称为"果尔特人"，十月革命后，苏联境内的赫哲人又被称为"那乃人"或"乌尔奇人"，延续至今。2018年7月，笔者所在课题组成员到黑龙江省赫哲地区进行为期15天的课题调研，当来到黑龙江省同江市街津口赫哲族民族乡调研时，正好碰到了来街津口串亲戚的俄罗斯那乃人家的一个少年。这位少年15岁，身高1.65米左右，有点方脸，黑头发，与街津口当地的赫哲族少年长相十分相似，一点都看不出是俄罗斯少年。他既会俄罗斯语，又会赫哲语，能与街津口赫哲人用赫哲语直接对话。由于长时间与俄罗斯那乃人交往，一些赫哲人也会俄罗斯语，他们经常像亲戚一样友好往来。由于历史原因，虽然他们分离了将近160年，但他们的生活习惯、语言、宗教信仰基本上没有什么改变，并且往来非常密切。那乃少年所到的街津口亲戚讲述：有一年，他到少年家，他管少年的母亲叫姐姐，他这位姐姐讲到与俄罗斯州政府交涉大马哈鱼的事情。当时，俄罗斯州政府为了保护大马哈鱼，在黑龙江下游拦了网，不让大马哈鱼游到那乃人聚集区，因此，以渔猎为生的那乃人就对俄罗斯政府的做法表示不满，他们诉求道，那乃人世世代代有捕食大马哈鱼的习俗，不能改变这一习俗，要求撤去渔网，但结果不得而知。由此可见，无论生活在何处，民族共同体的根就是你的心所向之地。

中国赫哲族每四年举办一次乌日贡大会，都有俄罗斯那乃人前来参加，有的是参与文体活动的，有的是来观看的。乌日贡大会是全体赫哲族的节日盛会，不分省界，不分国界，赫哲人借此机会都要回到家乡，和族人一同欢庆，进行沟通交流，实质上就是民族认同大会、民族团结大会。

过去，赫哲族传统的生产方式和山水相依的地理环境，塑造了他们浓郁的民族风情和独特的民俗生活模式。他们勤劳质朴、热情好客,穿鱼皮,驾"狗车",吃生鱼,住撮罗。他们奇异的服饰、美味的饮食,以及婚姻、丧葬、节庆、民间文学、宗教信仰等,无不凸显着赫哲族本民族的特色。

第二节 赫哲族的民族融合

由于自然环境的恶劣及生活物资的匮乏,居住在东北地区的少数民族之间、部落之间经常进行兼并、掠夺战争,因此,部族之间轮番崛起,并且一次次地冲击中原政权。扶余国是东北第一个由扶余人建立的政权,被同族政权高句丽打败。同时代从大兴安岭出发的鲜卑人走出深林,踏过草原,跨过长城,越过茫茫大漠,来到山西大同,建立了北魏政权。后来,北魏孝文帝迁都洛阳,大举汉化。

北魏迁都洛阳后,彻底融入汉文化之中。由于生活安逸,北魏国力衰落,后来分裂成北周和北齐,政权返回山西,后北周统一北齐,隋文帝杨坚又篡夺了北周政权,并且一统中国,绝大多数鲜卑族彻底融入汉族之中,鲜卑部族从此消失。

隋炀帝70万大军讨伐高句丽,造成国库亏空、民不聊生而国破家亡。唐高宗李治与东北的渤海国联合打败了高句丽,高句丽亡。契丹人建立的东北政权——辽,打败了渤海国,登上了历史舞台。当时辽国强大,与宋的战争打到了长江北岸,使北半球的国家都了解辽的强大。现在俄罗斯语称中国为"契丹",契丹属于阿尔泰语系蒙古语族,受通古斯语族影响较大。随后,东北女真人建立了金国,消灭了辽国,与宋朝对峙,消灭了北宋,京城跟着战争的脚步一次次南迁,一度到达汴州——开封。赫哲族即属于女真诸部落之一。紧接着,蒙古帝国崛起,横扫欧亚大陆,蒙古的铁骑不可能不踏上高度文明的华夏大地。第一个完全统治中国的少数民族政权出现了。蒙元时期,中国的疆域面积达到最大,新疆、西藏、云南、贵州、广西等地彻底归入蒙元版图,成为行政省。这一时期,民众信仰自由,元宪宗蒙哥说过:"长生天"是手掌,其他宗教是手指,都为大蒙古国服务。

东北少数民族轮番崛起的背后,意味着不断的战争,战争的结果就是部落之间、集团之间的不断融合与分裂。融合的结果就是互相接纳,互相影响,互相兼容,做到你中有我、我中有你。

契丹的辽国统治东北时期，对女真有过残酷的镇压。契丹贵族喜欢海东青，海东青是一种大型鹰类，羽翼展开有两米，极其凶猛，可以捕捉空中飞的天鹅和地上跑的小鹿、山羊、野兔等动物。契丹贵族基本上每人一只海东青，以象征自己的身份和地位，纯白色的海东青最为珍贵。为了弄到上好的海东青，他们对盛产海东青的赫哲地区的人们进行残酷镇压。海东青数量少，据说10万只鹰中只有一只上好的海东青，并且难以捕捉，这就给赫哲先民造成了沉重的负担，他们经常反抗辽朝的统治。契丹也是游牧民族，而辽国有五京，因此，他们会在不同的季节到不同的京都议政和游猎。例如，冬季到赫哲先民的居住地的大江大湖中捕鱼，并且有"头鱼宴"的说法，现在的查干湖冬捕可能就是辽金时期冬捕的延续。从这件事上可见，辽国与赫哲先民之间是臣服与被臣服的关系，辽国的东京就在牡丹江地区，正是赫哲族的聚集区。辽国被金灭亡后，南迁的契丹人融入中原汉族中，北部的契丹人融入女真部族或蒙古部族中，还有一部分迁移到新疆地区，建立了西辽，最后为蒙古所灭，契丹部族消失，契丹人彻底融入各个民族之中。

赫哲族也受不同部落、不同语系的影响。赫哲族"伊玛堪"①提到过，赫哲族是女真人的后代，完颜阿骨打建立金朝后，准备攻打宋朝，曾向赫哲地区借兵，即历史上记载的金兀术向三川六国借兵，每国借兵一万。三川六国指的就是"野人女真"的各个部落，也就是赫哲族先民的部落。金朝攻打宋朝，掳走了宋徽宗和宋钦宗，把两位皇帝关押在了赫哲地区的五国部。由此可见，五国部隶属金国，并且得到了金朝统治者的充分信任。

后来努尔哈赤建立了后金，皇太极时期改为大清，其部族改名为满洲。清朝初期，对赫哲地区多次用兵，采取怀柔政策，主要用同根同源、习俗同、语言同等拉近关系。

赫哲族生活在山林密集、河网密布地区，主要以渔猎为生，有固定的居住地；蒙古族大部分生活在大草原，以游牧为生，居住地随着牧场而迁移。二者无论是语言还是生产、生活方式，基本上都不同。而在伊玛堪故事中，有的提到赫哲族是蒙古族的后代。赫哲先民与辽不睦时，绕道过室韦接触中原王朝，由此可见，赫哲族先民与蒙古族先民有接触，并且能够进行语言上的沟通。赫哲族属于阿尔泰语系通古斯语族，而蒙古族属于阿尔泰语系蒙古语族，他们语族不同，可能是因为生活地区相邻、民族融

---

① 赫哲语，指赫哲族人民世代因袭、口耳相传的长篇民间说唱文学作品。

合，所以语言互通。但这也说明，赫哲族先民与蒙古族先民有一定的往来和密切的接触，与赫哲族同根同源的满族的文字就是根据蒙古族的文字创建出来的，所以有"满蒙不分"的说法，而皇太极的皇后孝庄就是蒙古族人。

在中国历史发展过程中，赫哲族出现过多次迁徙。北方政权辽、金、元、清等朝代更迭，引起民族人口大规模迁移与融合，使民族人口的分布形成"大杂居、小聚居"，即"我中有你，你中有我"的互相交错居住的状况。再加上地域生存环境的恶劣，赫哲族逐渐形成了粗犷豪放、勇敢顽强的性格。早期赫哲族以渔猎生产作为主要的生产类型，中华人民共和国成立后逐渐过渡到以农耕为主。

第三节 赫哲族的宗教信仰

列宁在《论工人政党对宗教的态度》中提道："恐惧创造神。"[①] 他又在《社会主义和宗教》一文中说道："野蛮人由于没有力量同大自然搏斗，而产生了对上帝、魔鬼、奇迹等的信仰。"[②] 由此可见，自然崇拜的产生基于对自然的恐惧。

赫哲族先民生活在贝加尔湖以东，直至东到大海的地区。由于部落之间的战争，战败的赫哲先民来到了三江沿岸，靠渔猎为生。由于自然条件的艰苦，一年中大约有半年的冰封期，天气异常寒冷。夏季雨水暴涨，再加上生产力的低下，赫哲族先民的生活极其艰难，可以说饥一顿饱一顿，冬季可达零下40摄氏度，挨饿受冻是常有的事。赫哲族先民无法战胜恶劣的自然环境，无法快速改变现状，便借助超自然的力量，也就是希望他们心中的神灵来庇佑他们，使他们的愿望得以实现，赫哲族就产生了各种崇拜。

赫哲族相信万物有灵，他们崇拜自然，认为日月星辰、山川草木都有神灵在主管。

赫哲族崇拜神灵，认为整个自然界充满了神灵，人类周围的一切都是

---

① 〔苏〕列宁：《列宁全集》第17卷，中共中央马克思恩格斯列宁斯大林著作编译局编译，人民出版社，2017，2版。

② 〔苏〕列宁：《社会主义和宗教》，中共中央马克思恩格斯列宁斯大林著作编译局编译，人民出版社，1999。

活的,用他们自己的话说就是"赫乌鲁巴利齐",即万物都活着,都有自己的灵魂。

赫哲人认为,动物都有灵魂,每种动物都有神在主宰,因此,赫哲族崇拜动物。在原始时代,动物是人类求得生存的必要条件。人之所以为人,要依靠动物,而人的生命的存在所依靠的东西对人类来说就是神,所以从事渔猎生产的赫哲人崇拜各种动物是必然的。

赫哲族崇拜植物,如树木、花草、野菜、野果等,其中最突出的是"神树",赫哲语叫"飞由合"。

赫哲族崇拜祖先,相信人与动物都有灵魂存在,灵魂不死,于是也相信自己的祖先灵魂不死,奉行崇拜祖先。赫哲人对祖先的崇拜意识很强,这从他们的神话、传说、故事、民歌、祭祀等方面都有所表现。

赫哲族崇拜英雄,认为英雄无所不能,会带领他们过上美好的生活。

过去,赫哲族普遍相信万物有灵,这是赫哲族原始宗教的基础。存在着自然崇拜、图腾崇拜、灵物崇拜、鬼神崇拜和祖先崇拜等,在此基础上形成了赫哲族的萨满教。

古代信仰萨满教的区域相当大,北纬40度以上的居民普遍信仰萨满教,生活条件艰难的地方的人们基本上都信仰萨满教,像蒙古高原上的蒙古族、格陵兰岛上的因纽特人等。萨满教是原始宗教,阿尔泰语系中的很多民族曾广泛信仰萨满教,包括我国东北地区的满族、蒙古族、朝鲜族、达斡尔族、锡伯族、鄂伦春族、鄂温克族、赫哲族等。

恩格斯在《反杜林论》中说:"一切宗教不过是支配着人们日常生活的外界力量在人们头脑中的幻想的反映,在这种反映中,人间的力量采取了超人间的力量形式。"①

学术界认为,萨满信仰起源于母系氏族社会,迄今已有5000年以上的历史。在渔猎、游牧民族中,萨满信仰曾经长期存在。

"萨满"一词来源于通古斯语,意思是"激奋者""癫狂者",也就是"因兴奋而狂舞的人",因此,萨满的主要职能之一就是以舞降神。可以说,没有丰富多彩的萨满舞蹈,就没有萨满教的仪式。俄国人史禄国在《通古斯人萨满教的几个特征》中对萨满的特征进行了概括。② 赫哲人认

---

① 〔德〕弗里德里希·恩格斯:《反杜林论》,中共中央马克思恩格斯列宁斯大林著作编译局编译,人民出版社,2015。
② 〔俄〕史禄国:《通古斯人萨满教的几个特征》,于洋译,《世界宗教文化》2015年第5期。

为，萨满是人与神之间的使者，是治疗百病的能手。开始，萨满多为妇女，后来出现男萨满。

赫哲族萨满的职能主要是主持各种祭祀仪式；为患病的人"跳神"治病；春秋两季跳鹿神，消灾驱魔，庆祝丰收；为无子女的人跳神求子；为死者的亡灵送魂；用骨卜的方法为人判断吉凶祸福；寻找丢失的物品；等等。

萨满在各种仪式中，都要穿上萨满服饰，手持萨满神具。萨满的神具、神服是萨满跳神时不可缺少的。神具有神鼓、神杖、神棍、神刀、神杆、神旗、神箱、神器皿、腰铃、铜镜等。神服有神帽、神衣、神裙、神鞋、神袜、神手套等。

萨满教在赫哲族早期社会生活中发挥着举足轻重的作用，它不仅影响着赫哲人的生产生活方式，还规范和约束赫哲人的行为举止。

对于古代劳动人民来说，信仰萨满教并不是迷信，而是相信万物有灵，不要打扰神灵，不要做对神灵不敬的事情。像古代蒙古族也信仰萨满教，认为万物有灵，因此，他们不许在河里撒尿，不许在河里洗衣服和餐具等，否则，就触犯了河神，会降灾难于他们身上，这对于如今提倡的环保来说具有积极的意义。过去赫哲先民"跳大神"治病，对于过去缺医少药的赫哲人来说，这种方式是最好的精神疗法。还有赫哲地区，开江打鱼、进山围猎、乌日贡（赫哲族文体大会）活动前都要举行祭祀活动，祈求丰收、风调雨顺、顺利平安等，这些都是人们美好的愿望，人们希望实现。

现在拥有高度发达的医疗水平，还用跳大神的方式治病，那显然就是迷信行为，应坚决抵制。把一些事情寄托在迷信上，那也必须坚决抵制。如果是对过去民族文化的遗存进行文艺加工，搬上文艺舞台，比如赫哲族的萨满舞，作为黑龙江省第一批非物质文化遗产，就是值得提倡的。

第四节　赫哲族民俗体育文化研究缘起

在习近平新时代中国特色社会主义思想的指引下，赫哲族民俗体育文化也被赋予了新时代的文化内涵。

2014年7月，习近平总书记在第二次中央新疆工作座谈会上发表重要讲话，指出："民族团结是各族人民的生命线。要高举各民族大团结的旗帜，在各民族中牢固树立国家意识、公民意识、中华民族共同体意识，最大限度团结依靠各族群众，使每个民族、每个公民都为实现中华民族伟大复兴的中国梦贡献力量，共享祖国繁荣发展的成果。各民族要相互了解、相互尊重、相互包容、相互欣赏、相互学习、相互帮助，像石榴籽那样紧紧抱在一起。"总书记的讲话对民族工作者来说具有重要的指导意义。56个民族都是中国大家庭中的一员，各个民族因所处的地理环境、风俗习惯、宗教信仰等方面的不同而呈现出多层次的社会形态、多样性的体育文化形式、种类繁多的民俗风情，它们之间既相互联系又相互影响，使各民族的传统体育文化多姿多彩，形式多种多样，各具特色，从而构成了中华民族传统文化的百花齐放。赫哲族是我国唯一的渔猎民族，大河文化是其魅力的体现，因此，研究赫哲族民俗体育文化也是时代的要求。

特别是习近平总书记于 2016 年 5 月 24 日到同江八岔赫哲族民族乡视察时，赞扬道："赫哲族历史悠久、文化丰富，特别是渔猎技能高超、图案艺术精美、伊玛堪说唱很有韵味。"作为从事民族传统体育研究、从小生活在东北地区的蒙古人，习近平总书记的讲话对笔者的触动很大，激发起笔者研究赫哲族民俗体育文化的强烈欲望，因此，笔者闲暇时间就阅读有关赫哲族方面的书籍，深深地体会到赫哲族传统体育的种类繁多、内涵丰富、特色鲜明，它是赫哲族智慧的结晶和民族情趣的象征，研究赫哲族民俗体育文化具有十分重要的时代意义。

中国《非物质文化遗产保护法》提出，"国家大力扶持民族地区、偏远地区非物质文化遗产保护、保存工作"，因此，体育工作者要着眼于对特殊群体的民俗体育文化进行研究。笔者撰写本书的初衷是从各个角度对赫哲族民俗体育文化的发展进行分析，从理论上提供一份具有扎实、鲜明观点的体育文化新成果，充实国内体育文化理论；从实践上为全民健身运动提供更多的素材，为合理利用民俗体育资源提供实质性的借鉴和参考价值。

中华优秀传统文化是中华民族的精神命脉，是中华民族共同的精神家园，既需要挖掘与整理、继承与弘扬，更需要与时俱进、创新发展。

第五节　赫哲族民俗体育文化研究意义

目前，全球体育朝着一体化趋势的方向发展。随着奥林匹克精神在世界范围内的广泛传播，当前西方竞技体育占世界体育的主流，各国诸多体育文化都与之靠拢。面对这种发展趋势，加强各民族体育文化之间的交流，实现各国体育文化多元化发展，是大多数国家所共同期盼的，也是体育文化在人类社会长远发展的重要根基，在现今全球化发展趋势下，守护各自民族的体育文化是每个民族所必须承担的责任。因此，中国赫哲族民俗体育文化的传承与保护也日益为国人所关注，本书有利于赫哲族民俗体育文化的保护与传承。

纵观世界，目前备受各国重视并在世界范围内广泛流行的竞技项目有几十个种类，多达几百项。但不能以偏概全地说它们代表了全部的体育。体育若要成为更多的竞技运动者和数以万计观众的天地及大众身体锻炼者的世界，就必须吸纳民俗民间体育文化，在广阔的区域开展丰富多彩的传统体育活动，使西方现代竞技体育文化与传统体育文化有机结合，协调发展并有效传承，加速一部分民间民俗体育文化的现代化转型，保留自身优点、特色的同时吸收外来体育文化的精髓，在不失民族传统体育文化特色的同时创新整合，与时俱进，跟上时代的脚步，自我革新，最终发展为同一时代背景下体育文化的一个重要分支，这样也可为现代体育文化未来发展之路谋求到合理途径。虽然西方体育文化是现代体育文化的主流，主导着现代体育文化的发展方向和未来，但是在许多国家，还有很多优秀的民族传统体育文化形式，因此，民族传统体育文化要想取得稳定发展，就必须面向未来，并保留民族体育文化自身的精华，对现代体育文化优秀成果加以借鉴和吸收，立足时代发展，正确审视自我，坚持前进的动力，着眼未来，构建源于体育又高于体育的文化体系。

面对世界经济全球化、文化多元化时代的发展趋势，世界各个国家频繁的文化交流，摆在体育文化学者面前的一个事实是，现代体育已经对民俗体育文化的发展和普及造成了较大的冲击。而民俗体育文化也不再是一种单一的文化形式，而是世界体育文化中的一种复合型体育文化。因此，在西方竞技体育文化如火如荼发展的今天，每个民族都有己任保护自己优秀的体育文化，实现与世界体育文化同步发展。本研究能够在促进赫哲族民俗体育文化的保护与传承的同时，推动赫哲族民俗体育文化不断地向前发展。

我国是由56个民族共同组成的大家庭，5000多年厚重的历史文化创造于中华大地之上，赫哲族民俗体育文化也是如此，它有着源远流长的历史，贯穿于中国5000多年的历史长河中，在历史的长河中产生，在历史的长河中发展。

几千年来，由渔猎、军事战争、地域环境等因素形成的赫哲族独特的体育文化是赫哲族人民智慧的结晶，随着社会的发展逐渐演变出大量的赫哲族民俗体育。但令人担忧的是，随着经济、科技、教育、文化交流的快速发展，赫哲族的自然环境和人文环境发生了变化，从生活习惯到价值观念等方面都出现了不同程度的"飘移"现象。一部分民俗体育适应社会需要，被很好地传承下来；一部分适应民间需要被流传下来；一部分沉睡于古籍中；一部分无声无息地永远消失在历史的长河中。鉴于非物质文化的特性，这些优秀的民俗体育文化一旦消失，则很难或者根本不可能恢复。我们深深地感知"文化是民族的血脉，是人民的精神家园"，赫哲族民俗体育文化也是一样，是中华优秀传统文化的重要组成部分，是赫哲族的精神追求，我们有义务、有责任把赫哲族民俗体育文化保护好、传承好、发扬好。

本书以赫哲族民俗体育文化的发展脉络为主线，从赫哲族民俗体育文化发展和传承的视角进行分析，在理论和实践方面保护赫哲族民俗体育文化的多样性，顺应当代世界体育文化的发展趋势。对赫哲族民俗体育文化的研究，有效地推动赫哲族民俗体育文化的传承和保护。因此，本书对我国赫哲族民俗体育文化的保护和传承具有抢救性和贡献性的意义。

赫哲族是我国东北地区历史悠久的一个少数民族，世居东北地区。《瑷珲条约》和《中俄北京条约》的签订，把同属于一个族群的赫哲族分属两国，在中国的赫哲族主要居住于黑龙江省，而属于俄罗斯的赫哲人，主要居住在贝加尔湖以东至库页岛（俄称"萨哈林岛"）一带。赫哲族在先秦时期称"肃慎"，汉魏时期称"挹娄"，南北朝时期称"勿吉"，隋唐时期称"靺鞨"，辽金时期称"女真"。清朝以后称"赫哲"。赫哲人的自称较多，有"那贝""那乃""那尼傲""赫真"等，"赫哲"作为族称最早出现于清朝康熙年间。族际之间的他称也较多，有"鱼皮部""使犬部""黑金部"等。中华人民共和国成立后，统一族称为"赫哲族"。民族语言为赫哲语，属阿尔泰语系通古斯语族满语支，没有本民族的文字，使用西里尔字母来记录语言。赫哲族主要通过伊玛堪的说唱形式传承本民族的历史与文化，现因长期与汉族交错杂居，通用汉语。我国赫哲族主要分布于黑龙江、松花江、乌苏里江交汇构成的三江平原和完达山余脉地区，集中居住于"三乡二村"，即同江市街津口赫哲族乡、八岔赫哲族乡、双鸭山市饶河县四排赫哲族乡，以及佳木斯市敖其镇敖其赫哲族村、抚远市抓吉镇抓吉赫哲族村。中国赫哲族人口约为4640[①]，他们绝大多数聚居在黑龙江省。几千年以来，赫哲人逐江而行，依山而居，渔猎为生。赫哲

---

① 西安地图出版社：《中国地图册》，西安地图出版社，2010，第11页。

族是我国唯一以捕鱼为业，使用狗拉雪橇的民族。赫哲族民俗体育代表性的项目主要有射箭、叉草球、摔跤、拉杠、顶杠、渔王角力、"杜烈其"、追鹿等。

世界各国文化呈现出五彩缤纷的多样性，这是当今文化发展的必然趋势，也是不同地区文化交流的必然前提。在全球化背景下，文化的发展再也不是单元式、独立式的发展，而是相互交融、相互促进地前行。国际奥委会原主席萨马兰奇先生曾说过："金钱、战争、艺术、性和体育是人类社会通用的五种语言。"一方面，体育能够将前四个要素有机地融合在一起，它是以身体运动为媒介，以谋得人与自然、人与社会、人的自身的长远的发展，体育在整个发展过程中体现着文化性，即体育文化；另一方面，体育文化在传播过程中必然会造成一些传统体育文化的遗失，这是民族传统体育文化相互融合和传统体育现代化所付出的代价。在科技、经济、教育、文化全球化的今天，世界上很多民族都面临着本民族体育文化的遗失，包括本民族的民俗民间体育文化，比如语言、文字、艺术、民间体育、民俗体育等。有人说，体育文化的遗失是当今社会现代化所付出的代价，它应该让位于现代化。但是，人类社会现代化并不代表对传统体育文化的完全摒弃，在世界体育文化发展的进程中，从来没有一种体育文化能完全取代另一种体育文化，不管是人类社会现代化还是多元化的格局，都必须保持传统体育文化的原真性和本质属性。

中华民族传统体育文化的多元性主要表现在民族体育文化、民俗体育文化和地域文化等几个方面，面对当前全球化的发展浪潮，如何在西方竞技体育文化的影响下保持中国赫哲族民俗体育文化的独特性和原真性至关重要。因此，在保持赫哲族民俗体育文化特色的前提下，接受西方竞技体育文化，力求达到中华传统体育文化与西方竞技体育文化的完美结合，已经成为体育界专家和学者共同关注的课题。而赫哲族民俗体育文化作为一种文化形态已经成为中华民族传统体育文化的重要组成部分，研究和探讨其存在的价值、传承方式，对保护民族传统体育的多样性具有重要的战略意义。

第二章　赫哲族历史演变与口传文学

赫哲族是中国古老的民族，其历史可追溯到迄今6000～7000年前的新开流古肃慎时期，它是我国唯一的渔猎民族，也是跨境民族，历史悠久。由于居住地域广阔，赫哲族的一部分人居住于中国，主要居住于松花江、黑龙江、乌苏里江等流域；另一部分人居住于俄罗斯境内，主要居住在贝加尔湖以东至库页岛（俄称"萨哈林岛"）一带。

赫哲族在先秦时期称"肃慎"，汉魏时期称"挹娄"，南北朝时期称"勿吉"，隋唐时期称"靺鞨"，辽金时期称"女真"，清朝以后称"赫哲"。赫哲人的自称较多，有"那贝""那乃""那尼傲""赫真"等，"赫哲"作为族称最早出现于清朝康熙年间。族际之间的他称也较多，有"鱼皮部""使犬部""黑金部"等。

在清朝之前，我国东北大地部族林立，并前仆后继地轮流崛起。翻开中国历史，你会发现扶余、高句丽、渤海国、北魏、辽、金、元、清这些朝代都是东北少数民族建立的政权，而这些少数民族起源于我国东北。他们以锐不可当之势入主中原，谱写了壮丽的几乎跨越了半个中国历史的诗篇，赫哲族也参与到各个历史过程之中。

第一节　赫哲族族源发展史

赫哲族世世代代生活在我国最东北的地区，民族历史悠久，族源上不仅与通古斯古代民族有着密切的渊源，还吸收了古亚细亚民族及蒙古族、汉族成分，因此在文化上既有本民族的鲜明特色，又有多样的交融性[①]。关于赫哲族何时形成的问题，学术界尚有不同的意见。一般认为，赫哲族是以古老的赫哲氏族为主要核心，在赫哲氏族的逐渐发展过程中先后吸收了鄂温克族、达斡尔族、鄂伦春族、满族等相近的北方少数民族成分和原属黑龙江流域的其他土著氏族，以及来到赫哲族分布区居住的蒙古族、汉

---

① 凌纯声：《松花江下游的赫哲族》，民族出版社，2011，第14页。

族等成分，在清初形成了较稳定的族体；中华人民共和国成立后，统一族称为"赫哲族"。赫哲族民族语言为赫哲语，属阿尔泰语系通古斯语族满语支，没有本民族的文字，使用西里尔字母来记录语言。赫哲族文化主要通过"伊玛堪"的说唱形式描述本民族的发展历史和民族文化的传承，现长期与汉族交错杂居，汉语为通用语言，保留原始崇拜及萨满教信仰。

赫哲族先民受辖于我国历代王朝，特别是东北政权。赫哲族的族源同其他各东北民族关系密切，相互融合，赫哲族是中华民族大家庭中重要的一员。从宏观方面来看，赫哲族与我国各个历史时期各政权之间、与周边其他少数民族之间有着千丝万缕的联系；从微观方面来看，赫哲族的发展史，既是一部渔猎史，又是一部征战史。总体来说，赫哲族有着悠久的历史和丰富的文化，其中孕育着大量的民俗体育文化的雏形，为赫哲族民俗体育文化的研究奠定了坚实的基础。

一、先秦时期的赫哲族

赫哲族是我国东北地区古老民族之一，据史书记载，其先民的历史可追溯到 6000～7000 年前的新开流古肃慎时期。上古的尧舜时期，赫哲族是息慎的组成部分，先秦时称"肃慎"或"稷慎"。

边陲黑龙江鸡西，人杰地灵，早在 7000 年前就有远古人类繁衍于此。此处可见兴凯湖草茂天蓝，百鸟竞翔，湿地土肥林阔，禽鱼丰沛。史料记载，肃慎先民即在此以渔猎为生，系现代赫哲族之先民，信奉自然，取之有度。1963 年，在镜泊湖南端宁安市莺歌岭原始社会遗址中，出土一批小陶猪和类似由野猪转向饲养型的公猪、母猪等陶器文物。经碳十四（^{14}C）测年技术检测，距今有 3000 年历史，为公元前 10 世纪的遗存，正是我国历史上的西周时期。历史文献中，虽然没有有关肃慎人养猪的记载，但汉代对肃慎人后代挹娄养猪的习惯做了形象的描述。1972 年，新开流肃慎人遗址在鸡西兴凯湖附近发掘，出土古墓葬及鱼窖 40 余处，为民族起源提供了科学的实证。时逢盛世，这些遗存都证明了肃慎是东北最土著的民族。后来随着地区形势的变化，肃慎族逐渐向东北迁移，族群不断扩大，经年轮转，其地域东至大海（今白令海峡），西至冠漫，北至弱水，其土地广达数千里。到了商周时期，肃慎人就一直生活在我国的东北地区，并与中原王朝有了广泛的接触。《竹书纪年》中记载："虞舜二十五年息慎氏来朝拜，贡弓矢。"公元前 11 世纪，正值周武王伐商之时，肃慎向周王朝进贡楛矢、石砮等，它们在战争中发挥了重要的作用。由此可见，古代的肃慎与周王朝之间有着密切的往来，也说明周王朝辖区已达东北边陲，这时的赫哲族已广泛地使用了弓箭。

二、汉魏晋时期的赫哲族

在两汉时期，肃慎仍不断向中原朝贡，进贡弓矢与物产，三国时的魏晋史书中就有了很多记载。《三国志》中的《魏志》有"魏青龙四年（236 年）五月丁巳，肃慎贡献楛矢"之说；魏景元三年（262 年）四月，"辽东郡言肃慎国遣使重译入贡，献其国弓三十张，长三尺五寸，楛矢长一尺八寸，石砮三百枚，皮骨铁杂铠二十领，貂皮四百枚"。《汉书》载："东夷付挹娄古肃慎国也。"

西晋时期，肃慎继续贡献楛矢、砮弓。东晋、十六国时期晋元帝中兴之际，肃慎复贡献石砮。东晋咸康六年（340 年）十月，挹娄遣使入贡，此时正值后赵石虎当权。石虎召挹娄使者问话，在《册府元龟》之《十六国春秋后赵录》中有挹娄入贡后赵的记载。《晋书》里称赫哲先民为"肃慎氏一名挹娄"，在此书中有较多挹娄人来贡楛矢、砮弓、铠甲、貂皮等记载。这个时期，把肃慎称为挹娄，其是统属于中原王朝之下的边疆部族，而且是持续朝贡的。

这个时期的赫哲族由肃慎改称为挹娄，为中原王朝贡献了规格一样的弓箭和石砮，说明弓箭技艺达到了很高的水平，同时说明挹娄臣属于中原王朝，并定期朝贡方物，与中原有了一定的文化交流。

三、南北朝时期的赫哲族

最早生活在黑龙江嫩江流域大兴安岭一带的鲜卑族的一支拓跋部走出森林，踏过草原，迈过茫茫大漠，跨越长城，一路南下的同时，进行了许多部落重组。338 年，部族首领什翼犍自称代王，建都盛乐（今内蒙古托克托），加快了拓跋部落建国的进程。376 年，前秦苻坚出兵灭掉了鲜卑人的代国，拓跋珪的爷爷拓跋什翼犍被俘，母亲带拓跋珪出逃。386 年，拓跋珪重建代国，改国号为魏，从此建立了一个强盛的帝国。在中国历史上，北魏成为一个雄踞北方地区的王朝，是经历太祖道武帝拓跋珪、太宗明元帝拓跋嗣和世祖太武帝拓跋焘这几个时期陆续实现的。439 年，北魏太武帝拓跋焘亲率大军直抵姑臧，北凉国主投降。至此，中国北方十六国时代画上了休止符，北方终于一统于北魏；从此，中国南北朝对峙局面正式拉开帷幕。493 年，北魏孝文帝长图远略，经过深思熟虑，决定迁都洛阳。迁都洛阳后，北方无论在防务上还是在镇将的地位上都有所降低，加之塞外的柔然人不时进扰掠夺，523 年，爆发了六镇起义，北魏分裂成北周、北齐。后来，北周灭了北齐，统一了北方，又经过 25 年，杨坚代周自立，定国号为隋。北魏到隋的整个时期在历史上称为南北朝时期，北魏称为北朝。

在北魏时期，挹娄改称勿吉，军事实力大增，势力更为强盛，打败扶余国后，入居松花江流域，臣属于北魏政权。勿吉人定期向北魏纳贡，有时一年数次纳贡，有时间年一贡，纳贡人数不定，最多一次来贡者多达 500 余人。据《册府元龟》记载：北魏延兴五年（475 年），勿吉国遣使朝贡，直至北齐河清二年（563 年）、河清三年（564 年）仍连续遣使向北齐朝贡，这说明东北边疆各族同中原王朝有着密切往来，并履行所属朝贡义务。

勿吉初始时有数十部，后来逐渐融合分化发展为七大部落，分别为粟末（松花江古称）部，在今松花江一带；白山部，在今长白山一带；伯咄部，在今扶余市一带；安车骨部，在今阿什河一带；拂涅部，在今牡丹江一带；号室部，在今绥芬、穆伦二河流域；黑水部，在今黑龙江下游一带。七大部落基本上都是沿河而居。

四、隋唐时期的赫哲族

随着时间的推移，到隋唐时期，赫哲族由勿吉改称靺鞨，但仍保持了南北朝时期的七大部落的格局，边界明确。其一为粟末部，居今长白山附近，南与朝鲜接壤，依粟末水而得名；其二为伯咄部，居今吉林省扶余市，归为伯都纳诸地；其三为安车骨部，居今哈尔滨市阿城区，黑龙江省五常市之地，古为阿勒楚之地；其四为拂捏部，居最东宁古塔，今为黑龙江省宁安市；其五为号室部，居今宁安市以北，依兰县以南；其六为白山部，居粟末部以东至大海诸地；其七为黑水部，在最北方，为今依兰县东北至伯利（今俄罗斯的哈巴罗夫斯克城）以北诸地及至大海和库页岛。粟末部及伯咄部为七大部落中较大者。

赫哲族先民与黑水靺鞨有着密切的渊源关系，是其构成之一。民族学家凌纯声在 1930 年通过实地调研，认为"从赫哲现在所居的地域上考察，隋唐时期的黑水靺鞨，当为赫哲的远祖"①。隋朝建立之初，靺鞨部的酋长相继遣使朝贡。《东夷靺鞨列传第四十六》中记载了隋高祖与靺鞨使者的对话："开皇初，相率遣使贡献。高祖诏其使曰：'朕闻彼土人庶多能勇捷，今来相见，实副朕怀。朕视尔等如子，尔等宜敬朕如父。'对曰：'臣等僻处一方，道路悠远，闻内国有圣人，故来朝拜。既蒙劳赐，亲奉圣颜，下情不胜欢喜，愿得长为奴仆也。'其国西北与契丹相接，每相掠夺。后因其使来，高祖戒之曰：'我怜念契丹与尔无异，宜各守土境，岂不安乐？何为辙相攻击，甚乖我意！'使者谢罪。高祖因厚劳之，令宴饮于前。使者与其徒皆起舞，其动作多战斗之容……"从这段史料中可以看出，靺鞨对中原隋王朝的臣服关系，同时也说明了契丹与靺鞨之间存在不睦关系。《隋书》载："黑水部尤为劲健，自拂捏以东，矢皆石镞，即古肃慎氏也。所居多依山水，其渠帅曰大莫弗瞒咄。"这段话说明肃慎是赫哲族的远祖。《新唐书》载："惟黑水顽强，分部以南北称。人劲健，善步战，喜射猎，其矢石镞长二寸。无室庐，富者坎地以居，如丘冢然。无牛羊，有车马。土产粟麦多貂鼠鹰兔。"这些描述与赫哲族的习俗相似，也与赫哲地区的物产相似，这说明黑水靺鞨就是当今的赫哲族的先民。

　　隋末唐初，黑水部逐渐发展壮大，内部又分为十六部、十六部联盟，酋长曰大莫弗瞒咄（赫哲语，酋长之意），世相承为长。唐朝（高宗时期）和新罗联合举兵攻打高句丽，使高句丽迅速亡国之后，黑水靺鞨部落开始沿着松花江、牡丹江一路南下，向西挺进，并于691年年末与唐朝（武周时期）军队发生了激烈的军事冲突，被武周将领李多祚（靺鞨籍将领）击败。唐朝对黑水靺鞨部采取了多项治理措施。第一，唐王朝利用黑水靺鞨的首领治理本地。开元十年（722年），黑水靺鞨部落首领倪属利稽到唐朝长安朝贡，唐玄宗（李隆基）封他为勃利州（现为俄罗斯的哈巴罗夫斯克）刺史。开元十八年（730年）六月，倪属利稽带领十余人再一次到唐朝长安进贡，唐玄宗（李隆基）授予他为中郎将。开元十九年（731年）二月，黑水靺鞨派遣使者到唐朝长安朝贡，唐玄宗授他为将军。开元二十五年（737年）正月，黑水靺鞨首领九异到唐朝长安朝贡，唐玄宗授其为中郎将，让他治理本地。天宝五年（746年）三月，黑水靺鞨派遣使者到唐朝长安，贡金银、鱼牙䌷、朝霞䌷、头发、牛黄、人参、六十综布。由此可见，黑水靺鞨与唐王朝有着密切的统属关系，朝贡、赏

---

① 凌纯声：《松花江下游的赫哲族》，民族出版社，2011，第60页。

赐、授封经常相继，使用本地人治理当地，为稳定边疆地区做出了贡献。第二，唐王朝在黑水靺鞨之地建立军政机构治理本地。在开元十二年（724年），唐王朝应安东都护薛泰申请在黑水靺鞨地区设置黑水军。开元十四年（726年），唐王朝在黑水靺鞨最大部落设置黑水府，首领为都督，余部置刺史，建立了较完备的军政机构，但仍以靺鞨首领为都督、刺史。唐派遣长史监领，共同管理此地，进一步加强了这一地区同内地的联系，为唐朝在黑水靺鞨地区建官设治之始。第三，对黑水靺鞨首领赐王室之姓易名来加强本地治理。在开元十六年（728年），唐玄宗赐黑水靺鞨都督名字为李献诚，以云麾将军统领黑水经略使，隶属于幽州（今天津蓟州区）。唐朝时期对黑水靺鞨的各种治理（如黑水靺鞨上缴朝贡和授予其世代诸封号），使唐朝的统治地位得到巩固与加强，这也加强了中原与东北边疆地区的友好往来，将中原地区的制度、经济、文化、军事传播到中国东北黑龙江下游的广大地区。

近些年来，中国考古学家在今黑龙江省绥滨县同仁遗址中，发掘出许多靺鞨人使用过的铁锛、铁带扣和部分陶器，形制和中原地区的同类器物非常近似。这些事实说明，靺鞨人在政治、军事、经济、文化、生产生活等方面受中原文化的影响较深，也证明了此时期中原的汉文化对靺鞨的影响要比其先人肃慎、挹娄、勿吉时期更深、更广。

五、辽宋金时期的赫哲族

根据中国北方地区各少数民族发展历史资料，许多历史学家认为，生女真是由隋唐时期的黑水靺鞨演变而来，他们居住在粟末之北、宁江之东北，方圆千余里，散居山谷间，人口十余万，主要活动区域在今松花江、黑龙江下游及乌苏里江流域，赫哲族的先祖来自生女真。

对于居住在最东北的靺鞨黑水部，《新唐书》称"黑水靺鞨"，辽朝称"五国部"。五国部所指的是五个大部落的总称，非族称，这些部落分布的地理范围广泛，南至通河和牡丹江下游，西至嫩江流域，西北至精奇里江与黑龙江的汇流处，东至大海，东南达松花江中游、乌苏里江西岸和黑龙江下游的广大地区，五国部的各部名称绝大部分来源于当地的河流名，这与他们主要居住地在大河沿岸有关。

五国部分别如下：

（1）博和哩国，又称剖阿里、博和里、勃利、伯利等，它们同语异写。它起源于黑龙江城南75公里的博和哩河，其城堡为伯力，就是今俄罗斯境内的哈巴罗夫斯克。

（2）奥里米国，又称阿里眉、阿里玛、鄂罗木或咬里默等，它起源于黑龙江省绥滨县鳌来墨。它的城堡是鳌来墨河与松花江汇流处的古城。[①] 它既是五国部重要的活动中心，又是辽国统治五国部的枢纽。

（3）越里笃国，又称伊呼图、玩突等，在桦川县梧桐（又称乌通）河与松花江汇流处的南岸，它的城堡有瓦里霍通、万里霍通、斡里城等。《黑龙江舆地图》中称碗里城为其中心城堡，辽金时期为军事要地。

（4）盆奴里国，又称浦奴里、富聂赫、富陈里、富珠里等，其中心城堡早期称郎家津，后改称郎家渡口，《黑龙江舆地图》中称固木纳城。

（5）越里吉国，又称越里奴、越棘、伊呼齐等，后来改成铁骊，又改伊勒希等名。它的城堡位于松花江与牡丹江汇合处的依兰城附近，称为霍通噶珊（城寨村庄之意），为五国城之首，又称五国头城。《契丹国志》载："女真东部与五国部为邻，五国之东接大海。"这说明女真区别于五国部，同时也确定了五国部的地理位置。

近些年来，在绥滨县同仁文化遗址三号墓群中出土的船形口陶罐、斜口汲水器、盘口罐等三种陶器，有可能与当时当地人的水上生产和生活有关联。当时出土的还有用于狩猎的扎枪、匕首形状的大型铁刀、小铁锹，以及扁凿式、燕尾式、叶式等多种多样的铁镞、铁腰带、陶网坠等，没有农具，全是渔猎工具。据考证应是 10～11 世纪辽代时期五国部的文化遗存，这反映了五国部的族属绝大多数为赫哲族的先世，也有一部分为通古斯族中的满族、鄂伦春族、费雅喀（原称吉列迷）的先世。

五国部向辽朝进献方物并非自愿，乃是渤海国被推翻、大批强宗豪右的女真人被迫由北南迁，被分而治之后，势力削弱。同时，在契丹统治者武力威慑、强权统治下，五国部于辽统和二年（984 年）开始朝贡于辽朝，从此，辽朝对五国部的管辖采取了一系列措施。措施之一，强征方物。五国部不贡方物时有发生，时断时续的朝贡为辽朝统治者所不满。于是，在开泰七年（1018 年）三月"辛丑，命东北越里笃、剖阿里、奥里米、浦奴里、铁骊等五部岁贡貂皮六万五千、马三百"[②]。强征大量方物的做法加大了五国部民众的负担。措施之二，由五国部酋帅自治改为契丹节度使统治。辽朝对五国部的统治逐渐加强，辽重熙六年（1037 年），北枢密院趁五国酋长不法之机，罢免了五国酋帅，设契丹节度使治理，这也

---

① 《赫哲族简史》编写组：《赫哲族简史》，民族出版社，2009，第 28～39 页。
② 宋宏伟：《伊玛堪集成》，黑龙江人民出版社，2013，第 395 页。

导致五国酋长与当地各族居民对辽朝的统治进行日趋激烈的反抗。辽朝对五国部的征服日益加强，时有反抗时有镇压。措施之三，辽朝统治者对五国部实行以夷制夷的措施。五国部的强邻是女真，其女真头人为辽朝效力，辽朝就利用女真人来镇压五国部反抗辽朝。辽朝借女真之势为己威，强迫五国部的纳贡愈加繁重。其实，女真头人时而依附于辽朝，时而反抗于辽朝，时而相互利用，各自称雄，都为蓄意争夺中央统治权做准备。

辽朝时期，女真族别称女贞或女直（避辽兴宗耶律宗真讳）。"女真"一名最早见于唐初，为黑水靺鞨后裔，是生女真的主体。后来建立了金朝的完颜部，就是生女真的一支，亦是黑水靺鞨的直系后裔。赫哲族也出至黑水靺鞨，赫哲族与金国的完颜部有着密切的族源关系。1115年，金朝建立之初的疆域面积，东至吉里迷兀的改诸野人之境，北至外兴安岭一带，疆域面积辽阔。此时的赫哲族先世是生女真的一部分，是"兀的改诸野人"之一。所居区域为金国管辖之内，金国在此建立了较完备的军政一体的管辖机构。在乌苏里江东南的绥芬河（古称恤品河）流域的双城子（今俄罗斯境内的乌苏里斯克）设置恤品路（金国的行政区域），管辖区域为西起绥芬河及乌苏里江流域、东至大海的地区。在黑龙江下游设合里宾千户、斡可怜千户等官职。在顿敦河附近设置哈州。在亨滚河口附近设置奴儿干城，管辖黑龙江以北、乌苏里江以东地区。在牡丹江与松花江汇合处的依兰县城附近设置胡里改路，管辖松花江下游、乌苏里江下游及黑龙江下游地区。金朝初年，在胡里改路设置万户；海陵王时期，罢了万户，改设节度使。

赫哲族先民在金朝是胡里改路、恤品路及上京路管辖区域中的主要成员之一。金朝首府最初设在今黑龙江省阿城南两公里的阿什河之旁的白城，定都上京，而阿什河古称"按出虎水"（即"金"之意），故以此水命名为金国。赫哲族的民间故事讲到，赫哲族是白城人的后代，白城本是勿吉七部之一的安车骨部的故地。因此，赫哲族与金朝的上京有着直接的关系。

在赫哲族的口传故事中，有多处反映：金国欲打宋国，向黑龙江、松花江、乌苏里江沿岸诸国（即所谓三川六国）求援兵。当时松花江下游南岸街津口村附近有一个小屯叫盖金，它是当时先称"赫赫"，后改称"赫金"国的中心地。金朝曾向此地求援兵，得到相助，并且，赫金国大汗上朝拜见金国皇帝，口呼万岁。当时，四太子金兀术领命赴南门犒赏各军，来到六国营中，各元帅得知，皆出营迎接，都行跪拜礼。可见，赫哲族先民与金国关系密切。

六、元朝时期的赫哲族

元朝灭亡金国后，铁木真的势力遍布东北边陲，于兴安岭内外，北抵鄂霍茨克海边，东达大海，南下绥芬河和辽东湾一带。元朝也承袭了中国历代王朝对赫哲先民的管辖权。这时的三江流域居民称为"女直""水达达人"，他们散居在辽阔的土地上，多为金朝遗民，也就是今天的满、费雅喀、赫哲等族。元朝在这里建立了较完备的军政合一的管辖机构。主要采取如下措施。

措施之一：设置千户所、万户府。元朝初年，在赫哲族先世较集中的松花江中下游及支流地区设置军民万户府五处。分别是桃温万户府，在今汤旺河附近；胡里改万户府，在今依兰县境内；斡朵怜万户府，在今依兰县城对岸；脱斡怜万户府，在今梧桐河汇松花江的入口处；悖苦江万户府，在今富锦市附近。这里的居民都是逐水草而居，以渔猎为生的水达达、女直等人，各仍袭旧俗，无市井城镇。1286年，在瑷珲县境，设置失宝赤万户府，管辖黑龙江上、中游两岸的女真部落。元朝在绥芬河两岸，直达海滨，设置千户所管辖此地区。在苏昌城附近的苏昌河一带设置失岭千户所；在苏昌城以东的塔乌河一带设置牙兰千户所。

措施之二：设置宣慰司、派宣抚使。1261年8月，元世祖忽必烈派贾文备为开元女直、水达达等处的宣抚使。1286年，元朝设开元路，隶属辽东道宣慰司，管辖黑龙江中游和乌苏里江上游及绥芬河一带，南抵海滨。

措施之三：设置军政机构。元朝扩充兵力，派兵、征兵管理赫哲地区。元朝视黑龙江下游出海口地方为军事、政治、经济的咽喉要道，因此，在此处设置较完备的军政机构。1263年，派3000名兵士到黑龙江下游，设置"女直水达达及乞列宾地合贪镇守军"，管辖黑龙江下游到入海口地区。1267年，忽必烈又征调女直水达达的3000名兵士为元朝服役。1273年，元朝在奴儿干的特林一带设置征东元帅府，命硕德为征东宣抚使，对远在库页岛的当时称为斡拙、吉列迷等族的居民进行宣慰，同时，元帅府可以随时调遣兵将，设立海西、辽东提刑按察司，治理女直、水达达部。1298年，元朝设置隶属于兵部，直接管辖赫哲先世的兀者、吉列迷万户府，与奴儿干征东元帅府是并列的军事机构。

元朝在黑龙江中下游和乌苏里江流域及东部沿海的广大地区设置了比较完备的军事行政机构，加强了对赫哲、吉列迷、鄂伦春等族先世的统治，为后来攻取库页岛（当时称鬼骨），扼守鞑靼海峡进入黑龙江水域的咽喉要道，保卫疆土，奠定了基础。元朝时期，赫哲族先民既纳贡又服劳役。1276年4月，元朝命令硕达勒达地区，每年"输皮革"。1284年，元朝命令开元路宣慰司造船百艘，作为军事征战之用。次年六月，又命令女直硕达勒达万户府造船200艘，还有迎风船，为进一步征服日本积蓄武装力量。

东北各民族轮番崛起，统治者统治被统治者，各民族相互接触，相互杂居，相互影响，文化渗透，你中有我、我中有你。特别是金元时期，赫哲族先世接受女真和蒙古文化，在今日他们的文化中，随处都能找到明显的例记。比如，赫哲语属于通古斯族系，而蒙古族属于蒙古族系，但赫哲族深受蒙古族的影响，因此，今日的赫哲语中掺杂着蒙古语，甚至有的赫哲族民间故事说，赫哲族是蒙古族的后裔。

七、明朝时期的赫哲族

明朝初期，东北地区的女真已经分化成以下三大族系。

（一）建州女真

建州女真，主要分布于长白山北部、牡丹江和绥芬河流域。明朝在辉发河的凤州建有建州卫。建州女真的主要成员为满、锡伯等族的先世。

（二）海西女真

海西女真，主要分布于松花江中游、哈尔滨以南阿什河、伯都讷一带及吉林市以东的伊通（今吉林省伊通满族自治县）、开原（今辽宁省开原）、辉南（今吉林省辉南）等地。明朝设有海西卫，为扈伦四部，即叶赫、乌拉、哈达、辉发之地。海西女真绝大部分为满族的先世完颜之遗裔和古赫哲人，也有一小部分锡伯人和乌德盖人等的先世杂居其中。海西女真原来也属于松花江下游一带，明初也逐步南迁，于16世纪70年代先后定居于辽河上游至松花江上游之间的地区。

（三）东海女真

东海女真，也叫野人女真，主要分布于黑龙江中下游、松花江下游两岸和乌苏里江流域至海岸（鄂霍次克海和白令海）及库页岛等地区。区域内的东海女真主要是赫哲、乌德盖、费雅喀、库页等族的先世。

建州女真、海西女真和东海女真三大族系的社会经济发展类型有所不同，海西女真、建州女真以农业为主，逐渐过着定居生活。野人女真处三部最北地区，生产方式以渔猎为主，生活习俗比较原始，魏焕所著《皇明九边考》第二卷载其"不事耕稼，唯以捕鱼为生"。《辽东志》载，野人女真"不识五谷六畜，惟狗至多，牵拽扒犁，……捕鱼为食，……着直筒衣，暑用鱼皮，寒用狍皮"。《大明一统志》引《开原新志》说："女直野人，性刚而贪，文面椎髻，帽缀红缨，衣缘彩组，惟袴不裙，妇人帽垂珠珞，衣缀铜铃，射山为食。"① 明朝时期，赫哲先民的形象在此时清晰起来，各种文献资料对其描述也更加详细。

明朝时期对野人女真的管辖措施有以下几种。

措施之一：建立都司、卫、所军政机构。明朝之初，在赫哲、满、鄂伦春、库页等族的先世分布地区设置千户所。其后为了加强治理，设置了1个都司、384个卫、24个所。1411年，明朝在黑龙江下游的特林设置奴儿干都司，是对最东北部边疆行使管辖权的重要标志。奴儿干所处的地理位置，在唐、辽、金、元四个朝代都是当时朝廷极为重视的，明朝也不例外。其在军事、政治、经济发展上被视为北部边疆的门户，在那里建立了较完备的军政合一的机构。明朝派兵驻守、设官治理，女真三大族系都是奴儿干都司的管辖范围。奴儿干都司的建立对管理该地区各族人民，促进各民族之间的交往，维护祖国的统一，开发东北边疆起到了积极的作用。

措施之二：利用当地头人进行管理。明朝任用野人女真地区的民族上层人物来管理本地区。明朝初期，野人女真头人与明朝关系极为密切。1403年，呼剌温（哈尔滨北呼兰河左，北至梧桐河上游，抵达混同江至伯利之间）等处的野人女真头目西阳哈等至明廷贡马130匹，明朝设兀者卫（木兰县境内），任西阳哈为指挥使。明朝任命很多野人女真头目为卫、所的指挥使、指挥同知、千户、百户等。1404年，呼剌温等处野人女真头目把剌答塔来朝，在黑龙江下游的特林一带设置奴儿干卫，以把剌答塔等4人为指挥同知。后来，女真头目不断有人朝贡明廷，明廷给予的好处是建卫所赐官以治理本地，兀者地区就有七卫三所。1405年，野人女真头目可怜哥等49人至明廷朝贡，明廷同样建卫所封官；1408年，依兰县地区的野人女真头目贾令哈等165人至明廷朝贡，明廷同样建卫所封官；1409年，在松花江下游至黑龙江下游的广大地区的野人女真头目秃木里等110人至明廷朝贡，明廷设置十几个卫所……可以说，明朝在野人女真

---

① 《开原新志》于明代景泰年间（1450～1457年）编修，为明代地方志，已轶。

管辖的地区设置了覆盖面非常大的、非常密集的卫所,加大对野人女真的管辖。由此可见,明朝对野人女真地区的赫哲、满、鄂伦春、费雅喀等族及"苦兀"(库页岛土著居民)的先世采取的是怀柔政策。

措施之三:以夷制夷。元朝时期,在奴儿干特林一带设立征东元帅府这一军政机构,当时元之势力大行,很多蒙古人居住于此。元朝灭亡后,奴儿干地区仍有大量的蒙古人居住于此。1409年,奴儿干地区的鞑靼头目忽刺冬奴等65人至明廷,明廷在奴儿干地区设置两卫一所,命忽刺冬奴为指挥、千百户,并赐诰印、冠带、袭衣及钞币有差。同年,忽刺冬奴复奏,大意为:奴儿干地区为要冲,应设立元帅府,因此,要设置都司;并且提出,任东宁卫指挥康旺为奴儿干都司指挥同知,千户王肇舟等为指挥佥事,统管其众。明朝任用鞑靼蒙古头人为奴儿干首领管辖当地居民,主要是因为对当地野人女真头人的不信任,为了对其进行防范。这也是明朝利用他族统治阶级来统治奴儿干地区野人女真等族的"以夷制夷"的策略。

八、清朝时期的赫哲族

在后金、清初时期,赫哲族分属于松花江的呼尔哈部,乌苏里江的窝集部、瓦尔喀部、使犬部,黑龙江的东海萨哈连部,从努尔哈赤到后来的继任者为了巩固其统治,对赫哲地区采取了各种治理措施。

措施之一:采取征服、分治策略,巩固后方。努尔哈赤统一了本族部落后,开始征服窝集部,并大获全胜;1616年1月称汗后,加紧了对各部落的征服;1616年7月,努尔哈赤派遣将士率2000名士兵征服了萨哈连部、使犬部,掠夺居民财物,并将大量俘获的居民迁往内地;1625年,征服呼尔哈部,俘获1000人迁往内地。努尔哈赤死后,皇太极急于巩固后方,扫除后顾之忧,以便消灭明朝、一统天下,因此,以前所未有的攻势加速对赫哲各部落的征服。1642年,皇太极派兵征服了呼尔哈部,俘获男女老少1619人,缴获牲畜630头;1643年,命护军统领率将士东征黑龙江呼尔哈部,归顺男子1049人,编补各旗中,并将其余俘获者分别赐给将领为奴,采取分而治之的策略。与此同时,呼尔哈部,时而被征服,时而又反抗,就像《清实录》载的"弟兄阋于墙"。后金对赫哲地区的征服、兼并是本族之间、兄弟之间的事情,由此可见赫哲族与满族之间的同根同源关系。清朝统治者在建立后金之后到1644年顺治定都北京,经过近半个世纪的征服兼并战争,统一了黑龙江、乌苏里江、松花江的各部落，前后对赫哲地区用兵达 17 次之多，最终，巩固了后方。顺治二年（1645 年），清朝征调赫哲壮丁去征服山东明朝残军，回师后，未出天花者回原部落驻防，出天花者驻防山东，编入八旗。随之，清廷给赫哲族部落中氏族酋长、部落酋长的归附者封官拜爵，进而又多是世袭官职。清廷迫使平民"披甲"当兵，将其家眷分期、分批迁往宁古塔（今黑龙江省海林市长汀镇），尤其以三姓地区为集中点，设置协领衙门，再将部分头人迁往盛京、燕京等地，分而治之。康熙五十三年（1714 年），清廷从三姓赫哲族中挑选了"披甲"200 名，把他们编入镶黄、正黄、正白、正红四旗。设世袭制的世管佐领，都由赫哲人担当。雍正十年（1732 年），三姓副都统从赫哲族人丁中挑选甲兵 800 名，增设八旗公中佐领，非世袭制，各旗分一、二、三牛录。从各个时期可以看出，清廷对赫哲族采取编旗，利用头人及征兵之后编入八旗等手段，使之融入满族体系之中，分而治之，达到削弱其势力的目的。

措施之二：充分任用头人，采取怀柔策略。努尔哈赤在征服黑龙江流域各部落的时候，进行武力围剿、实行残酷镇压的同时，也采取拉拢、任用头人的政策。其对归顺者采取优厚礼遇和物质奖励的办法，特别是对用武力不易征服的部落，就采取怀柔策略。怀柔政策有对归顺者以优厚礼遇、封官赐爵、恩赐财物、无妻者给娶妻等。

1618 年 2 月，使犬路、诺洛路、石拉忻路的路长率部所 40 人来归后金，努尔哈赤以百匹马及廪饩诸物迎之。给路长授官有差，来者都给了奴仆、牛、马、田、房子、衣服、器具，无妻者给妻，并给陪嫁之物。《西伯利东偏纪要》载："黑龙江中上游的敦敦地方薙发黑斤屯，其下八百里北岸阿吉、又往下六百里南岸普禄、又下二十余里北岸乌活图，这三个地方为不薙发黑斤屯。四屯都各有铜坛一件，系先代取华居陪嫁之物，以为传家至宝。"1618 年 10 月，东海呼尔哈部部长纳喀达率民百户来降，努尔哈赤命 200 人迎之，见毕设宴，对为首的 8 人各赐男妇 20 人，马 10 匹、牛 10 头、冬衣、蟒缎、皮裘、大褂、秋衣、蟒袍、小褂，四季衣服俱全及房田等。恩赐财物及无室者给妻仆的措施乃是后金统治者对赫哲人"以抚其心"的手段，不仅普遍，而且确有实效。

清朝入关后，推行了攘外安内的策略，为了平定准格尔，安定后方，大肆封赏为清朝效力的各族官员。比如，乾隆十六年（1751 年）十一月二十五日，朝廷诰封三姓世管佐领的董萨那为中宪大夫，封其妻觉罗氏为恭人的"奉天诰命"册。乾隆末年，诰封三姓世管佐领金寿为昭武都尉，同时诰封其妻赵氏为恭人。清朝积极推行诰封举措，促使了赫哲头人为其统治竭诚效力。

措施之三：采取软硬兼施，广布教化策略。在皇太极由后金改为大清的前一年，即 1634 年 1 月，黑龙江地区的野人女真 5 个头目携从者 69 人朝拜皇太极。皇太极谕之曰："尔之先世，本皆我一国之人……同宗共祖。"呼尔哈部所属黑龙江头目羌图里、玛尔罕率六姓 67 人朝贡貂皮。皇太极以羌图里等自归附以来，朝贡不断，因此，赐鞍马、缎布有差。皇太极对之进行告诫，大意为：呼尔哈慢不朝贡，将发兵征服，你们不要与之来往，以免误杀。这次派兵，要比以前的兵力大，你们如果有相识的，想见我的就赶紧来拜见我。皇太极对朝贡的赫哲人所说的话包含三层意思：一是拉近关系，认为与赫哲族同根同源；二是嘉奖，对朝贡不断的赫哲人进行赏赐；三是武力威慑，对慢不朝贡的，将发大兵征服，事实也是如此。同年 12 月，皇太极命步兵章京霸奇兰、甲喇章京萨穆什喀率章京 41 人、兵 2500 人东征黑龙江流域。《清太宗文皇帝实录》记载，谕之曰："尔等此行，道路遥远，务奋力直前，慎勿惮劳而稍息也。俘获之人，饮食甘苦，一体共之，则人无疑畏，归服必众。且此地人民，语言与我国同，携之而来，皆可以为我用。攻略时，宜语之曰：'尔之先世，本皆我一国之人，载籍甚明，尔等向未之知，是以甘于自外。我皇上久欲遣人，详为开示，特此有为暇耳；今日之来，盖为尔等计也。'如此谕之，彼有不翻然来归者呼？"① 从皇太极的谕令可见对赫哲地区的征服是软硬兼施，劝诱归降在前，武力威慑、镇压在后。康熙帝在位期间，对费雅喀、黑斤等人采取了广布教化、比较温和的管理措施。1671 年 11 月，《吉林通志》载："康熙帝召见宁古塔将军巴海，询问宁古塔、瓦尔喀、呼尔哈人民风俗。谕曰：'瓦尔喀、呼尔哈人，皆暴戾奸诡，尔其善布教化，以副朕绥远至意……费雅喀、黑斤虽服，然其性暴戾，当善为防之，尤须广布教化，多方训迪，以符朕怀远之意。'" 17 世纪初，满族共同体形成，同时，居住于松花江、乌苏里江和黑龙江下游的一些族群，经过迁徙、剥离、聚集、重组与融合，开始形成与满族相区别的一些民族部落。例如，赫哲、鄂伦春、鄂温克、达斡尔等民族共同体相继形成。清廷入关时，赫哲人一部分随之入关，最后融入满族共同体之中。留下的赫哲人仍居住在黑龙江流域，依旧从事渔猎生产，保持着氏族社会生活。赫哲族曾有"黑斤""黑真""赫真""奇楞""赫哲"等不同名称，"赫哲"之称始见于《清圣祖实录》。康熙二年（1663 年），清廷"命四姓库里哈等进贡貂皮，照

---

① 《清太宗文皇帝实录》卷二十一，第 280～281 页。

赫哲等国例，在宁古塔收纳"①，这说明清朝官方把分布于松花江、乌苏里江及黑龙江流域的土著民族称为"赫哲"，《皇清职贡图》中有相应的绘图和记载。这充分说明，在 1663 年，赫哲族共同体已经形成。由于居住在不同地区，赫哲族内部也有不同的别称。居住在富锦大屯以上松花江沿岸者自称"那贝"；居住在富锦噶尔当到街津口一带者自称"那乃"；居住在同江街津口以下至乌苏里江沿岸者自称"那尼傲"。"那贝""那乃""那尼傲"，都是赫哲语，意思是"本地人"。居住在八岔以下地区至乌苏里江沿岸者自称"赫真"或"赫真斯勒"，赫哲语意为"东方的人"或"上游人"；居住在勤得利以上同江地区和松花江沿岸地区者自称"奇楞"，赫哲语意为"住在江边上的人"。

在清朝末期，赫哲族社会发展十分缓慢，以至于 20 世纪初仍处于原始宗法氏族社会阶段。他们的发展与整个国家的国势兴衰相一致。19 世纪中叶，清政府丧权辱国、割地赔款，签订《瑷珲条约》（1858 年）和《中俄北京条约》（1860 年），令人痛心地把大量赫哲人和大片国土分割出去，将黑龙江以北、乌苏里江以东 100 多万平方公里土地及其居民划归沙皇俄国，使诸多世居于此，属于同一族体、同一文化、使用同一种语言的满－通古斯语族族系民族分属于中俄两国，成为黑龙江两岸的跨国民族。赫哲族便是这一历史过程中的典型跨国民族。在沙皇统治时期，俄国人将黑龙江以北和乌苏里江以东的赫哲人称为"果尔特人"。十月革命后，苏联境内的赫哲人又被称为"那乃人""乌尔奇人"，延续至今。

九、民国时期的赫哲族

1911 年，辛亥革命成功地推翻了几千年封建王朝的统治，"中华民国"成立，中国随之进入了军阀割据的统治时代。赫哲地区遭受了军阀、匪患、苛捐杂税、日伪、瘟疫的伤害，人口日益减少。军阀官僚资产阶级知道赫哲人骁勇、枪法准、马术好、山道熟，为了巩固自己的统治地位，将一些赫哲青年组成马队、炮手队，为其效力。有的被任命为县衙门的马队队长，有的担任基层政权的负责人，负责对外戍边、对内治安管理。例如，20 世纪 30 年代，桦川县驻防蒙古力的县保卫队就有赫哲人 50 余人；富锦县（今富锦市）保卫团有赫哲马队 40 余人；同江县（今同江市）保卫队也有 30 多名赫哲人；驻防三江口（今黑龙江省同江城东北四公里处）

---

① 《清圣祖实录》卷八，第 142 页。

的陆军路永才团炮手队 80 多人，其中一半以上是赫哲人。为戍守边疆，很多赫哲青年在战斗中阵亡，做出了很大的牺牲。

当时社会军阀混乱、盗匪蜂起，赫哲猎人也遭到盗匪的侵扰。赫哲族猎人入山狩猎时，经常失踪。即便几个人结伴而行，有时也会遭到土匪侵袭，他们主要抢劫猎民的枪、子弹、马匹、粮食、衣物等，若猎人反抗，即遭杀害。例如，1922 年，土匪制造了同江县高台子事件，使 40 多名赫哲族猎民惨遭杀害；1928 年，同江县图斯科毕姓和尤姓等 9 名猎人在饶河县境内西风沟附近的"苇子沟"地方打猎时，遭遇当地土匪，全部惨遭杀害。赫哲猎民的死亡使许多家庭丧失了主要劳动力，导致家破人亡。在匪乱横行的年代中，被土匪杀害的往往都是青壮年，致使赫哲人口生育率大大降低。一些小的赫哲人居民点消失，一些较为富裕的大户赫哲人家也相继败落。

民国初年，大兴安岭、小兴安岭及完达山私自种植罂粟的人越来越多，特别是松花江下游和乌苏里江一带开始大量种植罂粟。饶河县在当时是著名的烟区，各山沟都种植罂粟，许多男女赫哲人都吸食鸦片。部分赫哲人被外来户传染上吸食鸦片的恶习，致使面黄肌瘦、体质衰弱，导致许多人丧失了劳动能力。到日伪统治时期，日本侵略者为了减少赫哲人人口，降低赫哲人的反抗能力，于是发给赫哲人吸烟证，鼓励他们吸食鸦片，即所谓的"福寿膏"，使几乎所有的赫哲族成年人都染上吸食鸦片的恶习。长期而大量地吸食鸦片，导致赫哲人生活更加艰难，生育率大大降低，而且对疾病的抵抗能力大大减弱，致使死亡率不断上升，结果是此时期的赫哲人人口不断下降。

民国年间，赫哲族居住区疫病猖獗，也是赫哲人死亡率高的主要原因。赫哲族的物质生活水平低下，卫生状况恶劣，无医无药，因此经常发生黄疸、瘟疫、痢疾、天花等传染病。据史料记载，1912～1930 年，松花江下游区域的原七姓赫哲居住区曾发生三次较大的传染病，一些赫哲族居民点竟成了无人村。1915 年，四排村（今隶属黑龙江省饶河县）也暴发了天花疫情，全村只有 10 余户，竟然病亡 20 多人，仅仅剩下了何、付两姓，情景惨不忍睹、悲惨至极。1921 年，赫哲族居住区又爆发了天花疫情，紧接着暴发了麻疹、斑疹、伤寒疫情，瘟疫肆虐，在一个月内仅大屯一地就死亡 100 多人，大屯四大富户也无一幸存，造成夜无灯亮、昼见稀人，村屯一片萧条冷落。在这个时期，赫哲人生活物资极度匮乏，生活异常艰难，民不聊生，每当住地的赫哲人发生疾病时，只能靠萨满实施萨满术求神问卜、驱赶鬼神、祛病康体。此外，许多赫哲人染上吸食鸦片的恶习，无力抵抗疾病。

赫哲人除了受征兵、匪患、大烟、瘟疫的影响外，还受到殖民统治者的压迫。1931 年，日本帝国主义发动了侵华的"九一八"事变，国民党采取了"先安内，后攘外"的不抵抗的错误路线，日本侵略者迅速侵占了我国的东北全境，并对东北进行了长达 14 年的殖民统治。这期间，赫哲人民遭受了日本殖民者的极端残暴和野蛮统治，受尽了奴役和摧残。更为悲惨的是，1941 年，日本殖民者迫使赫哲人离开世世代代渔猎的富饶江岸地区，集中归并至深山密林中的沼泽地区，当时称为"一部落""二部落""三部落"。也有学者将当时日本侵略者归集赫哲人的居住地称为"人圈子"。日本侵略者用心险恶、泯灭人性、残忍至极，其目的是对汉族和赫哲族采取分而治之的策略，阻挠赫哲人参加抗日联军队伍，切断赫哲人与抗日联军的联系，阻止赫哲人"通苏"。一部落在勤得利东南方向的浓江河南岸（现鸭绿河农场正南 4 公里处）；二部落在勤得利正南方向的浓江河北岸（现浓江农场正南 25 公里处）；三部落在街津口正南方向的青龙河东岸（现青龙山农场场部西南 3 公里处）。[①] 所有被迁归的赫哲人集中在远距江边 40～50 公里的三个部落。中华人民共和国成立之前，赫哲人居住的一、二、三部落，自然条件恶劣，遍布茫茫沼泽，夏季无路可走，只有具有"通天本领"者才能走出来。

在日本侵略者占领赫哲人居住区域期间，赫哲人被迫扔下世代以捕鱼为生的渔具，只能带上一些简单的生活用品，离开世代居住的江边，走进荒草丛生、荆棘遍野的沼泽之地。三个部落的赫哲人过着既不能捕鱼、也不能耕种的苦难生活。由于居住地的迁徙，赫哲人的打猎生活也很艰难，不再像从前那样每次上山都能满载而归。起初日本侵略者还给赫哲人集中地发放少许发霉的粮食，后来连这样的"饭"都不配给了。赫哲人只好依靠日伪发给每家每户的一支枪和 40 发子弹猎取野兽为生。由于狩猎生产很不稳定，空手而归是常事，饿着肚子几天才猎到一只野物也是常见的事情，再加上子弹为定期发放，打光了不补发，猎业生产难以为继。此时期，日伪又不允许换粮、买粮的交易，赫哲人只好吃柳蒿芽、苋苋菜维持生存。由于捕获野物的减少，动物皮毛供给不足，赫哲人没有衣服可穿，日伪人仅发给少量的"更生布"，非常不耐穿，穿上不久就破了。赫哲人四季都住在阴冷潮湿的大地窨子里面，经常外面下大雨，地窨子里面下小雨，夜间无被褥和枕席，只有靠烧柴来取暖。赫哲人患病时没有任何药品

---

① 杨光：《赫哲族社会文化变迁研究》，东北师范大学博士学位论文，2011。

和医疗设备，生死未知，体质羸弱者只能眼巴巴地等待死亡。

日本侵略者对赫哲人捕鱼、狩猎活动严加限制，稍有可疑行为便逮捕审讯、严刑拷打。赫哲族之前获取的渔猎产品被日本侵略者的"兴农合作社"收购，采取强买强卖政策，不仅降等级、压价格，而且还采取没收、豪夺的无理做法。据八岔乡董广财老人回忆："1944 年年末，有一个日本宪兵，把我打的鱼强行拉走两爬犁（雪橇），有 1000 多斤，连一个钱都没给。"① 赫哲人无法通过物品交易换取所需食物，生活日趋窘迫，长期营养不良造成体质虚弱，随之而来的是疾病一次又一次地蔓延于赫哲人居住地。在日本侵略者惨无人道的统治和迫害之下，在短短三年内，三个部落中的 237 人就死亡 72 人，占总人数的三分之一。② 人口数量急剧下降，幸免于难的赫哲人的体质也衰退了许多。从史料中能够找到当时二部落所记录的具体数字：卢生家共 3 人，死亡 2 人；尤太保家共 5 人，死亡 4 人；梁才家共 7 人，死亡 5 人；尤橱林家共 9 人，死亡 4 人；等等。死亡人数占二部落总人数的 37.2%。三部落有 120 余户赫哲人，共死亡 50 余人。1945 年秋日本投降前夕，赫哲族仅剩 300 多人③，濒于民族灭亡的边缘。

由于赫哲人缺衣少食，只能靠夏食野菜、冬食"冬青"度日，生活极其艰苦，加上疫病流行和日本人可能进行的"人体试验"，很多人死亡。短短 3 年，归部落的人口由 237 人减到 165 人，死亡 72 人，占 30.38%。④ 此时，久经磨难的赫哲人被约束在距街津口不远处几个狭窄的居住点居住。

日伪统治时期，虽然对赫哲族采取防范、利用、消灭等反动措施，但无法阻止爱国的赫哲人与全国各族人民一道团结奋斗，一致抗击日本帝国主义。从日本帝国主义进入东北起，就有很多赫哲人加入抗日义勇军和抗日联军。他们不畏强暴，不怕牺牲，发挥枪法准、善于跋山涉水的特长，转战于虎林、饶河、密山等县境内，为抗日战争立下了功勋。1932 年，苏苏屯和万里霍通的赫哲人尤国清、傅金山等 20 余人参加了东北抗联第六军，立"黑河"为号，拉起抗日队伍，在一次战斗中消灭日伪 20 余人。同年，街津口、勤得利等地的赫哲青年傅双喜、尤洪振等 40 余人参加了将领李杜的抗日义勇军，组织"红枪会""黄枪会"等抗日团体，还被编

---

① 富锦县地方志编写委员会：《富锦县志》第一卷，1981，影印本，第 169 页。
② 《赫哲族简史》编写组：《赫哲族简史》，民族出版社，2009，第 145 页。
③ 杨光：《赫哲族社会文化变迁研究》，东北师范大学博士学位论文，2011。
④ 《赫哲族简史》编写组：《赫哲族简史》，民族出版社，2009，第 53 页。

成一个独立分队，傅双喜任队长，尤洪振为文书，必清荣负责伙食，另选4人为班长，全队共分4个班，名为炮手队。最大的22岁，最小的16岁，平时练枪法、练劈刺，个个龙腾虎跃，练得一身硬本事。1932年10月，由黑龙江太平沟金矿返航的日伪军"利济"号两艘炮艇，百余名爱国官兵因不甘为日本侵略军效力，在同江口起义，调转炮口，猛烈轰击日伪军在三江口的驻地，给敌人以很大打击，这就是著名的"三江口海军倒戈事件"。1938年，这支义勇军在同江七星岗伏击200多名日伪军，消灭一个尖刀排。在日寇占领期间，赫哲人自发的零星抗日斗争从未间断，在中华民族反抗帝国主义的斗争中谱写了光辉的篇章。1945年9月2日，日本侵略者宣布无条件投降，赫哲人民获得了解放。被日本侵略者强行归并的三个部落的赫哲族幸存者纷纷回到阔别已久的家园。这时，赫哲族主要分布于富锦（今黑龙江省富锦市）的大屯，混同江（今黑龙江省同江市）沿岸的街津口、额图、勤得利、八岔及饶河县永安村等地。

1934年，凌纯声所著的《松花江下游的赫哲族》一书出版，书中的"赫哲"之名开始被我国学术界普遍采用。1957年，正式统一族名为赫哲，为"东方"或"下游"之意。民国初年至日本侵略者制造的"九一八"事件发生前，赫哲人在动荡的社会中，经受"兵、匪、烟、疫"四大害，人口锐减。据《中国赫哲族》一书中记载，短短二十几年，桦川县境内至混同江（黑龙江）沿岸赫哲人口就由1700人减至780人左右，减少近920人之多。其中188户赫哲人则减少220人，平均每户减少1人。[①] 具体分析，赫哲人口骤减主要有以下几方面的原因：一是各种瘟疫疾病流行；二是征兵；三是生活艰苦；四是缺医少药；五是匪患较多；六是封建迷信，有病过于相信萨满巫术；七是饮食结构的突然改变和生存环境的变动。

到20世纪30年代东北沦陷时期，赫哲人口急剧减少，由清末的2100人减至1200人。1930年，民族学家凌纯声把赫哲族居住地分为三个地段，松花江流域的有400余人，混同江（今同江）流域的有380余人，乌苏里江流域的有400余人，共1200余人。

本书作者于2018年赴黑龙江省同江街津口赫哲民族文化村博物馆参观时，据68岁赫哲族导游员尤秀云讲述，"在中华人民共和国成立之前，黑龙江省地区的赫哲人总共不到300人，已达到濒临族亡的边缘"。

---

① 郭晓华：《佳木斯地区历史文化研究》，社会科学文献出版社，2005，第154～155页。

十、中华人民共和国成立后的赫哲族

中华人民共和国成立后，在中国共产党和政府的正确领导下，在民族政策扶持下，赫哲族人民迅速恢复生产，过上了幸福生活，人口也得到了快速的增长。现在，全国共有赫哲族聚居地四处，分别是同江市街津口赫哲族乡、八岔赫哲族乡、饶河县四排赫哲族乡和佳木斯敖其镇的赫哲族村。到2010年，赫哲族总人口为4640人，① 其中，黑龙江省约有3910人。俄罗斯是一个扩张的国家，叶卡捷琳娜二世有句名言："前进，不要停止我们的脚步，我们俄罗斯哥萨克的马蹄所到之处，就是我们的疆土。"赫哲族原本是中国北方地区一个古老的、世居的少数民族，种种历史原因，造成了赫哲族成为一个跨境民族，在俄罗斯境内有赫哲族（俄罗斯称为"那乃人"）人口2万余人，仍然生活在俄罗斯的东部地区，主要还是生活在原赫哲人世居之地。俄罗斯境内的那乃人的民族历史、民族语言、文化艺术、民俗体育、宗教礼仪、歌曲舞蹈、衣着服饰、民风民俗和中国赫哲族极为相近，都具有北方内陆渔猎民族生产生活特色。

第二节 赫哲族地理分布

赫哲族主要分布于黑龙江、松花江、乌苏里江交汇构成的三江平原和完达山余脉地区。赫哲族的民俗体育文化是以渔猎为主的山水文化类型，另外，还兼有北方地区"冰雪文化"体育文化特色。早期赫哲人没有文字，只有语言，信奉萨满教，主要通过赫哲族的口传文学传承本民族的历史与文化。

一、伊玛堪故事中体现的赫哲族的地理分布

伊玛堪是赫哲族一种说唱形式的口传文学，从伊玛堪故事中可以看到赫哲人生活区域的范围：赫哲族为渔猎民族，因此，他们的住处都在江河的沿岸。东北的三大川（即黑龙江、松花江、乌苏里江）成了赫哲族的三个大本营。在他们的很多故事中，常说有三大部落：黑龙江一带的部落名

---

① 西安地图出版社：《中国地图册》，西安地图出版社，2010，第10～11页。

为佛尔什部落；松花江一带的部落名为阿尔奇都部落；乌苏里江一带的部落名为竹勒什部落。阿尔弟莫日根（赫哲语"英雄"之意）自称"从小生活在松花江下游，祖辈生活在三江平原上"。具体的方位，南部可到兴凯湖，"相传木竹林降生以前，有神女姐妹七人同游松阿里、萨哈林、乌苏里及兴凯湖等处"，北部可到嘉荫县的乌云一带。土如高说，"我舅舅在北部落乌云一带，拥兵数万"，东可到东海边上，"在那遥远的东海边上，住着一位恩都力玛发"。

黑龙江流域范围非常广大，原本是中国的内河。令人痛心的是，在清朝时期，由于清政府的无能，东北地区大片土地被割让给沙皇俄国，黑龙江现在成为中俄两国的界江，因此，很多人并不真正了解整个黑龙江。黑龙江是仅次于长江和黄河的我国第三大河流，它的广大远远超过许多人的想象。黑龙江长约 4370 公里，流域面积达 184 万平方公里，这是一条流域面积比长江还要大的河流，比黄河流域的面积、水量都大得多。

二、民间故事"说胡力"体现的赫哲族的地理分布

赫哲族称"奇楞"的这部分人，相传本族古代是属于北海（贝加尔湖）地区，居住在贝加尔湖、堪察加半岛以北的北海边，以渔猎为生。后来，因争夺渔猎场而发生了部落战争，赫哲族部落被打败，无法维持生活，便沿黑龙江、松花江、乌苏里江顺江而下。以柳树上捆草靶指引迁移方向，集合聚集。因大风把草靶方向改变，赫哲族就在三江流域散居下来。另一部分人迁居到伊犁河畔，当时俗称"往西拨民"（简称西拨），后又改写为锡伯，即现在的锡伯族。赫哲族伊玛堪著名歌手吴连贵用说胡力（民间传说）唱的一首赫哲族的《迁徙歌》即为当时迁徙的真实写照，内容如下：

> 赫尼哪咪赫尼哪——
> 长白山天池里的水，
> 流下来就是美丽的松花江。
> 在三江口，黑龙江和松花江汇合到一起，
> 变成了金色的混同江。
> 蓝色的乌苏里江，
> 翻滚着浪花从南流淌下来，

三条大江世纪流淌,
日日夜夜流向远方,
流入那广阔无垠的东海,
奔向那太阳升起的地方。

赫尼哪哎 赫尼哪——
我们的赫哲人,
原本不是这三江平原居住的人,
是在几千年前,
从那遥远的北方,
顺着黑龙江迁徙而来。
我们的祖辈先民,
才在这富饶的三江扎下脚跟,
建立了村落,
从那时留下了我们的赫哲。
度过了几千年捕鱼狩猎的生活。

赫尼哪哎 赫尼哪——
传说我们的祖先,
曾住在北海,①
因强敌侵占了我们的家园,
才在部族首领统帅下,
离开了那广袤的草原。
拜别了祖辈生息的家乡,
登上木筏和船,
顺着乌黑的黑龙江,
向南迁徙而来。
前面领路的首领,
沿途靠岸插上路标草靶子,
指引后面的人们紧跟,
让他们不要停船靠岸,

---

① 北海,今俄罗斯境内贝加尔湖。

继续向前行进。

赫尼哪哎 赫尼哪——
领头的首领呦,
这天来到了三江汇合的地方,
在江边插完了草靶子,
往前继续赶路。
紧跟在后面的木筏和船,
与他们只隔一宿的路程,
不料降了一场雨,
刮了一夜的狂风。
前面的草靶子被风刮歪,
草靶子倒转了方向,
于是后面的人们,
逆流奔向了西方。
打从那时开始,
这三江平原、松花江沿岸,
才成了我们赫哲人居住的地方。

赫尼哪哎 赫尼哪——
往东迁徙的先民,
跟随者首领东进,
逆着乌苏里江南进,
从乌苏里山脉和水域,
一直到东海之滨,
都有了我们的部族,
扎根生息,直到如今。

赫尼哪哎 赫尼哪——
顶着混同江的波涛,
逆流西去的先民,
历尽了各种艰辛。
他们登岸的第一个地方,

南岸是一片金色的沙滩,
这就是如今的边防重镇,
伊日嘎①——抚远。
迁徙时拐过一条大河,
沿岸林木葱翠,
那绿色的山谷就是——浓江里。②
当人们乘木舟,
来到一个江心的岛屿,
和同胞会面的地方,
就叫作——八岔。③
这时天气已经寒冷,
天空纷纷飘起了雪花,
眼瞅大江就要封冻,
于是人们弃舟登岸,
进山狩猎觅食,
用木头砍制滑雪板的地方,
就叫作——勤得利。④
大家伙儿穿上滑雪板,
继续向西进发,
见那里生长成片旱柳的地方,
便叫作——富唐吉。⑤
再往西远远望见一座大山,
是我们祖先到过的地方,
从此这里叫作——额图山。⑥
离开那里往西行走,
见到一个江湾,
他们在山头坐了一会儿,
那坐过一会儿的地方,

---

① 赫哲语,网滩之意。此处指地名,今抚远市,位于黑龙江与乌苏里江交汇处。
② 浓江里,今佳木斯市抚远市西南。
③ 赫哲语,夹芯子之意。此处指地名,同江市八岔赫哲族乡。
④ 地名,指勤得利农场所在地。
⑤ 地名,指长有旱柳的地方。
⑥ 位于黑龙江口、街津口赫哲族乡与八岔赫哲族乡之间。

叫作——德勒乞。①
那座山头就称作——德勒乞山。
人们往西又走了不远,
又拐过了五道砬子,
一位老头留在了那里,
他的名字叫盖金,
因此那个地方后来演变叫——街津口。
往西迁徙,天地渐暖,
当大家来到江边,
江沿已跑起桃花水,
江水中又游来许多嘎牙子鱼,
这里就叫作——齐齐哈。②
再往西走,
人们见到一座荒芜的古城,
这城就叫——拉哈苏苏。③
人们继续迁徙,
见前面有个山嘴子伸进江里,
因此得名——图斯克。④
这时,已进入了松花江,
开始制造独木舟,
划船逆流而上,
在见到城崖子的地方,
叫作——霍通吉林。⑤

赫尼哪咦赫尼哪——
往上游又走了不远,
头人古布扎拉在那登了岸。
登岸的地方就叫作——古布扎拉。⑥

---

① 赫哲语,马湾子之意,原是一位老猎人的名字,后来成为山名和地名,位于街津口下滩。
② 赫哲语,嘎牙鱼之意,地名,原是一个小渔村,现无人居住。
③ 地名,原意是废墟,现指同江市所在地。
④ 赫哲语,山嘴子之意,地名,同江市乐业镇内。
⑤ 赫哲语,城崖子之意,地名,松花江岸边。
⑥ 地名,松花江边。

往西又走了一段路程，
在上下游都能够得着的地方，
那里就叫作——下吉力。①
这时天晴日朗，
人们抬头望见一座大山，
高高耸立在松花江南岸。
那山的形状像似猛兽，
起名叫作——乌鲁古力。②
往西又走了不远，
一个女人在高冈上了岸，
留下了一个部落，
这就是古城富廷霍通。③
紧接着往西走了一袋烟的工夫，
头人在那里住了一宿，
在首领住过的地方，
留下了一个村落——噶尔当。④
离噶尔当往南走不远，
拘禁过不守族训的人，
因此那个地方叫作——乞亚玛。⑤
离开此地往西，
又走了大约二十里，
在沿江陡坎见到像楼房的地方，
以后那里就叫——大屯。⑥
紧挨着大屯的陡坎，
流过一条弯弯曲曲的大河，
这河叫安邦河。⑦
打那往西有座山，

---

① 地名，从前是村名。
② 山名，原意是猛兽。
③ 地名，现在富锦市。
④ 清朝官取名，现为地名，过去是村名。
⑤ 地名，离嘎尔当村不远。
⑥ 地名，即村名。
⑦ 安邦河，黑龙江省内的河流。

那座山叫作——比拉音山。①
人们往西继续迁徙，
途中建立了一个部落，
部落东头住的姓傅，
部落西头住的姓毕，
因此这地名叫作——回弄喀。②
离开回弄喀继续前行，
人们见到一座被抢劫的古城，
那里白骨累累、满目凄凉，
是个屠杀人的地方，
这杀人之城就叫作——万里霍通。③
这时已到祭奠神灵的季节，
三月三、九月九跳萨满④，
萨满着神裙跳起鹿神舞⑤，
众人高喊"乎古亚哥"敲神鼓，
为能看清萨满迅跑的身影，
人们扯着神裙飘带紧跟上，
这种仪式叫温吉尼⑥，
萨满停脚的地方叫作——温陈岗。⑦
打那往西继续迁徙，
途中一位哈库玛的猎人，
留在那里定了居，
因此人们称此地为——哈库玛。⑧
再往西有座山峰，
在那里留下一位勇士力大无穷，
因此这山叫作——马库力⑨山，

---

① 山名。
② 地名，即村名。
③ 地名，旧村名。
④ 赫哲风俗，三月三跳萨满是为了驱除病魔，九月九跳萨满舞是庆祝丰收。
⑤ 萨满舞重要的一种，祭祀山神。
⑥ 萨满跳神仪式。
⑦ 地名，指萨满停脚的地方。
⑧ 原来是人名，后来改为地名。
⑨ 原来是赫哲族勇士名字，后来改为山名。

这个部落叫作——马库立约宏。①
人们从那往西继续迁徙，
途中遇到一个地方，
长着成片的蒿草，
这见到蒿草的地方叫作——苏苏屯。②
从苏苏屯往西继续行走，
在一个沟边儿，
人们见到一只猎犬，
因此这条河叫作——音达木河。③
从那人们进山狩猎，
在长满柳树的地方，
弯制了一张弓，
因此这弯弓的地方叫作——勃利。④
人们返回继续往西走，
那里有个像皮口袋嘴的河，
在那里见到一个被砍杀的人的骷髅，
这砍脖子的地方叫作——蒙翁古力。⑤
从蒙翁古力往西走了不远，
人们见到了许多白骨，
这里曾是堆满尸骨的战场，
因此这白骨成堆的地方叫作——佳木斯。⑥
往前再走，天一放亮，
人们登岸燃起篝火打尖⑦，
再顺手捞鱼的江边停靠，
这捞鱼的地方叫作——敖其。⑧
从那往西继续行走，
不知又走了几天几宿，

---

① 约宏，赫哲语，村庄。
② 村名，指见到蒿草的地方。
③ 音达木河：河名，音达指犬。
④ 地名，原意是赫哲人狩猎使用的弓，现指勃利县。
⑤ 地名，指砍脖子的地方。
⑥ 地名，原意是白骨堆，现指佳木斯市所在地。
⑦ 打尖，指休息的意思。
⑧ 地名，原意为赫哲族捞鱼工具抄罗子，现在是同江市敖其镇所在地。

人们望见一条大河,
从远方飞流直下,
这上方之水叫作霍弄得可得①,
这条河叫作——倭肯河。②
在这条长满鲜花的河旁,
在这依山傍水的地方,
赫哲先民安营扎寨,
建立了一个城。
因此这里住着三个氏族,
分别为葛、舒、卢三个氏姓,
所以后人称此地方——依兰哈拉③,
就是现在的古城——依兰。④

在赫哲族祖祖辈辈广泛流传的《迁徙歌》中,比较完整而清晰地讲述了赫哲先民汇聚到三江平原地区的历史过程,说明赫哲族原本不是三江平原的人,是在几千年前,从遥远的北方顺着黑龙江迁徙而来,散居在黑龙江中下游和乌苏里江沿岸地区。传说他们的祖先曾住在纷勒克伊拉姆(北海,中国古代称谓为贝加尔湖)一带,这说明赫哲族部分先民与北通古斯民族有着某种渊源,也说明赫哲族先民从远古时代起就是一个历经风雨、饱经磨难的坚强民族。部分赫哲族先民在强敌的逼迫下,离开了自己的家园,开始了长途的迁徙。从《迁徙歌》中可得知,他们从北海沿黑龙江而下,散居于黑龙江下游和乌苏里江沿岸地区;同时,歌词内容对自然环境、物产、方位、部落分布、与邻国关系等都有涉及,尤其比较详细地追溯了现今赫哲族聚居地的地名由来、留居过程。

在这些赫哲族伊玛堪说唱内容里,从有关赫哲族民间传说中可以看出,赫哲族先民的迁徙经历了数百年之久。虽然没有非常明确的时间和准确的迁徙人口记载,但这的确是赫哲族先民所进行的一次大规模的迁徙征程,也表明了赫哲族先民的足迹遍布了贝加尔湖、黑龙江、松花江、乌苏里江、嫩江、牡丹江等广大水域地区,他们的生活居住区域大大超过现在

---

① 霍弄得可得:水名,指上方之水。
② 黑龙江的一个支流。
③ 地名,原指三姓,现在是依兰县所在地。
④ 黄任远:《赫哲族》,辽宁民族出版社,2014,第12~21页。

的三江平原地区。赫哲族居住范围西至辽宁省朝阳地区，东至库页岛（今俄罗斯萨哈林岛），南至吉林省珲春，北至外兴安岭精奇里江（现俄罗斯吉雅河）。宁古塔是赫哲族发源地，依兰县的道台府，俗称赫哲族京城。赫哲族早年居住地地区广阔、人口众多，是我国北方的一个重要民族，俗称的"北方鞑子"就是赫哲族前身。后来，赫哲族的先民就生息在三江流域，赫哲语称"松嘎日玛玛尼傲"即沿着松花江居住的人，"约日嘎玛玛尼傲"即顺江居住的人。《满都莫日根》里提到霍通有大片的土地山林、上万人丁，说明赫哲族人所居住的环境和人口状况。

三、古代时期赫哲族的地理分布

古代时期的赫哲族部落之间、赫哲族与周边其他少数民族部落之间经常发生军事战争，导致赫哲族不断迁徙，人口数量锐减。

17世纪中叶，沙皇俄国的殖民主义者侵入贝加尔湖以东、黑龙江流域。沙皇俄国挑起边境事端，打破了赫哲族往日的宁静。从1643年开始，沙皇俄国多次进犯我国东北地区，肆意烧杀淫掠，干尽了惨绝人寰的坏事，给当地各族居民造成了空前的浩劫。同时，沙皇俄国的侵略军也遭到了我国东北各族人民的自卫反击。① 清朝面临沙俄侵略的严重威胁，故自卫反击沙俄的侵略。1682年9月，康熙帝指令副都统郎谈何一等公彭春："罗刹犯我黑龙江一带，侵扰虞人，戕害居民，发兵进讨，未获翦除，历年已久。近闻蔓延益甚，过牛满、恒（亨）滚诸处，至赫哲、飞牙咯虞人住所，杀掠不已。尔等出行……沿黑龙江行围，径薄雅克萨城下，堪其居址形势。"② 1689年9月7日，中俄签订了平等的《中俄尼布楚条约》，从此，黑龙江流域地区相安无事一个半世纪。1847年，沙皇尼古拉一世亲自挑选了效忠沙皇、残酷镇压人民的大刽子手穆拉维约夫担任西伯利亚总督。1849年，沙俄专门成立了"阿穆尔委员会"，沙俄称黑龙江为阿穆尔河，由尼古拉一世具体策划吞并中国黑龙江流域的一切活动。1858年5月28日，穆拉维约夫用武力胁迫黑龙江将军奕山，这个曾被英国强盗吓破了胆、屈膝投降、签订《广州和约》的老投降者，未经清廷允许，被迫签订了不平等的《瑷珲条约》，这是中华民族的奇耻大辱。这个条约割去了黑龙江以北、外兴安岭以南60多万平方公里的中国领土。乌苏里江

---

① 《清圣祖实录》卷一一九，第6页。
② 《清圣祖实录》卷一〇四，第9页。

以东的 40 多万平方公里的中国领土由中俄共管，这为沙俄进一步侵略埋下了伏笔。1860 年 11 月 14 日，签订了丧权辱国的《中俄北京条约》，沙皇据此把我国黑龙江以北、乌苏里江以东 100 多万平方公里的土地从祖国分离出去。居住在这片土地上的赫哲人被迫一分为二，成了跨国民族，小半在国界内，大半在国界外。清朝时期，赫哲族居住地总体概况如下：在清初，赫哲族活动范围主要在西至佳木斯、东至乌苏里江以西、黑龙江中下游以南的区域，而今日的街津口几乎成了这个区域的中心地带。清朝中期，赫哲族则移动到了西南的依兰一带。清朝末期，赫哲族居住区域由西南边界退到音达木河（今佳木斯附近）一带。至此，赫哲族缩居至音达木河到黑龙江中下游地区。清末民初，由于外国侵略，赫哲族出现了历史上一次悄悄地沿黑龙江下游向中游、向松花江流域溯江回迁的经历。

四、现代赫哲族的地理分布

居住地域与生活方式有着密切的关系，赫哲族是一个以渔猎为主的民族，因此，他们的居住地往往在江河的沿岸，西南部由完达山山脉环绕，中、东、北部为由松花江、乌苏里江、黑龙江流域构成的三江平原，素有"北大荒"之称，拥有广阔的平原、草地、湿地、泡沼，为中温带地区，属于温带半湿润气候。赫哲族长期以来依山傍水而居，完达山山脉蜿蜒伸展在虎林、密山、饶河、林口、勃利、铁依力、佳木斯、富锦、宝清、抚远、同江等市县境内。这里风景秀丽，土地肥沃，森林资源极其丰富，为赫哲人提供狩猎、采集之便。而黑龙江中下游、松花江下游和乌苏里江沿岸，从佳木斯到富锦、桦川、同江、饶河、抚远，就是近现代赫哲族主要的生息地。现在，赫哲族主要集中居住于三乡两村：三乡是同江市街津口赫哲族乡、八岔赫哲族乡，以及双鸭山市饶河县四排赫哲族乡；两村是佳木斯市敖其镇敖其赫哲族村、抚远市抓吉镇抓吉赫哲族村。

第三节　赫哲族人口状况

由于赫哲族只有语言，没有文字，史书记载赫哲族的状况特别少，真正研究赫哲族的时间也就 300 年左右。从古至今，赫哲族居住区和人口数量发生了较大的变化。

隋唐时期的赫哲族人口数量非常大，是北方地区实力较强、部落规模较大的一支少数民族。根据中国北方地区各少数民族发展历史资料，许多历史学家认为，赫哲人由隋唐时期的黑水靺鞨演变而来，他们居住在粟末之北、宁江之东北，方圆千余里，散居山谷间，人口十余万。在《满洲源流考》中体现的赫哲族地理分布如下：自宁古塔东北行千五百里，居松花江、混同江两岸者，曰赫哲喀喇；又东北行四五百里，居乌苏里、松花、混同三江汇流在左右者，亦曰赫哲喀喇，即使犬国也。在曹廷杰的《西伯利东偏纪要》一书中体现的赫哲族的地理分布如下：伯利下四百余里松花江中洲上（通呼巴仪）敦敦地方，为薙发黑斤屯（注：薙发黑斤为清光绪八年编入旗籍的赫哲人，不薙发的黑斤为未编入旗籍的赫哲人）；又下 800 余里北岸阿吉地方，又下 600 里南岸普禄地方，又下 20 余里北岸乌活图地方，三处俱为不薙发黑斤屯。伯利东北行 1200 余里至阿吉大山以上，沿松花江两岸居者统称"黑斤"，亦称"短毛子"，共五六千人。自阿吉大山顺松花江东北行，又西北行共 800 余里，至黑勒尔地方以上，沿两岸居者，统称"长毛子"，共两三千人，风俗习尚与薙发黑斤同。沿乌苏里江两岸，有黑斤四五千人，语言衣服，生技习尚，旧与伯利不薙发黑斤同，近与华人久处，遂变华人。① 此书是曹廷杰在光绪十一年（1885 年）奉派密探俄界的报告书。通过此书的记载，金国初兴时，混同江下游有一座大城名叫多文多霍通，方圆七八里，居民一千四五百家。元末明初时期，长白山以东，萨哈林以南，大海以西，分为三大部落：在乌苏里江一带，名竹勒什部落；在萨哈林一带，名佛尔什部落；在松阿里一带，名阿尔奇都部落。竹勒什部落境内有 19 城，36 屯。到清朝初期，赫哲族约有 12000 人；受频繁的战争、瘟疫等各种不利因素的影响，到 1858 年左右，缩减为 7000 人；到清末，我国境内的赫哲族人口约为 2100 人，人口锐减。

　　民国时期，由于天灾人祸，赫哲族人口锐减，居住地进一步缩小。到 20 世纪 30 年代，东北沦陷时期，居住在松花江、黑龙江、乌苏里江沿岸的赫哲族人口急剧减少，由清末的 2100 人减少到 1200 人左右。凌纯声于 1930 年赴东北考察赫哲族时，把赫哲族的居住地分为三个地段。在松花江流域，有蒙古力、苏苏屯、万里霍通（以上在桦川县境内）；哈库玛、富克锦、噶尔当、霍通吉林、洼其奇（以上在富锦市境内）；古必扎拉、图斯科、泥尔博（以上在同江县西）。在混同江流域，有拉哈苏苏、齐齐

---

① 曹廷杰：《西伯利东偏纪要》，辽海书社，清光绪十一年（1885 年）刻本，第 34、35、49、54、58 页。

喀、穆红阔、哈义、街津口、得勒奇（以上在同江县东）；俄图、勤得利、秦皇鱼通、上八岔、下八岔、义日嘎（以上在抚远市东）。在乌苏里江流域，有交界牌、海青鱼厂、别拉洪（以上在抚远市南）；饶河口、团山子、杜马河、红石砬子、阿巴清、西博格林（以上在饶河县境内）；黄岗、黑嘴子、松嘎查（以上在虎林市境内）。① 凌纯声根据自己写的调研和赫哲人多方面的报告，做出估计：松花江流域有400余人，混同江有380余人，乌苏里江有400余人，共1200人。1945年9月2日，日本投降后，东北各族人民获得了解放，赫哲族幸存者重返家园。这时的赫哲族主要分布在富锦的大屯，混同江沿岸的同江、街津口、额图、勤得利、八岔等地及饶河县永安村（即七里沁子），有460余人。为了生存，1946年，富锦大屯的大部分赫哲人，街津口和原一，以及二、三部落的绝大部分赫哲族陆续迁到永安村；大屯的另一部分十几户40余人则迁到桦川苏苏屯。到1949年中华人民共和国成立初期，由于天灾、战争等原因，赫哲族仅剩300余人。由于历史原因，经过近40年的流离失所，最后，赫哲族的居住地被局限在黑龙江省同江江畔的街津口，抚远市的下八岔、勤得利，乌苏里江岸的饶河县四排村三个点上。

中华人民共和国成立后，在党和政府的关怀下，在国家民族政策的扶持下，赫哲族人民过上了幸福的生活，民族人口数量实现了快速的增长。2000年，全国第五次人口普查统计结果为4640人。②

总体来看，赫哲族人口数量发生较大变化主要有四个时期。第一个时期是1858~1860年，我国被迫签订不平等的《瑷珲条约》《中俄北京条约》，将黑龙江以北、乌苏里江以东100多万平方公里的土地从祖国分离出去，居住在这片土地上的赫哲人被迫一分为二，成了跨国民族，大半在界外。第二个时期是清朝末期，频繁的战争、瘟疫、吸食鸦片等因素，导致赫哲族人口数量锐减。第三个时期是中华人民共和国成立之前，尤其是日本侵略者在东北地区的横行和对赫哲人的残酷镇压、迫害，导致赫哲人口数量减少至不足300人，处于民族消亡的边缘地带。第四个时期是中华人民共和国成立后，赫哲族人口数量实现了快速增长，在中国共产党的正确领导之下，在国家民族政策的大力扶持下，赫哲族人民过上了幸福生活，人口数量实现了快速的增长，到2000年，赫哲族人口数量已达到

---

① 凌纯声：《松花井下游的赫哲族》，民族出版社，2011，第69页。
② 西安地图出版社：《中国地图册》，西安地图出版社，2010，第10~11页。

4640 人。[①]

第四节　赫哲族口传文学

赫哲族是中国古老的民族，其历史可追溯到 6000～7000 年前的新开流古肃慎时期，它是我国唯一的渔猎民族，也是跨境民族，其历史悠久，民俗文化种类繁多，内涵丰富，特色鲜明，是赫哲族智慧的结晶和民族精神情趣的象征。赫哲族优秀的民族文化是中华传统文化的重要组成部分。赫哲族只有语言，没有文字，史书记载赫哲族的状况特别少，真正研究赫哲族也就 300 年左右的时间。当前记录赫哲族文化资料较详细的是《伊玛堪集成》，分为上、中、下三卷，共计 224 万字。2013 年，黑龙江人民出版社出版的《伊玛堪集成》是在赫哲族口传文学的基础上经过整理而成的关于赫哲历史的文献资料。虽然是赫哲族口传文学，但祖祖辈辈的口口相传应该是比较真实地反映赫哲人早期的历史情况，具有较高的可信度。

一、赫哲族口传文学介绍

赫哲族有本民族语言，赫哲语属于通古斯语系，满族语那乃分支。1934 年，凌纯声在《松花江下游的赫哲族》一书中，专门研究过赫哲族语言问题。他指出："今日的赫哲语，实以本来赫哲语为主干，而加上满洲语、蒙古语、古亚洲语及一小部分汉语，另成为一种混合语。"由于没有形成文字，早年赫哲族以削木、裂革、插草、挂鲑鱼头记事。赫哲语因地区不同，还存在方言上的差异。例如，沿松花江下游至黑龙江边勤得利一带为奇楞方言区，勤得利以下至乌苏里江一带为赫真方言区。

由于历史原因，在清朝末期，俄罗斯掠夺了我国黑龙江、吉林地区的大片土地，从而使本为同一民族的赫哲族成为跨国民族，在俄罗斯境内的称为那乃人、乌尔奇人。苏联那乃人基列说："没有比对前辈的崇拜更神圣的了，要知道，那是我们成长的土壤，是我们的根啊！因此，亲爱的阿穆尔河（黑龙江）沿岸的祖父祖母们，让我们在自己的儿孙面前改正过错吧！把我们祖辈创造的语言还给孩子们。要知道，我们既不是从地缝或泥坑里蹦出来的，也不是从缭绕的云中降下来的。我们有自己的语言、艺

[①] 西安地图出版社：《中国地图册》，西安地图出版社，2010，第 10～11 页。

术、歌谣和传说,也就是说我们有自己的历史。没有历史的民族是不存在的,失去了语言也就埋没了历史。飞禽走兽、花鸟虫鱼尚能按自己的方式鸣叫、吟唱,更何况我们人呢?……大自然赋予我们理智和生命,既如此,那为什么我们还要去践踏、去抹杀我们前辈所创造的一切呢?那样的话,我们岂不成了千古罪人,如果我们坐视自己民族的语言和艺术的消亡,那我们祖辈经过无数坎坷、一点一滴写就的历史就会永远地消失。"①现在的俄罗斯那乃人有2万左右,而我国只有5千人左右,因此,我们不能让赫哲族语言消失,更不能让赫哲文化消失,而应当推进赫哲族文化的创造性转化、创新性发展。我们保护和传承古老的赫哲文化,也就是保护和传承了中华民族传统文化,这是我们责无旁贷的责任和义务。

伟大的苏联文学家高尔基曾经说过:"不了解人民的口头创作,就无法了解人民的真正的历史。"由于赫哲族世世代代生活在黑龙江省的三江流域地区,创造了灿烂的渔猎文化,故作为渔猎文化产物的口传文学,其内容丰富多彩、韵味独特,是赫哲民族精神生活极为重要的组成部分,有着独特的民族风情,是赫哲族生活的百科全书。赫哲族口传文学的内容反应在赫哲人民精神生活的各个方面:对上天神灵和萨满神灵的虔诚崇拜,对英雄人物和家族祖先的怀念,对美好爱情和正义精神的追求,对幸福生活和光明前景的向往,对大自然的无限热爱与内心的恐惧,对贪婪思想和愚蠢行为的嘲笑,对邪恶现象的深恶痛绝……这些口传文学作品能够一代又一代地流传下来,历经几千年顽强地延续至今,主要与其文学魅力、地理环境、民间习俗、宗教信仰和节庆活动紧密相连。

赫哲族的口头创作产生于以渔猎经济和采集经济为物质基础的环境中,随着时代的发展,今日的赫哲族已从中华人民共和国成立前的渔猎与采集生产生活中走出,进入农耕生产生活,并不断地被其他民族和信息时代所同化,说赫哲语的人越来越少。由于没有文字,赫哲族的悠久历史文化有被淹没于历史长河的危险。因此,我们有必要保护、传承赫哲族的传统文化,特别是口传文学。国家和政府也非常重视少数民族文化的传承与保护,并且也做了大量的工作,一些科研工作者也投入其中,这些都是值得庆幸的事情,我们相信赫哲族传统文化一定会发扬光大。

---

① 〔苏〕基列:《那乃人的民族游戏》,陈柏霖译,黑龙江民族出版社,1995,第122页。

二、赫哲族口传文学的分类

（一）说唱故事——伊玛堪

从已经采录到的伊玛堪中，可以看出它的两大特点：首先，它是对赫哲族历史的忠实记录，无论是历史学家、语言学家，还是民俗学家、宗教学家，均可从中撷取宝贵的原始资料；其次，它集中体现了赫哲族的审美观。伊玛堪用古典浪漫主义的手法，描述了赫哲族的英雄们除暴安良、降妖伏魔的英雄主义气概；也描述了赫哲人对忠诚和信义的高度赞美，对自由和爱情的执着追求，以及对美好未来的无限憧憬。显而易见，伊玛堪不是那个时代生活的简单记录，而是在那个时代的广阔背景下，按照美的规律艺术地再现了生活美，堪称一部完美再现赫哲族英雄人物、历史变迁与民俗风情的大型古典交响诗。伊玛堪是赫哲族人民的生活中不可缺少的一种艺术品类和一种娱乐审美的方式，它同时还具有传承本民族历史文化的教科书功能，价值独特，意义重大。

在历史发展的长河中，赫哲人不仅用自己勤劳的双手创造了物质财富，同时，也用自己的聪明才智创造了灿烂的文化艺术。赫哲族在中华人民共和国成立前主要以渔猎和采集为生，具有丰富的口头文学传统，其中最重要的就是有说有唱的长篇叙事故事——伊玛堪。

伊玛堪有现实生活中的真实故事之意。苏联的文化学家E.L.列别杰娃说："无论伊玛堪中描写的事件有多么神乎其神，多么难以置信，那乃人总是相信，或者至少过去相信，这些事件在某时某地曾经真的发生过。"① 这种把伊玛堪当作真实故事的态度是过去通古斯民族中具有普遍意义的思维特点，赫哲族也不例外。伊玛堪不但意味着"故事"，而且还意味着"真实的故事"。

由于赫哲族只有语言，没有文字，关于赫哲族的历史，史书记载甚少，因此，口传说唱文学——伊玛堪就成为赫哲族传承本民族历史文化、宗教信仰、人文习俗、科学知识的重要载体。伊玛堪是赫哲族在长期的渔猎生产生活中逐渐创造形成的。它全面鲜活地记录了赫哲族的起源、生存环境、生产生活、宗教信仰、民俗民风、历史发展、民族体育文化等内

---

① 〔苏〕E.L.列别杰娃：《论那乃人的口头文学》，载阿弗罗林编《那乃语言及口头文学资料集》，苏联科学出版社，1986，第13页。

容，集中反映了赫哲族特有的生存方式、生活智慧、思维方式、文化意识和民族精神，是赫哲族文化的标志与象征，是赫哲人智慧的结晶，是赫哲族祖先留下的宝贵的精神财富。同时，伊玛堪也反映了古代原始部落的征战史和迁徙史，浓缩着赫哲民族的历史与文化精华，保存了赫哲族所经历的沧桑与印记。

赫哲族伊玛堪的内容，主要是歌颂英雄事迹或讲述青年男女爱情的故事，同时，作品还描写了西征、结义、狩猎、娶亲、宴饮、祭祀、民族体育等精彩的场面，这些作品反映了古代社会赫哲人的生活状况。因此，伊玛堪是一件具有悠久历史的赫哲渔猎民族流传下来的艺术瑰宝。据调查，赫哲族民间保存的伊玛堪作品有40余部，《伊玛堪集成》这部书中就收录了48部。

在赫哲族伊玛堪中，大量描写了赫哲族当时渔猎社会的生活与民俗。例如，捕捉黑龙江中的大鳇鱼、蹲碱场射鹿、堵黑熊窝、比武招亲、祭祀、复仇西征、插草结拜、英雄搏斗、重返故里等内容，充满了浓郁的森林草原气息，展现得栩栩如生，是一幅幅生动的古代渔猎民族的风俗画卷。这是赫哲族古代社会的百科全书，具有重要的社会价值。

伊玛堪是赫哲族特有的一种说唱文学形式，在群众中广为流传，是群众喜闻乐见的文化艺术形式之一。伊玛堪在赫哲语中是"故事"的意思，但与一般故事不同，不仅情节长，而且合辙押韵，形同一部长篇史诗。常在猎场、网滩或土筑茅屋里说唱，它以讲唱古史和民族英雄故事为特色，也可即兴抒情。它是一种散文和韵文相结合的口头说唱文学。伊玛堪是说一段唱一段，不用乐器伴奏，其腔调有男腔、女腔，有悲壮的"老翁调"，也有委婉的"少女调"，还有"欢乐调""悲调""叙述调"等，类似于北方的大鼓。表演依玛堪的人叫"依玛堪奈"，意思是聪明、智慧的人。伊玛堪作品篇幅巨大，大部头的伊玛堪作品大多是长篇说唱，要说唱很多天；小部头的伊玛堪作品也要说唱好几天。叙事场景宏伟壮丽，故事情节跌宕起伏、生动形象，形式自由。说唱者嗓音洪亮、语汇生动、曲调流畅，仿佛江河流淌般自然舒畅，且动作恰当，达到了"人曲合一"的境界。伊玛堪让听者感觉如同身临其境，无不给人以安慰、快乐与振奋之感，真是令人拍手叫绝。

赫哲族自古以来就生活在极其苦寒的三江流域地区，以渔猎为生的赫哲人对口耳相传、世代相延的伊玛堪如醉如痴，将其作为精神生活的主要食粮。伊玛堪是赫哲族民族精神生活的瑰宝，是民族精神生活的百科全书。它的存在曾对赫哲民族起到娱乐、认知、审美和教育的作用。别林斯基指出："风俗习惯构成一个民族的面貌,没有了它们,这个民族就好比一个没有面孔的人物,一种不可思议、不可实现的幻想。"① 伊玛堪通过对古代赫哲族人民风俗习惯的生动描述,使其获得了鲜明的民族性。赫哲族是一个苦难深重的民族,也是一个百折不挠、刚毅勇敢的民族。中华人民共和国成立以前的漫长的社会历史环境使赫哲族处于濒临灭亡的境地。用赫哲语说唱的伊玛堪也几近成为历史的绝唱。因此,赫哲族的伊玛堪急需抢救与保护,一旦消失,它的损失是不可估量的。

2006 年,伊玛堪被保护单位——黑龙江省艺术研究所上报,列为"首批国家非物质文化遗产名录"。2011 年 11 月 23 日,联合国教科文组织在巴厘岛会议上批准伊玛堪为"继续保护的非物质文化遗产名录",这是我国第七个入选名录的项目。在这次会议上,会议对伊玛堪的评价是:伊玛堪说唱有助于赫哲人的认同和凝聚,构成其历史和价值观的载体,并为之提供了连续感,在季节性劳作和节庆活动中,发挥着集体记忆、教育和娱乐功能。因此,伊玛堪被誉为"北部亚洲原始语言艺术的活化石"和"人类文化多样性的一个活标本"。成为世界和国家非物质文化遗产的伊玛堪得到了发掘、继承和光大,这是赫哲族的幸事,更是中华民族的幸事,是赫哲族值得自豪的事情。

伊玛堪是赫哲民族集体创作活动的产物,口耳相授、代代相传是伊玛堪存在和发展的方式。伊玛堪口头传承能够历经几千年,顽强地延续至今,主要是与赫哲族的民间习俗和节庆活动密不可分。在婚礼酒宴上,要请伊玛堪歌手唱《祝福歌》来助兴;在丧葬大事上,要请伊玛堪歌手整夜说唱,为死者祈福送魂;在渔汛捕鱼期,祭江神、水神、火神后,伊玛堪歌手说唱,祈求神灵赐予人们好运,捕到更多的鱼;冬季捕猎期,伊玛堪歌手每晚在宿营地围着篝火说唱,目的是丰富枯燥的生活,希望驱除恶鬼。现在,在赫哲族的乌日贡大会上,夜幕降临时,篝火晚会开始,伊玛堪说唱在夜空回荡,赫哲族男女随着古朴的旋律跳起篝火舞,这是乌日贡大会重要的环节。

随着时代的发展和社会的进步,赫哲族的民族文化也在悄然地发生着改变。在由以渔猎文化为主渐渐转变成以农耕文化为主的过程中,赫哲族的很多文化已消失在历史的长河中。但伊玛堪作品里面有浓郁的地区文化和民族文化底蕴,再加上作品包含历史上的英雄人物、宗教信仰及渔猎生

---

① 吴桂华:《满—通古斯语族民间文学的奇花异葩——赫哲族的伊玛堪与鄂温克族民间传说的比较》,《民族文学研究》2001 年第 2 期。

活习俗，可以说伊玛堪是赫哲族传承历史文化的活教材。现在，国家也非常重视中华优秀传统文化的传承及对传承人的培养。为了更好地保护与传承赫哲族的伊玛堪，当地一些赫哲人成为国家、省级传承人，建立了一些传习所，因此，伊玛堪的保护与传承一定有更好的未来。

（二）神话传说——"特伦固"

特伦固是赫哲族口传文学，是赫哲族神话和传说的总称，是赫哲族世代因袭的远古文化的遗存，也是赫哲族民间文艺中的重要组成部分。不管是神话还是传说，都具有浓厚的幻想成分和浪漫色彩。

特伦固中的神话，含远古神话和天象神话，传说有历史人物传说、地方风物传说、渔猎习俗传说、民族起源传说等。

泰勒认为："神话起源的真实背景就是万物有灵的信仰。"赫哲族的神话，是其先民解释自然、反映社会的原始口传文学作品，是先民认识世界、理解世界的重要方式，反映了民族的早期历史，是重要的精神食粮。民间故事中，有关民族起源的传说——《七兄弟》《白城人的后裔》，在赫哲族历史演变一节中有详细的展现。赫哲族热爱自己的家乡，把对家乡的一山一水、一草一木的感情编织到神话、传说故事中，创造出优美的地方风物传说，像《街津山》《钓鱼台》《老人石》等。现在在街津口江边还有钓鱼台这一地名，可以说这是赫哲人萨满宗教的体现，也体现了赫哲人对自己家乡的热爱。

（三）民间故事——"说胡力"

说胡力有"瞎话"故事之意，是一种毫无根据地编造出来的东西。说胡力是赫哲族从本民族的祖先那里口耳相传下来的民间故事，包括寓言、童话、神话等各种体裁，以讲述故事为主，主要类型有幻想故事、动植物故事、生活故事、机智人故事及寓言故事等。其题材广泛、内容丰富、形式活泼、短小精悍。说胡力通常是由老人给儿童讲述，对他们进行启蒙教育，具有鲜明的民族特色和浓郁的乡土气息。附一篇生活故事《撒谎的渔民》——

有一个渔民，又懒又贪睡。

一天，家里没吃的了，媳妇让他去打鱼。

他一大早起来，觉还没睡够，就把船停靠在江岸大柳树下，躺在船上又睡起觉来，这一睡，一直睡到快天黑。他肚子饿了，就划船回家了。

媳妇一见他空手回来,惊奇地问:"你打的鱼呢?"

他说:"拿不动,还在船舱里那!"

媳妇拉他一起到船上,一看连条小鱼也没有,又问:"你的鱼自己跑了?"

他说:"可能是邻居帮忙抬回家了吧!"

媳妇拉着他回家,还是没有。问左邻右舍,都说没看见,气得媳妇火冒三丈,拧住丈夫的耳朵说:"你肯定撒谎了!"

他说:"我白天在柳树下睡觉,做了个梦,梦见打了一船鱼,都卖了,还给你买了新衣服。"

媳妇听了,又好气,又好笑。

这个故事主要描述了男主人公为自己的懒惰行为撒谎的故事。

赫哲族的伊玛堪、特伦固、说胡力等类似于说书,其实,它是中国老百姓几千年来重要的文明传播方式。在无书可读的时代或在有书难读的时候,口口相传几乎是一种民间化的弥补,一种对上学读书的替代。

(四)谚语

高尔基说过:"谚语和歌曲总是简短的,然而在它们里面却包含着可以写出整部书的思想和感情……"① 赫哲族作为历史悠久的东北古老的少数民族,虽然没有创造出本民族文字,但是创造出非常发达的口传文化,其中,活在赫哲人口中、散发着艺术魅力的民间谚语在人们日常生活中占有重要的地位。赫哲谚语是赫哲人生活经验的结晶,也是赫哲人的智慧结晶和艺术才华具体的体现。用最凝练而生动的语言来准确地反映赫哲族的历史、风俗习惯、富饶物产、生产劳动、自然节令、生活经验、道德教育等方面,富有知识性和哲理性,有着鲜明的渔猎民族的特色。

反映赫哲族历史的谚语有:

白城人的后裔,七姓氏的后代。

反映富饶物产的谚语有:

---

① 于赖余:《汉语谚语的英译》,《江西教育学院学刊》1981年第1期。

棒打狍子瓢舀鱼，野鸡飞到饭锅里。
东北有三宝——人参、貂皮、靰鞡草。
大顶子山有三宝——人参、马鹿、灵芝草。

反映风俗习惯的谚语有：

比武招亲，能者娶媳。
新婚夫妇有三拜——天地、灶神和祖宗。
夏天穿鱼皮，冬天穿狍衣。
玛发爱唱伊玛堪，玛玛爱唱框格尔单。
小姑娘爱采迎春花，小孩们爱玩嘎拉哈。
鱼鹰喜欢蓝河滩，阔力喜欢蓝天。
猎人喜欢激达，渔民喜欢鱼叉。

反映渔猎经验的谚语有：

两块板能翻山越岭，三块板能漂洋过海。

反映生活经验的谚语有：

劈柴劈小头，问路问老头。
早霞不出门，晚霞行千里。

反应道德教育的谚语有：

对祖宗要供，对老人要敬。
对朋友有酒，对敌人有枪。
骄傲的人找不到朋友，诚实的人到处有知音。
心正不怕雷打，脚正不怕鞋歪。
上梁不正下梁歪，根底不正倒下来。
要吃野物得进山，要吃江鱼到江边。
鱼靠江水鸟靠林，路在人走富在勤。

反映人与自然规律的谚语有：

鳇鱼是水中王，老虎是山中神。
狗拉爬犁赛过马，木头刀剥鱼皮捅不漏。
旱天东风难得雨，涝天西风不晴天。

（五）歇后语

赫哲人的歇后语是人民的口头创作，世代口耳相传的语言艺术。真实地反映了民族心理、民族风情和民族习惯，是人们智慧的结晶。在赫哲族长期的历史发展过程中，诞生了大量的歇后语，例如：

插树毛子跑风船——越跑越快。
赫哲人的猎狗——金不换。
鳇鱼皮做的靴子——穿不烂。
小河沟里的水——养不了大鱼。
用鱼竿打鹰——白扔。
串起来的鱼——没跑。
三块板的快马子——轻巧。
黑瞎子叫门——熊到家了。
萨满的嘴——胡编。
网漂子闷水里——来鱼。
棒槌鸟叫人——发财了。
鱼亮子把头教徒弟——慢慢来。
外来人吃生鱼——光看不动筷。
火盆放在炕上既抽烟又取暖——一举两得。
困山木头——不甘心。
河神爷开恩——鱼来了。
赫哲人的神树——砍不得。
猎场里吃肉——管够。
渔民卖网船——迫不得已。
萨满治病——撵鬼。
鹿皮蒙鼓——抗槌。
东风吹来的乌云——遮天盖地。
西风吹来的乌云——站不住脚。
野猪獠牙——锋利。

黑熊与老虎打架——不分胜败。
黑瞎子打立正——一手遮天。
黄鼠狼给鸡拜年——没安好心。
狗肚子里——装不了二两酥油。
张三不吃死孩子——活人惯地。
豁牙子啃西瓜——净道道。
凉锅贴饼子——溜了。
过河拆桥——不留后路。
狗撵鸭子——呱呱叫。
哑巴吃黄连——有苦说不出。
上供的馒头——动不得。
从门缝看人——把人看扁了。
吊死鬼搽胭粉——死不要脸。
赫哲人的房子——撮罗。
胃溃疡吃辣椒——没好。

（六）族源民间故事传说

在古代的亚洲东北部生活着众多的少数民族，有东胡语蒙古、契丹、鲜卑、突厥等，还有通古斯、古亚洲等民族，他们杂居融合，造就了赫哲族族源的各种传说。关于赫哲族的历史，史书记载甚少，而说唱故事——伊玛堪是一部赫哲族古代社会的口传史，反映了古代赫哲族原始部落的征战与迁徙，具有重要的历史价值和文献价值。伊玛堪国家级非物质文化遗产传承人吴明新的父亲吴连贵，是著名的伊玛堪歌手。1976 年 6 月，他口述的说胡力——民间故事《白城人的后代》，讲述了赫哲族的族源传说：

传说几百年前，岳家军与金兀术打仗，岳家军包围了白城。金兀术早有准备，加强了护城防守。岳家军围城半个多月，也没攻下城来。此时，大将牛皋想出了一条破城妙计。

第二天，士兵们抬着成桶的老酒，来到城墙下面，点起篝火，开怀畅饮起来。

守城的士兵一看这阵势，个个馋得直流口水，金兀术的兵个个爱喝酒。这一困，半个多月连酒味都未闻到，真是馋坏了，金兀术的士兵就向岳家军士兵讨酒喝。岳家军士兵把装着酒的葫芦扔上了城墙。

守城的士兵拿到酒后，你一口我一口喝起来，一袋烟的工夫，一葫芦酒就这样喝得精光。他们又向岳家军士兵讨要，岳家军士兵说："酒有很多，可你们得拿麻雀来换，十只麻雀换一葫芦酒。"

守城的士兵一听，还有这样的好事，能用麻雀换酒喝。于是，他们走家串巷，把整个白城的房檐、树上的麻雀窝统统掏个遍。最后一数，一共抓了几千只，换了几百斤酒。守城的士兵便你一碗我一碗地畅饮起来，个个喝得酩酊大醉。

岳家军的探子立即向牛皋报告，牛皋一听，下令道："三更造饭，五更攻城，马上行动。"

当天晚上，岳家军纷纷在麻雀腿上、尾巴上绑上了火捻，然后，点着了火，顿时，几千只带火的麻雀吓得一窝蜂地飞进城里去了。

带火的麻雀飞到哪里，火星一落，哪里就燃起了大火。一时间，整个白城一片火海。

就这样，岳家军趁着白城内一片混乱之时，金鼓齐鸣，杀声震天，一举攻下白城。弄得金兀术蒙头转向，成了惊弓之鸟，只好领着残兵败将，冲出重围，朝着北边逃命去了。

他们走了几个月，来到了萨哈林麻木（赫哲语，意为黑龙江）。当时天空炽热炎炎，大江波浪滔天，附近找不到一只可以渡江的船。金兀术心急如焚，但一时又想不出办法，只好在江边搭起帐篷歇脚。

一天，金兀术喝了一通闷酒后，问他的大儿子："你去看看，大江封冻了没有？"

大儿子回答："父帅，夏天咋会冻呐？"

金兀术听了，破口大骂："难道我全军人马，非得在此灭亡吗！来人，把他推出去给我斩首。"

第二天，金兀术喝着酒又问他的二儿子："你去看看，大江封冻了没有？"

二儿子老实巴交，反问道："父帅，大夏天的，怎么会封冻？"

金兀术听了，破口大骂，又下令把二儿子杀了。

第三天，金兀术又喝得酩酊大醉，问他的三儿子："你出去看看，大江封冻了没有？"

三儿子寻思，两个哥哥说没有封冻，都让父帅给杀了，自己若说没有封冻，不是也得杀头吗！他一时犯了愁，不知如何回答是好。他独自来到江边，对着滔滔的大江祷告起来：

天神呀！

地神呀！

腾尼莫蹲特！珠林和珠连！（专管人间事的天神、看家神、保护神）

如果我不该死，

如果白城人还能生存，

就让萨哈林麻木结冰三尺，

帮助我们过江吧。

他刚祷告完，天气霎时变得寒冷起来，接着下起了鹅毛大雪，寒风呼啸，如同寒冬一般。江面上结起了冰块，互相碰撞，发出了咔咔的响声，不一会儿冰块连接成了一座冰桥，横跨大江两岸。

三儿子看到这个情景，高兴地回到帐篷，对父亲说："阿玛！天地同情我们，六月天在江上结起了冰桥，我们渡江过去。"

金兀术一听大喜，派人到江边察看，果真六月的萨哈林结起了一层厚冰，人马行走，安全无恙。这一来，金兀术率领士兵和百姓，顺利地渡过了萨哈林麻木。

说起来也真奇怪，金兀术的人马刚一过江，江上的冰桥就嘎嘣嘎嘣地裂开了，化成了水。岳家军追到江边，只能望江兴叹。

金兀术的人马和百姓过江后，粮草断绝，士兵们只好整日里钓鱼充饥。可是，钓到的鱼很少，不够大家吃的。金兀术又带领亲兵亲将，沿江而上，去寻找食物。队伍们在行军途中，立草靶来指路。哪料草靶插在沙滩上，被风一吹便转了方向，后面的人马迷了路，这些人越走就离前面的人马越远。最后，他们分散到松花江、混同江、黑龙江、乌苏里江一带，长期定居了下来，以打猎和捕鱼为生。

后来，人们把当时在江边居住下来的人叫"奇楞"，沿江往西走的叫"索伦"，沿江往东走的叫"赫金"。到了清代，才统一称为"赫哲"。

这个故事饶有情趣地讲述了赫哲族人与北方金人（女真人，今满族人）的历史渊源及同根同源的关系。从赫哲族的许多世世代代口头民间传说中可以清晰地看出，赫哲族在一个主体民族的基础上，在其演变发展过程中，不断吸收周边其他散居的少数民族。赫哲族是一个多源多流的民族，它以当地南通古斯土著居民为主体，吸收了部分北通古斯民族成分，到明末清初基本上形成了赫哲民族共同体。就赫哲族氏族的形成、演变的历史而言，赫哲族是一个分布广泛、多源多流的民族。

赫哲族的历史、宗教、文化、科学、传统、知识、习俗等所有的精神文化、物质文化都是靠言传身教传承下来的。赫哲族的口传文学讲述了大量的渔猎故事及生产生活，使我们对赫哲族的历史、丰富多彩的渔猎生活、风俗习惯、宗教信仰、军事活动、地方风物及赫哲人的性格等方面有了较深入的了解和认识，使深入研究赫哲族传统体育文化有了事实依据。

第三章　赫哲族渔业生产产生的民俗体育

渔猎生产是赫哲族衣食的主要经济来源，一年中的大部分时间都会从事这种生产活动，夏捕鱼，冬狩猎。渔猎是赫哲族从古至今的生产生活的一项主要内容。早年，他们以鱼肉、兽肉为主食，以鱼皮、兽皮为衣服的主要原料。在中国近代以前的时期，赫哲人因此受到歧视，被称为"鱼皮鞑子"。

伊玛堪《阿格弟莫日根》载："在松花江下游，乌苏里江、黑龙江三江汇合的地方，有一片辽阔富饶的草原，那里有一个部落，里面住着百十户人家，四五百口人。在东方的乌苏里江边，也有一个部落，里面也住着一百多户人家，四五百口人。他们靠上山打猎、下江捕鱼，加上采集山菜野果掺着吃，过着渔猎生活。"[1] 赫哲人在长期的渔猎生产活动中积累了大量的劳动技能和使用渔猎工具的技巧，在生产劳动之余或闲暇时间里，他们模仿从事渔猎活动的场景，通过这种有趣的体力活动形式抒发着赫哲人的思想情感，既能提高渔猎生产的效率，又能实现族人之间的思想沟通，还能提高族人的身体素质，这就逐渐形成了具有赫哲族渔猎特色的传统体育文化。

赫哲族的渔业文化与三江流域的丰厚野生渔业资源有着密切关系。《黑龙江省志·民族志》曾记载："秋天自海逆水而上……当地人竟有履鱼背而渡者。"清代文人姚元之在《竹叶亭杂记·今世说》中谈到东北三江鳇鱼："嘉庆十年前此物甚贱，一鱼大者须一车载之，不过售钱五百。"乾隆皇帝看到松花江的鱼群时，盛赞："波里颊如玉山倒。"赫哲族是以捕鱼为主业的民族，以捕鱼为生的赫哲族在长期的捕鱼生产中创造了独特的渔业文化。渔业文化曾经深刻地影响着赫哲人的衣食住行，渔业生产是赫哲族赖以生存的主要产业。早年，赫哲人日常食鱼肉、衣鱼皮，将鱼利用到生产生活的方方面面。如此丰富的渔业资源让临水而居的赫哲族将渔业文化演绎得出神入化。

---

[1] 宋宏伟:《伊玛堪集成》，黑龙江人民出版社，2014，第395页。

第一节 赫哲族渔业文化概况

美国人类文化学者斯图尔德（J. Steward）曾指出："任何文化都会因适应特定的生态环境而表现出地域性变化。"山林适合狩猎，水畔宜行捕捞，因此，大兴安岭、小兴安岭、长白山林区，以及水网密布的松花江、黑龙江和乌苏里江流域，山水纵横，得天独厚，自然资源十分丰富，从遥远的古代起，这里就是天然渔场和逐猎之地，也是赫哲人进行渔业活动的最理想场所。

一、赫哲族的渔业资源概况

赫哲族的远祖主要生活在黑龙江以北、贝加尔湖以东的广阔地区，这里原始森林茂密、山脉纵横、河网众多、泡沼星罗棋布，是黑龙江和勒拿河的发源地。随着区域范围内人口的增多，各群体之间经常为争夺渔场而发生冲突，战败的群体被迫退出自己生存的地区。为寻求更好的生存环境，赫哲族选择了南迁，黑龙江、松花江、乌苏里江冲击而成的三江平原就是赫哲族的家乡。

黑龙江、松花江、乌苏里江盛产各种鱼类，品种繁多而且产量巨大。这里盛产的名贵的鲟鱼、鳇鱼、蛙鱼、"三花"（鳌花、蝙花、鲫花）、"五罗"（哲罗、发罗、雅罗、胡罗、同罗）被视为宴席上的佳品。此外，还有鲤鱼、白鱼、干条、鲍、红尾、细鳞、狗鱼、牙布沙、怀头等几十种江鱼。

（一）黑龙江渔业资源

黑龙江跨中国、俄罗斯、蒙古三国，是中国最北的水系，其干流的北源为石勒喀河，发源于蒙古北部的肯特山东麓，南源为额尔古纳河，两源于漠河镇西部汇合后称为黑龙江，全长4370公里，流域面积达184.3万平方公里，在中国境内的流域面积占全流域面积的48%。黑龙江共有支流200余条，其中较大的支流有松花江、乌苏里江、结雅河、布列亚河等。黑龙江是中国第三大河流，一路蜿蜒向东，最后在俄罗斯境内尼古拉耶夫斯克（清朝称庙街）附近注入鞑靼海峡，流入鄂霍次克海，是一条全江宜于航行的河流。

黑龙江两岸满是绿色，除了森林还是森林，森林密布、树种颇多。黑龙江的渔产之多难有河流可以与之比拟，每年的大马哈鱼的鱼汛来临时，在晚上，离岸边几里远的地方都可以听到鱼潮的声音，仿佛"万人开会"，满江都是鱼，许多河流都"挤满"了鱼，渔民们夸张地说"踩着鱼背过河"。黑龙江的鱼能够养活一个民族——赫哲族。其实在过去，黑龙江不仅仅养活了赫哲人，对于沿江的族群来说，鱼都是重要的食物来源。

（二）松花江渔业资源

松花江是我国第七大河流，是黑龙江最大的支流，也是我国东北地区的水域大动脉。松花江有两条主要支流，一条为北源嫩江，发源于内蒙古自治区境内大兴安岭伊勒呼里山的中段南侧；另一条为南源第二松花江，发源于长白山天池。两江在吉林省三岔河汇合后成为松花江干流，折向东北，穿越小兴安岭南端谷地，在同江附近由右岸注入黑龙江。松花江出自满语"松阿里乌拉"，大致内容是"从天而降的河"。松花江流经吉林、黑龙江两省，全长1370公里，流域面积约55万平方公里，涵盖东北四省（区）即黑龙江、吉林、辽宁、内蒙古，共三省一自治区。

吉林民间传说长白山天池是"清始祖受胎地"，大致内容是：三个仙女下凡，来到长白山天池洗浴，将衣服脱在岸边，恰好一只神鸟飞过，将口中红果跌落在排行老三的仙女佛库伦的裙子上。佛库伦上岸，发现裙子上的红果，十分喜欢，含进嘴里，一不小心咽下肚里，旋即腹胀有孕，不能升天。孩子出生后，佛库伦要回天上，便把孩子放在木筏上，顺松花江放生，并给孩子取姓为爱新觉罗，名为布库里雍顺。这孩子见风就长，伟岸威猛异乎常人，被猎人发现，带回部落，尊为首领，传说他就是清始祖布库里雍顺。后来，这个传说被写进《清史稿·本纪一》，是这样记述的："始祖布库里雍顺，母曰佛库伦，相传含朱果而孕。稍长，定三姓之乱，众奉为贝勒，居长白山俄漠惠之野俄朵里城，号其部族为满洲。"长白山是圣山，是清朝的龙兴之地，已成为民间和史学界的共识。

松花江是我国东北地区较大的淡水渔场，鱼类资源十分丰富，"三花五罗"、大白鱼、鳜鱼等名贵品种早就闻名于世。全流域鱼类品种达77种，盛产鲤鱼、鲫鱼、草鱼、鲢鱼、鲶鱼等，每年可打捞4000万公斤以上。在赫哲族口传文学中多有介绍。如伊玛堪《希尔达鲁莫日根》提到，早些年，在松花江、黑龙江汇合的地方，南岸有个村子叫莫勒洪，住着200多户人家，共500多口人；这里依山傍水，山上有数不尽的飞禽走兽，江里有捕不完的鱼,人们成年累月靠打猎捕鱼过日子。①

冬季的松花江气候严寒,结冰期长达5个月,完全不能通航。河面变成了雪橇飞驰的平滑大道,但仍可凿冰捕鱼,即冬捕。例如,现在每年冬季的查干湖冬捕场面盛大,捕鱼的生产活动逐渐演变成为北方地区冬季旅游文化的重要经济产业之一。

(三) 乌苏里江渔业资源

黑龙江还有一条南岸的第二大支流乌苏里江,是中俄的一条界河。乌苏里江有两个源头,一个是东源,发源于俄罗斯境内的锡霍特山之西侧的乌拉河;另一个是西源,发源于兴凯湖的松阿察河。两河汇流后,流经880公里,流域面积为19万平方公里,经过密山、虎林、饶河、抚远等市县,在抚远三角洲注入黑龙江。

乌苏里江鱼类资源丰富,鱼的种类有80余种。大马哈鱼是主要特产(鲑鱼),是世界名贵鱼类,这种鱼有四五公斤重。赫哲族居住地东临大海,他们也经常去捕海鱼,如鲨鱼、鲸鱼、金枪鱼等。

由此可见,三江的鱼类资源非常丰富,且出产量巨大,为祖祖辈辈居住在这里的赫哲人提供了天然而丰富的生产生活资源。同时,三江也孕育出了丰富灿烂的赫哲族渔业文化。在早年时期,赫哲人所居住的区域内自然物产十分丰富,他们就形成了靠江吃江、靠山吃山的生产生活模式。三江丰富的自然资源可以形容为"野兽打不尽,鱼儿叉不完"。比如,赫哲族有以下两首谚语:

谚语一:

山里的獐狍野鹿打不尽,江里的金鲤银鲢捕不完。
吃不尽的依玛哈,穿不尽的鱼皮衣。
山上有珍宝,江里有金银。

谚语二:

鱼儿离不开水,渔民舍不得船。
好猎手箭箭命中,神叉手叉叉得鱼。

---

① 宋宏伟:《依玛堪集成》,黑龙江人民出版社,2014,第557页。

这些谚语都反映了赫哲地区渔猎、森林等资源极其丰富，这是赫哲族赖以生存的物质条件。

二、赫哲族的捕鱼文化

"乌苏里江长又长，蓝蓝的江水起波浪，赫哲人撒下千张网，船儿满江鱼满舱。"这是赫哲人生活的写照，他们的生产生活与三江流域丰富的野生鱼类资源密切相关，从而衍生出丰富的捕鱼文化。赫哲族对鱼类习性和渔场的了解，有以下谚语为证：

> 哲罗鱼窝在百尺深水，
> 鳌花鱼藏在千尺急流，
> 赫哲人的手能翻江倒海，
> 再狡猾的鱼精也难逃走。
> 五花山，白露水，大马哈鱼把家回。
> 大马哈鱼恋故乡，长在海里死回江。
> 小暑胖头跳，大暑鲤鱼跃。

以鱼为主食的赫哲族的捕鱼技能和利用鱼的水平是其他民族无法比拟的，对鱼习性可以说是了如指掌。

近年来，随着人们对民族文化传承的认识在不断提高，赫哲族人逐渐开始把更多的精力投入民族传承与学习上。从 2012 年开始，赫哲族聚居区先后成立了非遗中心，鱼皮画、桦皮画、鱼骨工艺品制作工作室，以及赫哲族民间艺术团等组织机构。赫哲族传统渔具制作技艺、赫哲族大马哈鱼捕捞习俗、鲟鳇鱼习俗这三项都被列为省级非物质文化遗产项目。

（一）赫哲族四季时令捕鱼

1. 春季捕鱼

三江流域里的鱼因气候的变化而变迁，谷雨节气开江的前半个月，涨水出青沟，这个时候，江边狗鱼最多，可下底网捕之。赫哲族开始串冰排缝用扒网网鲤鱼涡子、鲫鱼涡子。鲟鳇鱼都吃活食，冬季在稳水涡子里待一季，随着开江的冰排震动顺流而下，游到没有冰排的安全的稳水窝子里觅食，扒网、快钩能捕获它们。吃活食的鱼还有白鱼、狗鱼、鲇鱼、怀头、鳌花鱼，以及冷水鱼中的哲罗、细鳞、亚罗。捕这些鱼主要用旋网，其他网钩也可以。由于气温低,鱼身子不灵活,是捕捞旺季。

2. 夏季捕鱼

立夏涨水,开江时的残水杂物一冲而光,冷水鱼就进入深水涡子静养。小满后气温上升,鱼身子灵活起来,扒网就扣不住鱼了,改用拉网。除冷水鱼外,其他种类的鱼都能捕获,尤以胖头鱼居多。芒种时节,草芽子水猛涨起来,草沟子都灌满了水,各种鱼类都进入草沟子产卵。夜晚,渔汛的声音能传出几公里。吃活食的鱼到草沟泡子里吃小鱼,草根鱼、青根鱼、胖头鱼进去吃草。"恋泡"鲤鱼、鲫鱼吃草籽。总之,这个时期的鱼整天在草沟泡子里恋食、晒太阳、产卵,这时是"挡亮子""堵草沟子"、叉鱼的大好季节。

夏季伏天,鱼就分散了,最爱进入河汊里,并且停留时间较长,这是挡亮子的最好时机。

3. 秋季捕鱼

每年秋季白露节气的前几天,正值江蛾子由白变青,翩翩起舞,弥漫江面时,鲑鱼由鞑靼海峡洄游到黑龙江的支流,在砂砾底的清水河中产卵。第一批鲑鱼肥胖,较大者每尾重约 20 斤,赫哲族称"达乌"。第二批鲑鱼,每尾重十几斤,绝大部分已生牙齿,赫哲语称"七里信子"。第三批鲑鱼较瘦,每尾重七八斤,其牙齿已成钩形,赫哲语称"乌乎录"。鲑鱼从海中溯行至黑龙江各支流的清水河中,直至河源不能溯行为止。因为每年春季解冻时,鲑鱼顺冰排而下,冻死的极多,所以人们称其为"生在河里,活在海里,死在江里"的名贵鱼种,尤其是鲑鱼卵,营养极其丰富。

海鱼会在一定的时期入江产卵,而赫哲人对海鱼入江的规律非常了解。《西伯利东偏纪要》中有记载:"其人皆不知岁月,特以江蛾为捕鱼之候,每于江面花蛾变白时,时值五月,麻勒特(海豚)送乌互路鱼入江;江面青蛾初变白时,时六月,至七月半送七里性鱼入江;江面小青蛾再飞起时,时至七月半,至八月底,送达莫嘎鱼(大马哈鱼)入江。"[①]

4. 冬季捕鱼

到了寒露季节,开始打冰边,这时亚罗鱼最多。冬季,小鱼集中到泡子里,可用网捕,也可用鱼钩钓鱼;大鱼集中在水流较平稳的深水区,需要大网捕捞,通常称"大拉网"捕鱼。封江后为冬捕期,赫哲族冬季捕鱼跟现在北方各个地方的冬捕很相似。例如,吉林省松原的查干湖冬捕,哈

---

① 曹廷杰:《西伯利东偏纪要》,辽海书社,1885,第 50 页。

尔滨长岭冬捕，黑龙江黑河卧牛湖水库冬捕，黑龙江梅里斯冬捕，吉林长春石头口门冬捕，新疆博斯腾冬捕，内蒙古自治区达里冬捕，黑龙江镜泊湖冬捕，辽宁省康平卧龙湖冬捕，等等。这些地方的捕鱼均在冬季集中进行，既可以提高渔业产量，又逐渐演变成冬季旅游文化，为促进当地经济发展、宣传当地文化做出了较大的贡献。

总之，赫哲族的渔猎经验非常丰富，他们可根据各种鱼的活动规律而按照不同的季节捕鱼。主要捕鱼季节在春、秋、冬三个季节，夏季多为休渔期，可补渔网、修理渔具，为后面的捕鱼做准备。从谷雨开江到小满这一个半月为春季鱼汛期，是网捕的好季节，可网各种杂鱼。端午节前后的20天是捕捞鲟鱼、鳇鱼的旺季。白露开始，是捕大马哈鱼的季节。封江后为冬捕期。由此可见，渔业生产与节气密切相关。为了更好地根据节令来抓渔业生产，赫哲族渔业民谚应运而生，这对于科学地进行捕捞鱼类有着重要的指导意义。赫哲人把汉人的二十四节气歌与渔业生产相结合，编出了捕鱼节气歌：

　　立春棒打獐，雨水舀鱼忙。
　　惊蛰忙织网，春分船验上。
　　清明草牙水，谷雨开大江。
　　立夏鱼群欢，小满鱼来全。
　　芒种鱼产卵，夏至把河拦。
　　小暑胖头跳，大暑鲤鱼欢。
　　立秋开了网，处暑鲢鱼上。
　　白露鲑鱼来，秋分甩籽忙。
　　寒露哲罗翻，霜降打秋边。
　　立冬下挂网，小雪挡冰障。
　　大雪钓冬鱼，冬至网修理。
　　小寒与大寒，渔具准备全。
　　鱼篓鱼满肉满迎新年。

赫哲族的捕鱼节气歌形象地反映了赫哲族的渔业生产生活。赫哲族渔业生产是赫哲族重要的生活方式，是赫哲族的支柱产业。赫哲族的部分歇后语反映了赫哲族对鱼的深刻了解。

　　赫哲人吃鱼——没够。

赫哲人的鳇鱼——进贡。
哲罗鱼回家过夏——避暑。
大马哈鱼回娘家——甩籽。
鲤鱼回家——归窝子。
怀头鱼甩籽——仰壳。

（二）赫哲族捕鱼工具

赫哲族世代居住的黑龙江、松花江和乌苏里江三江流域地区，为赫哲族提供了丰富的水产资源，造就了我国北方少数民族中唯一的曾经以渔猎为生的民族。

赫哲族居住在三江岸边，再加上渔业资源十分丰富，因此，捕鱼是赫哲族最基本的生产劳作方式和主要的经济来源。三江一年四季都可进行捕鱼生产活动，鱼肉可食、鱼皮可衣，没有鱼，赫哲族的生存是不可想象的。赫哲族在历史上被称为"鱼皮部"或"鱼皮鞑子"。

捕鱼是赫哲族的主要生产活动方式，因此，赫哲族的捕鱼工具种类繁多、形式多样。常用的捕鱼工具有四种：网、钩、叉、船。网具有拉网、抬网、扒网、旋网、丝挂网、趟网、圈网、铃铛网、挂网等。钩具较多，有秋特乐、蹶达钩、蚯蚓钩、郎当钩、鳊花钩、毛毛钩、甩钩、底钩等。鱼叉有连柄鱼叉、脱柄鱼叉。渔船有独木舟、桦皮船、快马子、舢板船、丝挂船，以及中华人民共和国成立后改用的各种机器船等。

三、赫哲族的食鱼文化

赫哲人的饮食文化带有浓厚的渔业文化特征。他们世代劳作生息的三江流域盛产种类繁多的鱼类，其中有闻名于世的大马哈鱼（鲑鱼）、珍稀的鲟鳇鱼和名贵的"三花五罗"，这些鱼类为赫哲族提供了充足的食物资源。受地理环境、社会历史、生活习惯等因素的影响，赫哲族食鱼文化有着鲜明的民族特点。早期赫哲人只是从事渔猎与采集，没有农耕生产，因而形成了以鱼肉和兽肉等食物为主、以野菜和野果为辅的饮食习惯。关于这一点，《吉林通志》卷二十七有记载："其地土性寒浆，春晚霜早，不产五谷，春夏取河鱼为食，秋冬捕野兽为食。鱼干鹿肉，家家堆积为粮焉。"赫哲人有一套较为科学的捕鱼方式，他们熟知各种鱼类习性特点，能够选择恰当的捕鱼场，精湛地制作各种捕鱼工具。

（一）赫哲族食鱼方法

"靠山吃山，靠水吃水"，捕鱼和狩猎是赫哲人获取食物的主要途径。赫哲族人喜爱吃鱼，尤其喜爱吃生鱼制品，这一习俗一直沿袭至今，显示了赫哲族与其他民族不同的饮食习惯与饮食方法。其饮食方法独特，一向以杀生鱼为敬，从鱼皮、鱼子，到鱼肉、鱼脆骨都有生吃的妙法。当有客人光临时，赫哲族渔民要考验其是不是真正的朋友，便拔刀从活蹦乱跳的鱼身上割下一块肉，用刀挑起递过去，如果客人从刀上咬下鱼片吃下，那就会得到热情的招待，否则，就会被拒之门外。赫哲族在漫长的渔猎生产生活中形成了一套具有民族特色的烹调鲜鱼的手艺，吃鱼的花样较多。赫哲人吃鱼方式分两类：生吃和熟吃。

1. 赫哲族生吃鱼的方法

生吃方法有刹生鱼丝、刹生鱼片、刹刨花鱼。有的鱼能生吃，有的鱼不能生吃，能生吃的鱼有鲟鳇鱼、鲤鱼、草根鱼、鳌花鱼、白鱼、胖头鱼（春秋冬能吃）、细鳞鱼、亚罗鱼、狗鱼（春冬两季能吃）。赫哲族谚语：刹生鱼，脆生生，塔拉哈，香喷喷。

刹生鱼丝，赫哲语叫"塔尔克"，做法如下：把鱼肉从两面片下，去皮，把肉切成细丝。鱼皮用火烤一下也切成细丝，与鱼肉丝放在一起，拌上山葱、山辣椒、醋（早年用酸菜水）、盐等佐料即可食用。现在，赫哲族地区蔬菜种类繁多，故现在的拌料有黄瓜、水萝卜、土豆丝、绿豆芽，以及少量的生菜、芹菜、香菜、粉丝等。调味品种类也繁多，有辣椒油、醋、芥末、姜、芝麻酱、味精等，可根据自己的口味及爱好进行多种选择。

刹生鱼片，赫哲语叫"拉布哈踏"，做法如下：鱼去鳞后，把鱼肉片下来去皮，再把肉片和鱼皮切成片，用醋、辣椒油、盐拌好，当蘸料。

赫哲族最有名的菜叫"他啦克哪"，就是将刚打上来的鱼剖腹开膛，去鳞去刺，将鱼肉切成细丝，用白醋一拌，既当菜又当饭。

刹刨花鱼，赫哲语叫"酥拉克"，是冬季食品，把冻鱼扒皮，过去鱼大，就用木匠用的刨子推片，现在用刀切片。用醋、辣椒油、韭菜花、盐、香油等拌在一起做蘸料，蘸着吃即可。

赫哲人最喜欢吃刹生鱼，是待客的高级食品，即可当饭吃，又是下酒的好菜。除了以上生吃鱼的方法外，还有大马哈鱼子、鲟鳇鱼子可生吃，鱼鳃、鳇鱼骨、鱼鼻、鱼翅可生拌吃。

2. 赫哲族熟吃鱼的方法

赫哲族熟吃鱼的方法更多，有烤、蒸、炖、焖、溜、氽、炸、炒等。

烤鱼片，赫哲语叫"塔拉哈"，做法如下：将新鲜鱼从鱼脊梁骨两边带皮片下鱼肉，然后切成连刀肉片，用削尖的柳树条顺着纵向串好，放在火堆上烤，几分钟后，当鱼肉达到四成熟时，就可蘸着佐料吃。还有一种烤鱼片赫哲语叫"说鲁依"，做法如下：把鱼肉带皮从鱼脊骨两侧片下来，用明火烤，把鱼鳞烤掉，半生不熟时取下，切成片，蘸佐料吃，佐料与刹生鱼的佐料同。

清蒸鱼选用的鱼有大马哈鱼、鲟鳇鱼、鲤鱼、鲫鱼等，与现在其他地方的清蒸鱼做法基本相同。还有一种蒸法就是蒸鱼团子，把鱼肉剁碎，团成鱼丸，上面滚一层玉米面，蒸熟即可。

清炖鱼最简单、最直接的方法是江水清炖江鱼，冬季炖鲫鱼，去胆不去其他内脏更好吃，鲫鱼炖豆腐是最好的搭配。鲫鱼、嘎牙子、鲶鱼炖汤最好喝，营养最好。

焖鱼大多用鳌花鱼、鳊花鱼、法罗鱼等，方法是：先煎好，然后放调料，多放些水，把汤焖干即可。

溜鱼片大多用鲟鳇鱼、鲤鱼等。

氽鱼片大多用大马哈鱼、干条鱼、狗鱼等。氽鱼丸也是用这三种鱼。

炸鱼丸子、炸鱼盒子主要是给小孩当干粮的高级食品。

(二) 赫哲族的鱼食品加工

早年，赫哲族除了吃鲜鱼外，还要加工富余的鱼，以备不时之用。赫哲族加工鱼主要有以下几种方法。

1. 炒鱼毛

炒鱼毛，赫哲语叫"塔斯罕"，大多用鲤鱼、鲢鱼、怀头、白鱼、草根鱼、青根鱼、鲟鳇鱼、哲罗等大鱼制作鱼毛，鱼越肥鱼毛制品越好。制作方法如下：将鱼去鳞、去内脏后洗净，把肉煮熟，汤即将煮干时，挑出鱼骨、鱼刺，晾凉后再炒。炒时要火候适宜，炒至颜色焦黄不粘锅，放入一点盐，酥脆喷香时取出，即成鱼毛。炒好后装入坛中或箱中用鱼油泡上，放些稠李子饼或晾干后的山丁子，吃时味道鲜美。将坛口扎好或用泥土封好，放在阴凉处或埋在地下储存起来，夏季炒的鱼毛装在坛中后必须埋入地下，以防变质。平时，赫哲人每顿饭都离不开鱼毛。

2. 晾鱼干

晾鱼干，赫哲语叫"熬尔克奇"，主要是指在阳光充足、凉爽多风、气候干燥、没有蚊虫的春秋两季晾晒鱼干。大多选用大马哈鱼、鳇鱼、怀头鱼、鲫鱼、鲤鱼、鳊花鱼、狗鱼等来晾鱼干。晾鱼干的鱼必须是瘦鱼或鱼的瘦肉部分，而鱼体肥的部分或肥鱼可炒鱼毛。方法如下：把鱼收拾干净后，用刀割成一条一条的，且不断开，挂在柳木杆上，再放在香架上，晾干了即可。鱼条干可生吃，也可烤着吃，还可蒸着吃。赫哲人一日两餐，早餐在日出两竿，晚餐在日落时；此外，饥饿时就吃肉干或鱼干。赫哲人外出远行，常带鱼干或肉干以作干粮。鱼条干，赫哲语叫"才尔嘎查"。

晒鱼子主要用大马哈鱼子（鲑鱼），赫哲语叫"查发"，将黄豆粒般大小的红彤彤的大马哈鱼子晾干后储存起来，平时放在粥里煮着吃，也可和鱼毛拌在一起吃，别有风味。

3."鱼匹子"

鱼匹子就是把整条鱼用刀划几下，放上盐在木桶里腌制。腌好后，可煎或蒸着吃。鱼条干、鱼匹子可长期保存，以备不时之用。

4. 烤鱼干

烤鱼干，赫哲语叫"稍鲁"，其做法为：把瘦的鲜鱼做成鱼条、鱼块、鱼匹子，放在架子上用火熏烤，烤熟后储藏起来。吃时，可用水泡着吃，也可切成块与鱼毛拌在一起吃。烤鱼干主要在夏天进行，因为天气炎热，苍蝇多，不适宜晾晒，烟熏火燎的鱼干不招苍蝇，且能防止变质。

5. 炸鱼块

炸鱼块，赫哲语叫"依斯额姆斯额"，其做法是：一般选用的是鳇鱼肉肥的部分，其他肥鱼也可以，切成一寸大小的方块，用鱼油炸酥。炸好后，把鱼块放入箱内，用鱼油浸泡储存，全年都可食用。

赫哲族用以下谚语来表达赫哲人的食鱼文化：

　　吃了狗鱼肚，忘了爹和娘。
　　吃了怀头肚，有数不会数。
　　吃了亚罗肝，眼亮心又宽，
　　鲶鱼炖茄子，撑死老爷子。

6."鱼楼子"

鱼楼子，赫哲语叫"塔克吐"。在正房的东侧，主要是为了储藏鱼条子、鱼皮子、捕鱼工具而建的。鱼楼子一般都是用4根或6根支柱做柱脚，周围用圆木段围成一间离地面3尺多高的小屋。有的在其周围用柳条编成篱笆墙，小屋前有小门和木梯，便于上下。

四、赫哲族的鱼皮艺术

赫哲族所居住的三江平原属于高寒地区，无法种植喜高温的棉花、麻等用于纺织的作物，只能使用猎物中的鱼皮和野兽皮来制作衣服和被褥。野兽皮毛制品是抵御严寒的最佳材料。

有关赫哲族以鱼皮和兽皮为衣的情况在中国古代文献中多有记载，清代张缙彦所著《宁古塔山水记》中记载："鱼皮部落，食鱼为生，不种五谷，以鱼皮为衣，暖如牛皮。"[①]《吉林通志》卷七十二中记载："河口东西一带为赫哲部落，亦称黑斤，俗以其人食鱼鲜，衣鱼皮……衣服用布帛者十无一二，寒时着狍鹿皮，暖时则以熟成鱼皮制衣服之。商人贩布于此……"这些都说明赫哲人早年的服饰多用鱼皮制成，主要有鱼皮衣服、鱼皮套裤、鱼皮靰鞡等，故其历史上有"鱼皮部""鱼皮鞑子"之称。赫哲族夏天穿鱼皮衣，冬天穿兽皮衣。

（一）熟皮方法

做衣服的材料，赫哲人多用鲢鱼、哲罗鱼、细鳞鱼、鲶鱼、狗鱼、鲟鱼、鳇鱼、草根、青根、白鱼、干条、鲤鱼等鱼皮，其中狗鱼皮可染色，剪成花边作为衣服的贴边及装饰点缀。但做衣服之前，须将鱼皮进行熟制，使之变得柔软，穿上才舒服。鱼皮衣服要用鲢鱼皮特制的鱼皮线缝制。

《松花江下游的赫哲族》一书中有这样的记载："剥取鱼皮后，置皮在火旁烘干，将鱼皮卷紧，放在长约 5 厘米，宽 2.5 厘米的木槽中，用无锋的铁斧或特制的木斧捶打，使皮子变软。"[②] 现在，赫哲族民俗馆中展示的是木铡刀熟皮技艺，其实质是捶打揉搓使鱼皮软化。

（二）鱼皮的染色技术

现今赫哲族的鱼皮染色技术已经失传了，传说是采来天然的植物煮水，反复地将植物水煮浓后晾凉，将熟制的干皮子浸入晾凉后的染料中，让被浸泡的皮子慢慢上色。根据鱼皮服饰的上下身具有不同颜色推断，染

---

① （清）张缙彦：《宁古塔山水记》，黑龙江人民出版社，1984，第 30 页。
② 凌纯声：《松花江下游的赫哲族》，民族出版社，2011，第 81 页。

色应该是在缝制之前。

（三）赫哲族鱼皮制品

赫哲族谚语：鱼皮衣服，酒敬神，狗拉爬犁赫哲人。从中可知，赫哲族的鱼皮制品深入赫哲人生活的方方面面。

鱼皮衣，赫哲语叫"乌提库"，长约114厘米，分两节，下节多用长约41厘米、宽13厘米的鱼皮拼接而成。鱼皮衣服像汉族人的长衫，腰身稍窄，下身肥大，呈扇面形，便于行走。袖子肥大且短，只有领窝，没有衣领。女人穿的鱼皮衣比较讲究，衣服的襟口、袖口、托领、前胸和后背都力求美观，并有云纹和各种野兽图案。通常是把一块鱼皮或鹿皮染成黑、红、蓝、灰等颜色，制好衣服形状后，再将其剪成鹿形、鱼形图案和花纹缝上去，显得漂亮和精美。有的是买绦子镶在衣服边上，或者将贝壳等装饰品连在一起缝在衣服的下边缘，显得既古朴又美观大方。赫哲族男子穿的鱼皮衣服的袖口、衣边镶两道边，显得朴实、有力量感和美观大气。清代曹廷杰撰写的《西伯利东偏纪要》中提到，赫哲人穿的服装，多数喜欢用紫色的袖口，上面缝有二三寸彩色花带。

由此可见，赫哲族不仅在生产劳动中与鱼有着密切的关系，而且现实生活中也与鱼有着密切的关系。他们剥鱼皮做衣裳，吃鱼又"穿鱼"，里里外外都是鱼。

鱼皮画是赫哲族特有的艺术品。赫哲族通过对鱼皮的粘贴和镂刻，以独特的形式从不同角度表现了赫哲族人民的聪明才智和审美意识。

第二节 赫哲族叉鱼产生的民俗体育

赫哲族渔业生产是赫哲族最重要的生产方式，鱼叉的使用，锻炼了赫哲人的叉鱼水平，使他们意识到"不下水成不了神叉手，不上山成不了好猎手"。许多赫哲族的民间故事和历史资料可以清晰地反映出叉鱼的场景，而叉鱼技能是衡量青年男子生活能力的一个重要方面。过去，赫哲族男子个个都是叉鱼高手，有的能叉到60米以外的大鱼。那真是三江里的鱼遇到赫哲人鱼叉——想跑万不能，赫哲人的鱼叉——保准。过去赫哲族地区渔猎资源丰富，男子的叉鱼水平又高，人们在生产中就不自觉地产生了叉鱼比赛的想法，并付诸实践，因此，也就产生了与鱼叉有关的赫哲族民俗体育。

"鱼叉不摸要生，扎枪不投要锈；弓箭越练越熟，扎枪越扎越准。"为了培养孩子们叉鱼这项生产技能，赫哲人制作各种形式的鱼形草靶，教授青少年叉鱼技能，特别是鱼形草靶，既能放在陆地上静止不动，又能在水里逐波晃动，非常适合青少年练习叉鱼本领。将草靶放在水中拨动起来，好似移动的游鱼在水中游动，可供青少年练习使用鱼叉的技巧。赫哲族的祖祖辈辈将叉鱼技巧通过言传身教的方式传承下来，并逐渐演化成水中叉鱼、陆地投叉叉鱼、投叉鱼形靶、叉草球等多种休闲体育娱乐活动，逐渐成为赫哲青少年喜闻乐见的民俗体育活动。

一、叉鱼游戏

过去江里的鱼多，叉鱼游戏往往在江里进行，男女青年都可参加，可一人单独进行或两人配合进行比赛，每一组都坐在桦皮小船上或独木舟上进行叉鱼。他们根据江里鱼吐出来的气泡，或在水面上形成的泡沫，或水面的波纹来叉鱼。这种游戏锻炼了赫哲青年强健的体魄和灵敏的动作，同时培养了赫哲青年适应大江大浪的能力。叉鱼游戏的目的是培养孩子们叉鱼的准确度和技巧性。

（一）游戏方法

游戏方法为一人单独进行或两人配合进行比赛。比赛中，每一组都坐在桦皮小船上或独木舟上进行叉鱼，在相同的时间内比试谁叉的鱼多。

（二）场地、器材

场地：选择水流平静的河。器材：桦皮小船或独木船，鱼叉。

二、叉鱼比赛

现在的叉鱼比赛是参赛者每人一艘快马子（三块板船）、一把鱼叉，在划定的水域内叉自然生长或人工放养的鲤鱼、鲢鱼、鲫鱼、草鱼等常见的鱼类。在限定时间内，叉鱼条数多者为胜，并且叉在鱼头部位最多的人为"莫日根"。

（一）比赛方法

一人单独进行比赛，比赛者坐在桦皮小船（或独木舟）上进行叉鱼，比试谁叉的鱼数量多。

(二) 场地、器材

场地：规定的水域。器材：快马子、鱼叉。

三、叉草靶子

以捕鱼为主要生产生活方式的赫哲人，练就了一手飞叉捕鱼的生产绝技。他们划着桦皮小船，慢慢进入鱼群经常出没的水域，根据水纹的大小、水泡的形状就能很快断定鱼的大小、种类和方位，然后投出手中的鱼叉，准确无误地把水下的游鱼叉中。这种技能不是一天两天就能练成的，需要很长时间的苦练，赫哲渔民中的年轻人经常用固定的草靶练习飞叉技巧。平时让孩子用鱼叉射草靶子进行练习。有时小孩子聚在一起进行叉草靶子比赛。把草靶子插到木杆子上，再插到地上，成为固定的目标。

(一) 比赛方法

5～10人参与，距离草靶子50～100米，每人按约定顺序投掷鱼叉，连续叉中7次者为优胜莫日根，叉中10次者为"退下"（称为神叉手），连续5次叉不中者，取消叉草靶子资格，最后，叉中次数最多者为胜者。

(二) 场地、器材

场地：100米长的平坦的草地或土地。器材：2米左右长，直径1米左右的草梱或草堆。

四、叉草球

叉草球游戏缘于赫哲族的渔业生产，历史悠久，流传广泛，在赫哲族的民间故事中，也常讲到叉草球游戏。伊玛堪故事《土如高》中提到，在元末明初，额尔登、吐拉哈图、阿尔孙、阿尔木、苏颜等五位公子，每天来与贝子土如高一同玩耍，做叉草球之戏，此外，还练习跑马射箭刀法枪法，以为将来出战做准备。[1] 此故事说明，赫哲族的叉草球运动远在元朝时就已经产生。

---

[1] 宋宏伟：《伊玛堪集成》，黑龙江人民出版社，2014，第1540页。

凌纯声在《松花江下游的赫哲族》一书中有这样的记载："赫哲儿童自十二岁至十六岁时，每至春秋两季，常聚集二三十人，在屯中路上分成东西两队，每人手持一木叉，长一丈二三尺。先由东队里选出力大的一人，将一草球向西队掷去，西队全体队员一起举叉叉草球。如将草球叉住，则前进二十步；否则则后退二十步。次由西队发球，东队接球。如此更迭发球，以决胜负。其用意是练习投叉准确度，以为将来叉鱼、捕捉野猪及熊等兽做技术上的准备。"

尤金良在《赫哲族拾珍》一书中有这样的记载："每年春天青草长出时一直到秋季，都可以进行叉草球比赛，组织二三十个青年人，等分成两组。每人手持一把木叉，叉子是用柳木做成的，叉子的端顶是柳木自然生长的杈，并将两杈头削尖，削去树皮，木杆约有七八尺长。草球是青草扎的长圆形的草靶子。游戏的方法是：先由甲队选一名身高力大的青年将草球向乙队撇去，乙队人举木叉叉接草球，谁叉住草球谁就前进十步，如果叉不住草球，就后退十步。总距离为五十步或七十步，前进后退只有三次，谁连续叉住五次者，谁就为优胜莫日根。这时优胜者可退下场去。乙队叉住球后，甲队叉之，如此循环，甲乙两队谁叉住球的次数多，谁就为优胜队。"① 由此可见，叉草球比赛时，前进或后退的步数不确定，有时是 20 步，有时是 10 步，可能是由场地的大小来决定的吧。

叉草球是 15～18 岁的男孩子经常做的游戏，通过这种游戏可以训练孩子眼明手快、准确叉鱼的本领。叉草球不仅能够锻炼身体，而且还能磨炼叉鱼本领，考验的是团队的智慧和成员之间的默契程度。叉草球既可视为体育竞技项目，也可看作一种娱乐游戏。叉草球运动的特点是：大人多竞技，小孩多游戏；平时多游戏，节日多竞技。

（一）游戏方法

1. 水中叉草球

叉草球是一种深受赫哲族喜爱的民俗体育活动项目。通过比赛或游戏形式，可以训练赫哲人准确叉鱼的技巧和本领。起初是将草球放在水中，少年用叉子在水中叉，后来叉草球游戏发展到在草地上进行，用以提高渔猎生产技能，逐渐演变为深受赫哲人喜爱的传统体育活动项目。

俄罗斯学者 A. H. 利普斯基记录了游戏的一种玩法。这个游戏的实质就是投掷鱼叉，一名玩家在水中叉起一团水草，带着它逆流而上。根据水

---

① 尤金良：《赫哲族拾珍》，佳木斯师范专科学校印刷厂，1990，影印本。

草劈开的浪花的样子,"猎人"可以确定它所在的位置并努力用鱼叉叉水草。也有类似的游戏,孩子们用嫩树枝做一个鱼的样本,然后,逆着水流叉起嫩树枝,做出一些叉鱼的动作,这种游戏基本上与实际的叉鱼活动没有什么区别。

我国赫哲族青少年水中叉草球是这样的:一队队员将一个草球扔到水中,一个人用长杆在水中搅动草球,好似鱼在水中游动。另一队叉鱼者用鱼叉叉水中的草球,叉中者即为获胜一次。

浅水叉草球,参加人数不限。首先要将参加游戏的人分成两组,比赛用球是用枯草编织或泡沼中的草墩凉干制成的,由其中一人扔出草球,任其自由地在水中晃动,而另一方要拿着鱼叉伺机模仿叉鱼的动作去叉水中的草球。两组之间要保持50步的距离,如果一方叉中水中草球,便可前进10步;如果没有叉中草球就要后退10步;如果一方队员连续5次叉中草球,直接获得游戏比赛的胜利。

水中叉草球是为培养孩子叉鱼兴趣和提高叉鱼技能而开展的一种娱乐活动。中国赫哲人和俄罗斯那乃人从小就利用上述方法练习叉鱼本领。

2. 陆上滚动叉草球

陆上滚动叉草球时,要求投叉者眼明手快、投掷准确,这样才有获胜的把握。叉草球最富有赫哲人的生产生活情趣,是将捕鱼技能与青少年儿童的乐趣结合于一体的游戏活动形式。

滚动叉草球比赛时,先由一个人将一个个草球扔出去。草球被扔出去后,在地上滚动。参加者依次投出鱼叉,谁叉中的草球多,谁便获胜。要叉中它,必须眼明手快。

3. 一对一叉草球

一对一叉草球游戏的玩法为:甲乙两队各有数人,一个对一个,每人一把叉,两人一个球,互相发草球相互轮叉,不准叉别人的,只准叉对手的。叉住者前进5步,叉不住者后退5步。发草球距离远近不变,只是叉草球距离变化,连续叉住10次者为优胜者。不满10次者为败者。如果胜者连续叉住10次,那么败者继续发球,连续叉住30次为止。

4. 无网空中叉草球

无网空中叉草球基本上是模仿叉鱼、叉野兽的动作形式。参加者可多可少,多则二三十人,少则3~10人,平均分成两队,面对面站立,间隔大约15米的距离。每人拿一把三齿木叉,叉头长半尺,叉柄长7~

8尺①。草球是用新鲜茅草捆扎而成，长约 50 厘米，直径约 15 厘米。比赛或游戏开始，由其中一人将草球单手从肩上向对方掷去，对方队员举叉将草球叉住就算获胜，叉不住就算失败，木叉不能脱手。胜利的队往前走 10 步，失败的队后退相等的距离。哪个队员叉住草球就由其掷球，如此轮番进行。获胜者向前迈进，超过事先规定的界线，即可获胜。游戏比赛实行三局两胜制。如果没有按照规定动作发球，或不是叉住草球的人发球都算违规，然后由对方发球再比赛。如果接叉草球时，木叉脱手或木叉朝向自己队员或对手队员掷叉或挥舞，警告一次，警告两次则取消游戏比赛资格，并由他人接替。

5. 有网空中叉草球

在全国少数民族运动会（后文简称民运会）、黑龙江省民运会及乌日贡大会等大型活动中，为了具有公平性、观赏性等，比赛更规范，对参赛人数、场地和器材都设定了标准。

参赛的有 8 人，甲、乙两队各 4 人，每队选出一人作为指挥。比赛在平坦空地上进行，场地长数十米、宽 8 米。在场地上架设 7 道平行拦网，网长 8 米、宽 0.5 米，拦网上沿与地面垂直高度为 2.6 米。网与网之间相距 9 米，隔出 6 个大小相等的长 9 米、宽 8 米的长方形和两头不限长度的区域。6 个长方形为竞赛区，两头区域为决胜区。场地线宽 5 厘米。草球是用茅草捆扎而成，长 40 厘米，直径 15 厘米，备用若干个。木叉是用原木（手握合适为宜）制成，另一端劈成 4 瓣，削成 4 个尖齿，齿长 15 厘米（自然树也可），总长 150 厘米，备用若干把。参赛队员都要穿本民族服装、软底皮靴。比赛开始前，要举行入场仪式，确定场地及发球权。

比赛时，每队 4 人，前排 2 人、后排 2 人。发球权由两队抽签决定。发球时，由后排队员发球，若球擦网、出边线或端线、不过网，则由对方得到发球权。一方发球，另一方用叉接球，接到后用手投向对方场地或传给队友投向对方，传球时不能迈步，哪一方球落地没接着就后退，对方进攻，以此类推，退到端线的一方若再接不到球则该局失败，可采取三局两胜制或五局三胜制。另一种玩法是单网计分制比赛。每队人数不限，3 次之内将草球投向对方场地，采用计分制。裁判员 1 人，视线员 2 人，记录员 1 人。

叉草球是集团队合作、技巧、勇气为一体的比赛，反映了古代赫哲人捕鱼生活的生动场面，具有鲜明的民族特色。赫哲族传统体育项目——叉

---

① 1 尺 = 33.33 厘米。

草球,已被列入黑龙江省首批传统体育类的省级非物质文化遗产名录。叉草球还在第四届全国少数民族运动会上被列为表演项目。21世纪,叉草球比赛项目被列为中俄两国之间民族体育运动会上的比赛项目。现已成为赫哲族传统体育运动会和乌日贡大会上不可缺少的具有民族特色的体育比赛项目。

6. 叉草球舞

赫哲族的舞蹈与生产生活紧密相关。叉草球舞是赫哲族文艺工作者根据青少年叉草球的传统游戏创作的舞蹈,它生动地再现了赫哲族人叉草球的激烈而愉快的场面,如快步跑叉、跳跃争叉、草球落地蹲叉、翻身旋转快叉、交替换位侧叉等。叉草球舞动作浑然、时快时慢,快时刚劲有力,慢时轻柔舒展优美。队员时快时慢的各种矫健优美的舞姿充分地展现了赫哲人纯朴、自然、爽朗、刚毅的民族性格。

第三节 赫哲族造船、划船产生的民俗体育

千百年来,赫哲人逐江而行,依山而居,渔猎而生,主要分布于松花江、黑龙江、乌苏里江流域和完达山余脉地区。赫哲族的民俗体育文化是以渔猎为主的山水文化类型。

赫哲族是中国东北地区唯一以捕鱼为业,使用船、网、叉、钩等工具进行捕鱼的少数民族。他们在长期的捕鱼生产实践中,积累了丰富的渔业文化经验,因此在赫哲族的民俗体育文化中,许多传统体育项目都带有浓厚的渔业风格。在中华人民共和国成立以前,赫哲族居住地都是边远偏僻地区,交通十分不便。再加上人烟稀少,根据当地经济状况,靠赫哲族自行修路几乎不可能,因此,当时基本上没有路。旱路近距离有人行走,夏季河沟太多过不去,夏季只能用船。冬季冰雪覆盖,可走近道。

《皇清职贡图》记载,赫哲人"以捕鱼射猎为生,夏航大舟,冬日冰坚则乘冰床用犬挽之"。这道出了赫哲族交通运输方面的两个基本特征:夏天舟船是必不可少的,而冬天在冰雪上乘行和滑行的工具狗爬犁和滑雪板则是出门远行和狩猎的主要交通工具。船是赫哲族渔猎生产的重要工具之一,也是生活中必不可少的交通工具。平时赫哲族走亲访友,运输鲜鱼、粮食、柴草等,都离不开船。随着时代的发展,赫哲族使用的船也发生了历史性的演变。

从古至今,在赫哲族中,造船是每个赫哲渔民都会的一种技能。造船

的木工都是未经专门训练的、自学有术的能工巧匠。谁家想造船，就把手艺高超的赫哲人请去，不要分文，最多吃顿酒饭。造船的原料除铁钉、石灰由外地购入，其余的都是在当地自己想办法解决。造好的船第一次下江，得举行隆重的祭江神活动。《马尔托莫日根》载："一个月之后，50条大船造完了，马尔托夫妇和兄弟米亚特率领船队浩浩荡荡启程了。"①赫哲族捕鱼船主要有以下几种。

（1）独木舟，赫哲语为"乌通格伊"。它是赫哲族使用最早、最古老的船，年代比较久远。独木舟是用一整块松木凿成，有一丈多长，圆底尖头，只能乘坐一人，可用它在江上叉鱼或"行快路"，赫哲人称其为"敖拉沁"。该船已绝迹，如今已看不到了。《香叟莫日根》载："夏里克尤砍倒松树后，用斧子劈开，做成一条独木舟，又做了一副划桨，就划着它渡过北海去了。"②独木舟由于使用整块大树段凿成，没用钉子，可能是当时没有钉子或钉子没有传入赫哲地区，可见，独木舟是赫哲族最古老的船。

（2）桦皮船，赫哲语叫"乌末日陈"。独木船消失后，随之就出现了比较原始的桦皮船，这种船在二十世纪二三十年代比较盛行。此船长约3米，两头尖并上翘，中间最宽处约70厘米，高约50厘米。先用木条子做成肋骨架，然后把春天剥下来的桦树皮用植物纤维细绳缝在肋骨架上，接缝处要细密地缝成两道线，用熔化的松树油灌注，以防漏水；再把船体用鳇鱼皮封好，以免风浪将水刮进船舱内，用细绳拴牢即可。在船中间，这种船只能坐下1人，不能载重物，主要是叉鱼或送信时用。乘此船去叉鱼，若距离鱼较远，可用两头尖端有刃的长桨划行，其速度快一些，待划到鱼附近，为使鱼不被划船的水声惊走，再换两个小桨，每手划一只小桨，慢慢划行。在距离鱼六七尺远时，将两个小桨放在船内，举起鱼叉投向鱼身。船用单桨划行时，每小时可划行几十里。如果两条河相隔不远，为了节省时间，可将桦皮船扛在肩上，直走过去。该船最大的特点是轻便灵活、速度快，但不耐用，技术不好的人操作，很容易翻船，因此，需要掌握很好的划船技术。民国初年，该船尚盛行于松花江下游的渔民中，日本帝国主义侵占东北后，此船已成罕见之物。过去还有一种较大的桦皮船，赫哲语叫"吉拉"，它是18世纪末期盛行于赫哲地区的载重量较大的船只。两端翘尖，底圆形，用上等的红松做船的骨架，用桦树皮做船面，

---

① 宋宏伟：《伊玛堪集成》，黑龙江人民出版社，2014，第389页。
② 同上，第179页。

以"刨马树"的木头做木钉，钉眼用松油脂涂上。用 15 人扳桨，主要用它运鱼。它划起来轻便，载重量大，速度又快。黑龙江地方志《龙沙纪略》和《宁古塔纪略》都记载了桦皮船轻便实用的特点，桦皮船是赫哲人渔猎生产和交通运输的重要工具。赫哲族有句谚语形容桦皮船的特点：坐桦皮船下江叉鱼，乘快马子漂洋过海。

（3）快马船，又叫"快马子"，顾名思义，指船快得像快马，赫哲人称之为"维胡"。赫哲族歇后语：三块板的快马子——轻巧；三页板船撑快马子——没个撑。赫哲族谚语：两块板能翻山越岭，三块板能漂洋过海。民国初年，快马船盛行于赫哲地区，这种船是用 1.5～2 厘米厚的红松木板做成。前后两头尖并上翘，中间底宽 40 厘米，上宽约 70 厘米，长 4～5 米，上面有三道横梁，前后船头上面钉有长约 40 厘米的木板，用于固定船的两端，并在上面安装放鱼叉的小架子。船底和船帮及前后的结合部都用晒干的"地毛"（苔藓类的植物）塞好，上面钉上板案即可。快马子一般坐 1 人，大的可坐 2 人。划船时，用一根长约 3 米、两端各有一片长 40 厘米的窄桨叶，中间是圆形的握手处。一个人坐在船的中间，左一下右一下地交替划行，比较轻便，速度较快，叉鱼、送信均可使用，较桦皮船耐用，技术也易于掌握。但到 20 世纪 40 年代就无人使用了。

关于快马子，还有以下这个美丽的传说：

> 从前，江岸边住着一户人家，家中只有额娘和一个儿子一起生活，小伙子叫乌沙哈特。有一天，额娘生病起不来炕了，小伙子请来老萨满给额娘驱魔治病。老萨满行使法术看完了病，对这位小伙子说："唉，你额娘的病真的很重啊！如果你能弄到一服药，就能治好这个病，就怕你弄不到。"
>
> 乌沙哈特双膝跪地，频频给老萨满叩头，一边哭泣，一边哀声对老萨满说："求您快快告诉我吧，即便是入地上天我也在所不辞，我什么都不怕呀！"
>
> 老萨满感觉他很虔诚，就平静地说："大家都说你是个大孝子，那我就告诉你个灵药方：如果你能到'天河'里捕回来一条大鱼，让你的额娘吃了，她的病就会好；如果你捕不到鱼，你的额娘的病就没治了。"
>
> 乌沙哈特的心眼儿跟桦木杆子一般直，像火一样热，他睁大眼睛，问萨满："那，怎么才能上天呢？"老萨满说："你在'快马子'（三块板船）上坐稳了，紧闭双眼，当我轻轻吹一口法气，一下就能

把你送上'天河'了!"

乌沙哈特救自己额娘心切,就迅速地手握鱼叉,乘坐于快马子,然后双眼紧闭地说:"快吹吧。"老萨满说:"这就吹。"这时,乌沙哈特就感觉耳边有一道凉凉的仙气吹过,紧接着就迅速刮起一股仙风,快马子就载着他飘飘悠悠升腾起来,飞向了"天河"。

大约三个时辰,乌沙哈特感觉风停了,睁开双眼一看,快马子载着自己,已经将他带到了蔚蓝无边的"天河"了。"天河"的另一边站着一位仙气十足的白胡子老爷爷,他双目半睁地问:"你是乌沙哈特吗?你大老远来到我这里做什么呢?"

乌沙哈特感觉好奇怪,这位白胡子老爷爷如何知道自己的名字呢?乌沙哈特快速地回答道:"仙人爷爷好,我的额娘得了重病,快要不行了,听说'天河'里的大鱼能治这种病,所以我是特意为额娘来抓大鱼的!"

白胡子老爷爷赞许地点点头说:"你真是个孝子。"他又连忙给他指路:"将快马子朝北边划,不远处,你见到有一个小河汊,那里有你要捕的鱼,要多少有多少,你随便拿。"

乌沙哈特高兴地说:"谢谢老爷爷!"然后,乌沙哈特立马划着快马子,三下五除二,就赶到了白胡子老爷爷所指的小河汊。只见"天河"里没有滚动的流水,水面平稳如镜,整个河面排满了蓝莹莹的鱼的脊背。乌沙哈特抄起鱼叉,朝河中猛地一插,随后拉起叉绳,往上提起,紧接着就蹿上一条金翅金鳞、翻唇鼓鳃的大鲤鱼。他把活蹦乱跳的大鲤子鱼用狍皮口袋装好,回到老爷爷面前。老爷爷问他叉到鱼没有,乌沙哈特乐呵呵地回答道:"叉到一条大鱼,多谢老人家指点。"

说着,乌沙哈特犯起愁来,上天不易,下天更难,怎么能回去呢?白胡子老爷爷搭话道:"小伙子,发啥愁啊?"

"我咋回去呀?"

"你闭上眼睛,我送你回家。"

太好了,乌沙哈特刚闭上眼睛,突然感到一股凉风,那风呼呼地越刮越大,吹得快马子上下悠荡,不一会,风就停了,只听"吧嗒"一声,乌沙哈特双脚平稳落地。睁眼一瞧,正好落在了他家地窨子跟前,拎着鱼就跑进了屋,喊道:"额娘,我把'天河'里的大鲤鱼抓来了!"接着,乌沙哈特就忙活起来,剥鳞、洗净、切断,架起锅,就把鱼炖上了。不大会儿工夫,鱼就炖好了,又香又烂,额娘坐起来，把鱼吃得一干二净，不一会儿，额娘的病就好了。

一晃过去了一年，忽然有一天，额娘的老病再次复发。病来得突然，病势太急，没等到乌沙哈特去"天河"抓鱼回来，额娘就驾鹤西去了。乌沙哈特把老人葬在了树下，回家后，发起愁来。他觉得天天在江里摇船叉鱼，风大浪急，也衣食无着啊！他回想"天河"里的鱼有的是，叉也叉不完，莫不如去"天河"边生活。

有一天，乌沙哈特收拾收拾，背着狍子皮卷，手拿鱼叉，找到老萨满，诚恳地求老萨满把自己送到"天河"上去。老萨满看他老实厚道，二话不说，一口答应下来，还像上次一样，一口气把小伙子乌沙哈特吹到了"天河"边。

"小伙子，可把我等急了！早就盼你来，好替我掌管'天河'，你终于来了。""我不会呀！""我来教你。"白胡子老爷爷把管理"天河"的事宜一一告诉了小伙子乌沙哈特。交代完毕后，白胡子老爷爷就派小伙子乌沙哈特看守广阔无垠的"天河"，自己骑着仙鹤回到了深山，养老去了。

如今，人们抬头仰望天空，看见的几颗亮星星，排在前边比较显眼的头尖肚大的那颗星就是小伙子乌沙哈特乘坐的那个快马子，它旁边的那颗小星就是快马子的桦木船桨，那颗最亮的星星就是天河守护者乌沙哈特。

这个神话故事形成时期比较早，大约在原始社会末期，解释了自然与社会现象。

（4）三页板船。民国初年，鱼产品逐渐商品化，促使生产工具种类日益繁多，渔船的种类也逐渐增多。当时普遍使用三叶板船，也称为舢板船，赫哲语为"特木特肯"。三页板船顾名思义，主要由三块板制成，一块底板，两块帮板。船长1～2丈，宽1～2米，高1.5尺左右。前头底有翘，上面平方头。后面是齐的，没有翘。船缝用"地毛"（苔藓植物）封住，以防漏水。前面扳桨，后面可使用一副棹子，不使棹子就得有人掌舵。此船的大梁中间有桅杆眼，用于竖杆、拉帆、挂蓬，可以用三副桨划此船。这种船既适用于下鳇鱼钩、打网，也适用于运输（它能运送1000～3000斤的货物）、摆渡（可坐6～7人）。但在20世纪下半叶就很少用了；20世纪90年代，在街津口渔场还有三页板船。

（5）花鞋船。花鞋船是20世纪20年代从松花江上游汉族地区传入的，用于渔业运输和撒网捕鱼。它用松木板做船帮、船底，船缝用铁钉固定，将石灰掺线麻和苏油捣成泥子，用其填缝，以免漏水。船两头有斜尖翘起似鞋形，以油漆刷外壳防腐。船长 2 丈 3 尺，中间船底宽 3 尺 3 寸，船帮上边设有"船迷子"，中间高 6 寸，长 1 丈 9 尺；① 有用松木板做成的"跨子"（舱盖），后高 2 尺，前高 7 寸，长 6 尺，有的不做"跨子"，用白帆布做成"二篷"，若遇雨天或夜间，可容 2 人住宿舱内，将它盖在上面或撑起来，以防风雨及寒冷。这种船第一舱为鱼舱；第二舱为桅舱；第三舱为大舱，也是睡觉舱；第四舱为火舱，为做饭的地方；第五舱为脚舱，是划棹板（大长桨）人站立的地方。划单棹的人站在第一舱的舱盖上，若刮北风，向西走，前边划棹的人必须站在北边划行；若刮南风，必须站在南边划棹。后边划双棹板的人必须由有划船技术的人胜任，因其一人划船，起到划棹与掌舵的双重作用；如果刮南风，南边的手必须使劲划行；如果刮北风，北边的手必须使劲划行。这种船适用于远江作业，主要用于撒网、下沟、运输等，大船可载重 3000 斤，小船可载重 2300 斤。

（6）丝挂船。民国二十几年时，丝挂船从松花江上游汉族人中传入。此船是用 6 分②厚的木板做船帮、船底。船缝用石灰、苏油掺线麻泥上。船长 2 丈，中间宽 2 尺 8 寸，两端是齐的，稍有翘头；前边方头 1.5 尺，后边方头 2.5 尺。"船迷子"长 1 丈 4 尺。前面第一舱为鱼舱；第二舱为划船人坐着或站立的脚舱；第三舱为大舱，可装物，或容纳 2 人休息；第四舱为后舱，既可装鱼又可盛物。这种船最适宜收放丝挂网来捕鱼，由两人划两副桨，是捕鱼、水上运输（可载重 1000 斤左右）普遍使用的船只。

赫哲族长期生活于黑龙江、松花江和乌苏里江流域地区，世代以捕鱼为生。史料中描述其生产劳动方式为"冬季滑雪、夏季行舟"。船是赫哲人捕鱼的重要工具之一，也是平时生活中出行的主要交通工具之一。由此，衍生了划船比赛。

一、划船比赛

早期，赫哲族生活在东北三江流域，遍地都是沼泽，就是我们俗称的"北大荒"。船是赫哲族最重要的水上交通工具，没有它，赫哲人寸步难行。因此，赫哲族的孩子在少年时代就掌握了在任何水域都能熟练划船的技能。不管多大的风浪，多么恶劣的天气，都阻挡不了他们在大河大江中

---

① 1 丈 = 3.33 米；1 尺 = 0.33 米；1 寸 = 0.033 米。

② 1 分 = 0.003 米。

驾着小船划行，可以说，赫哲族人人都是划船能手。赫哲渔民在捕完鱼后，高兴之余在返程途中多会进行划船比赛，有时是上水（逆水），有时是下水（顺水），看回家时的河水的流向，路程往往由回家的水路来决定。除了上述生产之余的划船比赛外，还有使用柳树插在船上"跑风"，或用面口袋、麻袋撑开进行跑风，个别的也用自己做的手摇小木轮进行划水划船赛，谁划得快谁为胜。划船赛（快马子赛）主要用桦皮船，用桦木方子做船架，用直径1米多的桦树皮钉在船架上即可做成桦皮船；还有就是用5厘米厚的木板排个快马子船（比较简单）即可。比赛用的划子，有时用单划子，七八尺长，前面是扇形；还有用双划子的，但是比单划子短，前头也是扇形，两手握划子在船两边划。赫哲族经常举行划船比赛，甚至在去捕鱼的途中也要进行比赛活动，早年比赛多用桦皮船，现在多用"快马子"。

现在划船比赛通常用"快马子船"，有两种：一种赫哲语叫"奥戈达吉"，分单人或双人一组及团体赛，有掌舵者和划桨人，要配合好。还有一种赫哲语叫"考夺列列"，就是扬帆航行，三人一组，有舵手、扯帆人、划桨人。这两种都是距离赛，依到达终点的顺序决定名次。

赫哲族划船赛产生于生产生活之中，具有深厚的历史渊源和广泛的群众基础，是对参赛队员的速度、耐力、技巧的考验，是赫哲族代表性的民俗体育项目。

（一）比赛方法

参赛人员首先在距岸边10米的一条横线后站好，"开始"的命令下达后，迅速跑向自己的赛船并奋力向终点划行。最后，按到达终点的先后顺序决定名次。

（二）场地、器材

自然水面，平缓的江边及地势平缓的江岸。从一岸到对岸或往返。若河面宽，则可设置浮标。从河岸为起点，绕过浮标，再折回到起点。

二、拉纤赛

拉纤赛，赫哲语叫"依系鲍拦"，这是一种双人对抗的游戏，产生于赫哲族的生产劳动之中。在赫哲族网鱼季节，渔民在劳动休息之余，为了娱乐，往往借助身边的工具——渔网，进行体力对抗比赛，久而久之，就产生了拉纤比赛。

（一）比赛方法

将一根绳子的两端各打一个绳套，两名参赛者各将一个绳套套在右肩，像拉船或拉雪橇一样向相反的方向拉，拉动对方者为胜。参赛者可以是一名或者多名选手。拉纤赛适合在大型节庆活动中进行，极具观赏性和竞技性，是赫哲族青年男子喜闻乐见的传统体育项目。

（二）场地、器材

在平整土地上或草地上，将一根5米长绳子的两端各打一个绳套，绳套周长1米。

三、拯救渔夫

那乃人（今俄罗斯对赫哲人的称谓）在每年的春季的4月末5月初，在阿穆尔河（俄国沙皇时期称黑龙江）即将解冻"跑冰排"前，都要举行一次传统文体集会以增进族内成员的感情，这一集会称为"春节"或"阿穆尔开江日"。在阿穆尔河即将解冻的前几天，沿江的那乃人便齐集在一个约定的江心岛上，有时可达上百只船，聚集上千人，整个岛像一个大的村落。不论以前是否相识，只要到了岛上，大家便成了熟人，成了朋友。人们身着盛装，岛上开辟了许多游艺场地，到处都充满了节日气氛。白天，人们开展各种民间游戏；到了夜晚，便燃起篝火，唱歌、跳舞、讲故事。这期间玩的一种游戏很有特色，那就是"救助落水者"。在沙地上画一个圆圈，假定是一个冰窟窿，一个人躺在圈内，扮成溺水者。这时，另一个人四肢伸展，如同趴在薄冰上一样，慢慢向"溺水者"爬去，距其达到一定距离后，便将系有绳套的绳子抛给他，然后向后爬，将"溺水者"拖到安全地带。孩子们在游戏中学习到的渔猎经验是最简单的，这些游戏适合6～12岁的男孩子玩耍。在岛上等候阿穆尔开江期间，有一些老者专门负责监视冰情，当他们发现冰面开始断裂、冰块开始飘动时，立刻发出信号，这时正在游戏的人们立刻奔向自己的船，争先恐后地迅速将船推进刚刚露出的水面中去，撒网捕鱼。这时捕鱼很危险，流冰随时都可能将船撞坏或撞翻。一旦出现险情，站在结实冰面上或其他船上的人便会立刻向遇险的渔夫抛出绳索，将遇险者和船只救离险境。在这一捕捞开江鱼的活动中，那乃人表现出高度的团结互助精神，在比赛捕鱼的同时，也随时准备救助遇险者。这不仅仅是一次捕鱼活动,还充分展示了那乃人的力量、机智、勇气和美德。

四、赶渔汛

赫哲人捕鱼经验十分丰富,对鱼的习性可以说是了如指掌。三江并非时刻处于瓢舀鱼的状态,它有渔汛期,赫哲人会赶在渔汛期大量捕鱼。他们把用船捕获的鱼卸在岸边的鱼篓里,并迅速运往家里的地窖,因为除了冬季,打捞上来的鱼容易变质。在渔汛期,赫哲人打鱼、运鱼,特别忙碌。赫哲人在闲暇的时间里往往喜欢重现赶渔汛的场景,时间一久,就形成了赶渔汛游戏,它是赫哲人生产劳动的产物,是赫哲族民俗体育的代表项目,深受赫哲人民的喜爱,在每届乌日贡大会上都有精彩的表演。

(一)比赛方法

每队两人,男女各一人。比赛开始前,参赛队员在河岸边的渔船旁站好,也可在平地上的起跑线后站好。当比赛"开始"的口令下达后,参赛双方各自将自己的柳条筐装上鲜鱼,鲜鱼也可用鲜木段代替,抬到距离起点30米外的场区中假设的鱼窖,往返两次或三次,双方每次盛装数量相同的鲜鱼或鲜木段,以到达终点用时少者为胜。

(二)场地、器材

场地:在江边或平坦的草地上。器材:快马子船和柳条筐,其个数与参赛队的队数相同;鲜鱼或鲜木段若干。

五、顶杠

自古以来,赫哲人就生活在山旁水畔,赫哲人很早就会排船划船捕鱼生产。捕鱼中途休息时,赫哲男子会不自觉地拿起船桨打斗起来,在打斗的过程中,两人就会抢夺船桨。你拉过来,我顶回去,很有乐趣。久而久之,用船桨顶住身体角力的方式——顶杠就产生了。顶杠是产生于渔猎生产劳动中的赫哲族传统体育项目。后来赫哲人在网滩或猎场休息时,往往在树林里砍一根合适的木杠用于两个人比试力量。起初,没有什么规则,只是两人顶着玩,木杠末端放在肩部、大腿根部、肚子都可,是一种规则和形式都很随意的娱乐活动。之后,顶杠经过代代相传,成为今天赫哲族具有民族特色的传统体育项目。

顶杠是一项最能体现个人力量、个人智慧的赫哲族传统体育活动。它能很好地锻炼人的下肢的稳定性，经常练习则能为在船上叉鱼、撒网奠定良好的下肢力量基础。顶杠运动也表现了赫哲人勇敢、外向的性格。

随着顶杠活动的普及，对比赛中所用木杠的粗细长短也有了一定的要求，一般所用木杠小碗口粗、2米长。场地在一个平坦的地上，在地上画一个直径5米的圆圈，谁被顶出圈外，谁就输了。由于顶杠是对抗力量型的比赛，参赛者的踝关节承受很大的压力，因此，在竞赛前，特别要多活动踝关节，同时也要活动肩关节、手指关节。肩关节处要加垫子，以免被木杠刮伤、顶伤。

每逢赫哲族的喜庆节日和重大的民族盛会，赫哲人都要进行顶杠比赛。顶杠赛场上，两个膀大腰圆的年轻人在比赛过程中，棋逢对手，分毫不让，浑身是劲，汗流浃背，犹如要顶倒一座山。顶杠活动也比较适合在中学、大学开展，不仅可以锻炼学生的身体素质，而且还能弘扬民族体育文化。此项目已成为赫哲族每届乌日贡大会精彩的表演项目。

（一）比赛方法

现在的顶杠形式主要有两种：一种是抵肩较力，另一种是抵大腿根较力。两者规则都一样，但大多数把木杠放在腹部靠大腿根处。现在顶杠规则更加规范，具体如下：双方面对面站立，上肢动作是一手在前握杠，另一手握杠后端，顶在大腿根部，用力时手腿并用，以腿为主。下肢动作是前腿弓步，步幅大约100度，后腿弓步，步幅大约140度，不可左右摇摆或者忽高忽低，否则被判犯规。三局两胜制，每一局后交换场地。比赛过程中，不许抢先发力，否则，第一次警告，第二次罚下。木杠脱手判负。一方身体任何部位触及场区线，判负。一方不慎倒地，站立方应即停止比赛，若继续用力，取消站立方的比赛资格。

（二）场地、器材

场地：在平整的地面或草地上，画一个直径为5米的圆，过中心点画一条直线。器材：直径8厘米、长2.2米的圆木一根，中间系一条绸带作为标志。

六、拉杠

早年赫哲族崇拜英雄,特别是力量超常的武士。赫哲族曾被称为"东亚雄族"。赫哲族男子在渔猎时的休息时间,常不自觉地较量力气。赫哲族身边不缺少的就是树木,随手用刀砍一截木棒,比试力气是常有的事情。后来拉杠逐步仪式化,就演变成今天的模样。

拉杠是赫哲族非常喜欢的竞技或游戏比赛项目,是体能对抗性的较量,不论男女均可参加,多在渔猎的网滩、猎场休息时或吉庆日举行。拉杠运动能很好地锻炼参与者的柔韧性和臂力、蹬力。

(一)比赛方法

比赛时,两人在一平地顶脚对坐,两人双手横拉同一木棍,用尽全力拉,直到一方将另一方拉起20厘米即判获胜。比赛采用三局两胜制,不许抢先发力,否则,第一次警告,第二次判负。木杠脱手者或双腿打弯者判负。

拉杠现在成为赫哲族乌日贡大会的精彩的表演项目,当裁判员发出"预备"的口令后,一组参赛队员双脚相对坐于场地上,双手握杠置于两人脚尖中间;听到比赛开始的指令后,双方一同用力向后拉,力图将对方拉离地面。评判标准:木杠保持在胸部高度的水平位置,一方将另一方拉离地面20厘米即获胜;或一方木棍脱手,则另一方获胜。比赛采用三局两胜制。要求:不许抢先发力;比赛时,双方双腿不许弯曲或叉开。黑龙江省赫哲族和俄罗斯那乃族的民间体育比赛就有拉杠。

(二)场地、器材

场地:平整土地上,或垫子上。器材:长60厘米、直径4厘米的结实木棒。

七、"打脚力"

赫哲族是我国唯一的渔猎民族,由于一年中大部分时间站在船头上叉鱼或撒网打鱼,因此,赫哲人锻炼出了很好的稳定性及脚的力量。有时赫哲族渔民在渔猎休息时,男子间会比试脚力及站立稳定性,同时也给大家一个愉悦的、放松的氛围,久而久之,衍生出了赫哲族人喜闻乐见的民俗体育项目——打脚力。

(一) 比赛方法

比赛双方单手互握，半弓步斜向前站立，前脚内侧相抵。比赛时，双方推拉摆打，双脚（任何一只脚）移动或倒地者判负。

(二) 场地

平整干净的地面。

八、滚木轮

赫哲族从原始的投叉叉鱼、网鱼到乘船捕鱼，经历了漫长的发展过程。由于赫哲人世代沿江生活，造船技能在不知不觉中形成。有了船可到深水区捕鱼，也可到远江捕鱼，大大提高了捕鱼的产量，赫哲人的衣食有了保障。

赫哲人制造渔船时，往往全家出动，大人造船，小孩子在周围嬉戏玩耍。大人锯造船的木料时，锯下的废料圆木轮随手一扔，木轮就滚动起来。小孩子会好奇地追着木轮跑，用手中的木棍去挡，滚动的木轮就倒下了。孩子们也会用手中的柳条去打滚动的木轮，有时木轮被打中倒地，有时没被打中就继续滚动。大人们收工后，孩子们也会把木轮带回家，找平地继续玩耍。久而久之，孩子们都会玩这种游戏，滚木轮游戏就这样产生了。赫哲族滚木轮游戏产生后，深得赫哲族孩子的喜欢，同时大人在闲暇时间也喜欢这项运动。经过世世代代的传承，演变出适合赫哲人各年龄段的多种玩法。

(一) 游戏方法

1. 同向滚木轮距离赛

每人手拿相同数量的木轮，在同一场区同一条掷滚线范围内向前掷滚木轮，其中木轮滚得最远者为第一，或所掷木轮的有效距离叠加后距离最远者为胜，其他名次按距离长短顺序排列。

2. 同向掷滚木轮入网比赛

相同区域掷滚木轮。每人发相同数量的木轮，在同一场区同一条掷滚线向同一个区域（一定大小的小框门或落地小网兜）内掷滚木轮，其中掷入区域内木轮数最多者为第一，其他人按数量排名。

3. 打木轮游戏比赛

一方在掷滚线外向掷滚区域掷几枚木轮，另一方在截打区域内用枝条抽打滚动过来的木轮。若通过截打区的木轮比被打倒的木轮多，则掷木轮一方为胜；或计算总数，通过截打区木轮总数多者为胜。

4. 打木轮竞技比赛

比赛场地：在平地上相距10米画两条纵向长40米的边线，两端用横线连接，横线内距离横线10米处画两条点式限制线。比赛器材：准备直径15~18厘米，厚2~2.5厘米的桦木轮20个（备用若干），长2米的柳条鞭1条（备用若干）。

比赛方法：参赛小组组数为偶数，每队三人，两队一组。比赛时，一方的两名队员在两端的横线后，依次投掷手中的木轮（每人10个木轮）。另一方的一名队员手持柳条鞭，在限制区域内击打对方掷滚的木轮。投掷木轮的两名队员投掷完毕后，换由另一方的两名队员投掷木轮，同时，换对方另一名队员用柳条鞭击打木轮。

胜负制定：双方轮换投掷两回木轮，依木轮躲过柳条鞭击打多者为胜。若相同，则双方各出一名队员再掷5个木轮，直至决出胜负。

裁判员组成及职责：掷出的木轮必须在就近的限制线内着地；掷木轮队员不得踩踏或越过投掷线投木轮；掷出的木轮必须在两条限制线中间区域的两条边线内通过；掷滚木轮的队员必须在前一个木轮躲过击打或被击打后再掷下一个木轮。违反以上要求，第一次叫停重掷，第二次判对方击中一个木轮。手持柳条鞭的队员直接击中木轮方为有效击打，否则判罚躲过击打。

抛掷滚木轮游戏在赫哲族历史发展中不断创新，智慧的赫哲族人将其与捕鱼技能完美地结合在一起，将抄罗子用柳条代替，将鱼用木轮代替，使这项游戏活动成为挡木轮。这样，游戏既鲜活，又生动，还特别具有趣味性。

5. 掷木轮比赛

比赛场地：在一平地上画1条长6米的投掷线，与之平行距离30米处立一道长12米、高0.5米的拦网，拦网中间设1个宽2米、高0.5米的网兜，投掷线与拦网中间各10米处再画2条点式6米长横线，中间10米的区域为击打木轮区，靠近投掷线的点式横线为限制线。比赛器材：直径15~18厘米、厚2~2.5厘米的木轮若干；由三根细软的柳条编成长2.5米的柳条鞭若干。

比赛方法：参赛人数为偶数，两人一组。比赛时，由一方队员在投掷线外，朝拦网方向掷滚木轮，同时对方一名队员持柳条鞭在击打木轮区击打木轮，一方队员掷完 20 个木轮后，换由另一方队员掷滚木轮。

胜负判定：一个木轮滚入拦网记 1 分，滚入网兜记 3 分，计分多者胜。如仍不分胜负，双方队员依次掷滚木轮，率先将木轮掷入网兜者胜。

比赛规则及裁定方法：掷出的木轮须在就近的限制线内着陆；掷木轮队员不得踩踏或越过投掷线；掷木轮队员在前一个木轮滚入拦网、网兜或在任何区域停止后，方可再掷木轮；用柳条击打木轮的队员，不得在击打木轮区外击打木轮；如果违反任何一条规则视为犯规，第一次警告，连续两次判罚对方得 1 分。

6. 挡木轮比赛

比赛场地：在一块平整的土地上，画长 40 米、宽 16 米的长方形场地，再画一条中线，将场地平分成两个区域，在中线上画一个中点，以中心点为基准，画一个边长 50 厘米的正方形，正方形各边均平行于长方形场地边线。50 厘米区域范围为木轮安全通行区，由中心点沿中心线各 10 米处画一条与中心线相交的横线，为挡木轮队员截挡木轮的守候区。场地线宽 5 厘米。场地两端各摆放长 18 米、高 0.5 米的拦网，拦网中间 8 米为直线，两头各 5 米为弯向场区的弧形，拦网中间各设一个长 1 米、宽 1.3 米、高 0.5 米的网兜在中线上，与中心点各距 1.75 米摆放一条渔船，渔船规格以队员能跳入为标准。比赛器材：直径 15～20 厘米、厚 2.5 厘米的桦木轮 40 枚，桦皮篓 4 个，直径 25 厘米的网筐 4 个；网兜长 30 厘米、总长 140 厘米的抄网，赫哲族称"抄罗子"，共 4 把；场地两端设置有拦网，网长共 36 米，网高 0.5 米；在两端各设一个长 1 米、宽 1.3 米、高 0.5 米，开口朝向场区内，形似小足球门的网；比赛用的小渔船。

比赛方法：比赛时，每队 4 人，男女各 2 人。两队男队员为抛掷手，即抛掷木轮队员，4 人相对站在两端拦网后的适当位置，两队交叉站位。每轮比赛每人各投掷 10 个木轮。每队女队员为拦截木轮队员，比赛前在两侧守候区线后交叉站立，每人身背一个鱼篓，手抄一把抄网。当比赛开始后，由先抛掷木轮一方的一名队员将木轮从肩上反手抛掷出去，力求使木轮由木轮安全通行区通过，并滚向对方拦网或进入对方拦网中间的网兜。木轮抛掷出去的同时，站在守候区线后的对方挡截木轮队员即快速跑向渔船并跳入其中，用抄网拦截并力求将木轮抄获后装入鱼篓里，然后再快速跑回挡截木轮守候区。若一方所掷木轮通过两船的中间区域滚向拦网或网兜，则改由同向对方队员抛掷木轮；若所掷木轮被对方拦截队员用抄网抄获，则抛掷木轮一方的两名抛掷木轮队员须跳过拦网，快速跑向渔船并用手拍击一下后返回原位，接着便由对方队员按前面所抛掷木轮的顺向抛掷滚木轮，抛掷木轮顺序按顺时针方向循环；若所掷木轮因为力弱或在滚进当中被抄网拦截而未能截获，也未能滚到前方的拦网而停止在场区内，则双方挡截木轮队员可跑向场区争抢停止的木轮，就近一名挡截木轮的一方队员须由渔船跑回守候区线后再去争抢，否则判作犯规，所抢木轮无论被哪方抢到，双方挡截木轮队员都须快速跑回守候区；掷木轮一方队员所掷木轮被对方截获后，掷木轮队员在 10 秒内拍击渔船，跑回原位，即可重新鸣笛比赛，当 40 个木轮全部掷完，比赛即为结束。

胜负判定：木轮进入两端拦网网兜内计 3 分；木轮被抄网抄入鱼篓里的计 2 分；场区内争抢到木轮的计 1 分。比赛采用一局决胜制，以得分多少决定胜负，若得分相等，则由双方队员依次在中心点处向端线网兜各掷一个木轮，再平再掷，直至决出胜负。

7. 拉木轮

将圆木锯下 2 寸厚的木片，木片中间烙个小孔，穿上木轴或铁轴，之后，再做个小车架，做成一个四轮小木车。套一只小狗进行拉车比赛。比赛规则：参赛人至少 3 人，最多不限。距离 200 步，以人站地为目标，进行往返比赛，先返回原地者为胜。此项游戏适合五六岁孩子玩耍。

8. 推木轮

选个木轮，再做个铁丝推子，顶部弯个小钩，从木轮中间小孔穿过去，这样就可进行比赛，方法是转圈推滚，几个人都行，木轮不倒速度快者为胜。现在有的地方改用铁圈代替木轮。

（二）场地、器材

场地：平整的地面。器材：木轮 10 个，木棍或铁丝 6 根，篓 5 个，等等。

九、拖船

拖船起初是一项在赫哲族渔民中进行的民俗体育游戏活动。人们在网滩上休息时，推荐几个人，或自愿报名参加比赛。

（一）比赛方法

拖小船比赛时，一人一船，拖大一点儿的船时，二人拖一船。这项比赛的内容是将船拖到岸上，但不允许推。队员在起点将船拖下水，再拖上岸，恢复到起点状态。比试谁完成速度快。

（二）场地、器材

场地：平缓河流。器材：10米长绳一根，小船一条。

第四节　赫哲族网鱼产生的民俗体育

渔网是赫哲族渔猎生产劳动中不可或缺的重要劳动工具，赫哲渔民离不开它，它已经成为赫哲人平时生活中的一部分。赫哲族渔业生产的劳动歌反映的就是赫哲族打网捕鱼的情景，如《打冬网》——

> 黑龙江上白茫茫，
> 街津山呀披银装，
> 迎风斗雪举冰镩，
> 赫哲儿女打冬网。

赫哲族的捕鱼网具种类繁多，而且在捕鱼过程中所起的作用也是巨大的。渔网随着生产力的不断发展而更新换代。据历史资料记载，赫哲族的渔网更新较快的时期是闯关东时期，由于当时山东、河南等地大量汉族移民进入黑龙江地区，他们不仅带来了农耕等技术，还带来了先进的渔网制作技术，大大地提高了用网捕鱼的效率。赫哲族有各种各样的渔网及捕鱼方法。

（1）拉网。捕鱼用之最早并延续至今的网具是拉网，赫哲语叫"阿低勒"。织此网的原料随着生产力的发展，每个时期各有不同。约在17世纪80年代，即300多年前，赫哲族地区广泛使用这种渔网。最初，织网原料就地取材，用柳树皮纤维织网绦、椴树皮织网纲、线麻织网片、黄泥掺白浆烧制作网坠。网绦宽5尺、长3丈，一蹚全网长21丈左右，网眼直径2寸。19世纪90年代，从俄国传入"马塔拉斯科"网线，是一种洋麻线。它比线麻结实耐用、抗腐烂。网纲、网绦也为线麻所取代，网漂和网脚子未变。民国十几年，从汉族地区传入棉线织网线，这种线比洋麻线滤水快、抗腐烂更强，拉起网来更轻便。其余网具与以往相同，由于椴木日益减少，网漂子改用松木了。这种网漂子每隔2.1尺拴一个，每隔1.1尺拴上一个一两重的网脚子。

(2) 待河网。待河网,赫哲语叫"蒙根"。在清代嘉庆初年,其在赫哲地区使用较为普遍。织网用线为线麻或用俄国传入的亚麻。网的形状如同麻袋,网后端有长筒袖,是取鱼的口。在江水靠岸的大流、水深的地方下网,要用树木桩、斜柱、坡桩和箔条等,网鱼的人在附近手持两根"脉线",坐船静候鱼入网里。当鱼触动"脉线"时,就将压入江底的木杆解开,使网口合拢,将鱼堵在网内。提起网后端的长筒袖,解开网口,将鱼倒入船舱。此网于民国初年在赫哲地区已不多见,逐渐被淘汰。

(3) 咕咚网。咕咚网是在冬天捕鱼用的一种网,在河流边上打一个长3米、宽2米的水槽,把网下到冰层底下的水中,用一根"脉线"拴在江岸的小树上。"咕咚耙"是一根木杆,上面安上一根半尺至一尺长的横木,渔民在设网的上游打咕咚耙,把藏在树根涡子里的鱼轰赶入网内,渔民发觉鱼在网内触动"脉线"后,将网提到冰上取鱼。

(4) 挂网。挂网,赫哲语叫"勃图库",长五六丈①、宽6尺,下在水中犹如一面墙。捕鱼人在四周以石或木棒击水轰鱼,促使鱼游动撞在网上并挂住。

(5) 抬网。抬网,赫哲语叫"图其耶其库",网中放鱼饵,用四根杆子撑开,放入水中,鱼入网食饵时,将顶端支撑的木架提出水面取鱼。

(6) 圆锥网。圆锥网,赫哲语叫"几哈拉库",长1丈、口宽5尺。捕鱼时,用一只船将网在水中拉着走,鱼从网口入网,从网尾取鱼。

(7) 扒网。扒网在中华人民共和国成立后传入赫哲族地区,起初是用南麻线纺成八股绳合一织网,网眼直径为2寸。织这种网是80网眼起头,每升添40个网眼,共挂出12升眼,加上先前的80网眼,共560网眼。网长32尺,每个铅脚子是1两②1分③重,一共280个铅脚子,吊成70个网兜,即每4个铅脚子吊成1个网兜。用线麻纺成1分④粗细合成的二股绳做网缰。用扒网捕鱼时,由两人划一只舢板船,横行江中,将网挂在船两头的钉子上,留一部分底网于船中,顺流划船,再将留在船中的部分网放入鱼涡子,网沉入江底后,再徐徐提网纲,将鱼收缩在网内,提网取鱼入船舱。

(8) 旋网。旋网在20世纪10年代从汉族地区传入赫哲族地区,此网

---

① 1丈约为3.33米。
② 1两为50克。
③ 此处1分为计重单位,约为0.5克。
④ 此处1分为长度单位,约为3.33毫米。

是用单股南麻线纺成直径为 2 寸的网眼，织网由 80 个网眼起头，挂 7 升网眼，每升添 40 个网眼，共 360 个网眼。每 2 个网眼挂 1 个脚子，共 180 个，每个脚子为 9 钱①重。网缰是用线麻拧成单披 7 分粗的绳子，再合二为一。使用这种网的方法有"打艨"网、"喂涡子"网和"夜间打影子"网。

（9）打艨网。在稳水涡子或小河中的陡楞滩下，鱼通常窝藏在被水冲刷掉的江崖子底下。由于夜间鱼在江边找食吃，因此夜间用旋网捕鱼最适宜。这种夜间捕鱼的方法就叫打艨网。

（10）喂涡子网。过去把豆饼切成块（也叫"食条"），并拴在柳条上，下到稳水流里。在其上游 2 尺再插一枝"幌条"，用它挡网，这样在拉网时，不至于将豆饼拉上来。喂涡子的地方，水深不得超过 3 尺。打喂涡子网时，划船人技术的好坏对捕鱼的多少有直接的影响。因此，划船一定要有准确性。当船划到喂涡子附近，绝不能有划桨摇橹的声音。就算蚊子叮在脸上，也只能忍住，在撒旋网后，方能扑打它，否则将会使鱼惊跑。因此，才有"三分打鱼，七分划手"之说。

（11）夜间打影子网。白天，将草靶子插在离"食条"1 丈多远的地方，并露出水面；夜间，顺水划船，在看到草靶子影子时，甩旋网恰好打在"食条"上，扣鱼于网中。20 世纪 80 年代以前，旋网在赫哲族地区广泛使用，具有灵活、方便、效率高等特点。

（12）丝挂网。丝挂网是在 20 世纪四五十年代传入赫哲地区的。网片是用生丝织的，每片网长 10 丈，网眼直径为 3 寸 8 分。每张网由 5 片网连接在一起。以锦线 18 股和绳为网缰。每片网铅脚子共重 5 两，每隔 6 寸拴 1 个铅脚子。将秫秸切成 2 寸长作为漂子，每片网共用 130 个漂子，1800 个网眼，网高 5 尺。

使用这种网的方法有打底网和下浮网。

A. 底网：将丝挂网的漂子每隔两个摘掉一个，每隔一个网脚子增加一个。两端拴上网榔头。春季开江、冰排下流时，气温最低，鱼被冰排震动，均在江底游动，因此用底网最适合。春季开江流冰排到端午节这段时期，水岔子涨水时，鱼必游到这里藏身，在此处撒丝挂网捕鱼最佳。秋季在稳水流地方，如回水岔子、泡子里均可下底网。冬季在稳水里或江岔子与江边慢水流里均可下底网。

B. 下浮网：把下底网的漂子和脚子如数加上，在春秋两季有滩流的

---

① 1 钱为 5 克。

地方都可下网，因为这时鱼多数愿到沙滩游动，这里水温高而滩浅，也有活食可吃。在这样的地方多捕获胖头鱼、鳊花鱼、白鱼等。在回水叉子、水泡中均可下网，因鱼起浮时，什么鱼都可捕到，若有鱼挂在网上，当即看到漂子沉入水中，水面出现波纹，渔民即可划船到下网处，把挂住的鱼提出水面，用抄罗子将鱼舀入船舱内。

春秋两季是打丝挂网的好季节，因这时水凉、鱼身硬、不灵活，故容易捕获。夏季炎热，不仅鱼身灵活，而且网线易烂，因此这个季节不打丝挂网。此网在正常情况下，每网每天可打鱼六七十斤。

（13）蹚网。蹚网是 20 世纪 50 年代赫哲族地区捕鲑鱼用的网。它是用亚麻线织成的单片网，网眼直径 5.2 寸、网高 6.6 尺。每片网长 11 丈，由 4 片网组成 1 个蹚网。用线麻搓成 1.5 分粗的网缰，以软木做网漂子。每隔 4 寸拴 1 个铅脚子。如果水流大，多栓一些铅脚子，不至于使网漂浮过高。将网下到顺水稳流上，但不能下到大流或回水流里。如果将网下到这样的地方，它不能准确正常地形成一条直线形往下走。网的两端各放一个铁盒漂子，夜间在铁盒里放上灯，渔民坐在船上看着网，若有障碍物将网挂住，可将网及时摘下。因为蹚网顺水往下走，鱼逆水往上游，鱼便钻进网内，到一定出网地方，渔民把网提到船上，将鱼取下来。据鱼在水底还是水上层游动的情况，决定将网设在水底或水上层。蹚网主要是到乌苏里江捕鲑鱼用的，这是赫哲族创造的撒网方法。

（14）铃铛网。铃铛网是中华人民共和国成立后从汉族地区传来的，起初只有一片，是用麻线织的。后来，赫哲人改用棉线织网，此网口宽 1.8 丈，长 1.8 丈，形如葫芦。用一木杆子（帕头子）拴在网口上。冬季在冰上凿长方形冰眼下网，上面盖一个木板房。此种板房是用事先做好的几块有牙子的木板，用时支起，不用时拆下，既方便又快捷。将渔网设在顶水流中。鱼流入网中，撞在网口附近所设的电筢子线上（线是丝线或塑料绳做的），使两性电筢子结合在一起，干电促使冰上板房里的铃铛作响，以示渔民起网取鱼。此网捕获的多是胖头鱼、白鱼、哲罗鱼、亚鱼、狗鱼等，最大者有 20 斤，小的也有五六斤。

赫哲族使网历史悠久、种类繁多，随着生产力的发展、人们生活水平的提高、生活情趣的提升，赫哲族人在劳动休息期间，或者是在平日闲暇时间里，不自觉地模拟渔业生产的劳动场景而产生体育游戏比赛活动的想法，如比赛谁织网织得快，比赛谁用网捕鱼捕得多等，从而产生了与渔网相关的赫哲族民俗体育项目。

一、撒旋网比赛

撒网这项民俗体育活动形式源于捕鱼生产劳动,它是一种锻炼臂力和技巧的体育活动项目。在赫哲族各类网具中,旋网无论是大小还是使用便捷方面,均最适合比赛。

(一) 比赛方法

参加比赛的人将手中的旋网用力抛向空中,使渔网尽可能地形成一个标准的倒蘑菇形,网落地后接近圆形为佳。抛网人两手摆好网的位置,在抛网时,腰腹肌和手臂同时用力向目标的方向抛出,网划出一个弧形,并同时撒手出网,才能达到目的。进行撒网比赛时,一般由经验丰富的渔民做裁判,以得分高者为胜。撒网赛所用的网是旋网,比赛时在河滩上画上许多旋网一样大小的圆圈,参赛人数不限。一种比赛方法是看谁撒得快,并且旋网扣在圆圈上的面积大,谁就为胜。另一种方法是扎一些草靶,一堆一堆地放在河滩上,作为"鱼目标"。谁撒的网扣在草靶上并且草靶在网中间者为胜。再有一种方法是在陆地上撒旋网,事先在陆地上把一些石子摆成圆形,大小与旋网一致,看谁撒的网包围的石子多,谁就获胜。还有一种方法是在江河里撒网,在规定的时间内网上的鱼多者获胜。

(二) 场地、器材

场地:平缓的河面。器材:一条船,一面旋网。

二、织网比赛

赫哲族妇女都是织网高手,不仅织得快,而且质量好,因此,织网比赛一般是妇女参加的活动。

(一) 比赛方法

以织 50 个网眼为准。主要是看谁织得快,而且没有活扣、"丢眼儿",谁就为胜。

(二) 器材

通常网绳、网线统一准备,网梭子由参加比赛的人自己准备。

三、渔王角力

渔王角力，赫哲语叫"克莫奴"。渔王角力是东北赫哲族中广泛流传的传统体育活动，在一些民俗活动中也称其为"鱼网较力""渔网较力"。它是赫哲人在渔滩上休息时，比试谁的力气大的娱乐活动，后来逐渐演变为赫哲人普遍喜爱的传统体育项目，现已成为"乌日贡"大会的比赛项目。

（一）比赛方法

参赛人数不限，两人一组。参赛两人在中心线两侧背向站立，后脚与中心线距离相等。将一条约5米长的绸布两头结牢，套于腹部，用力向前拉，双手可以着地。参赛选手触及前方标志线或标志物者为胜。若在3分钟内，双方均无人触及则为平局。

比赛要求：布带须套在腹部；比赛时，双手不得扯拽布带；除双手、双脚外，身体其他部位不得触及地面；不许抢先发力。

此项民俗体育项目比赛简便易行、容易开展，比赛不需固定场地，具有观赏性。该项目目前已成为辽宁省和黑龙江省民族体育运动会的表演项目。现在渔王角力比赛2人对2人，或3人对3人都可以。

（二）场地

场地选在平地上，在平地上画两条相距10米的平行标志线，两线中间再画一条与标志线平行的中心线。

四、背媳妇

背媳妇体育游戏起源于赫哲族渔业活动。最初是因为夫妻两人打鱼回来，他们带着渔网、鱼等很多东西，且路途较远，妻子很累走不动了，丈夫就背着媳妇走一段路，顺便让媳妇休息一下。后来有一次，有几家人同时出去捕鱼，回来时，大家就不约而同地背起媳妇往家走，相互比赛，这样不仅缓解疲劳，而且还能快速到家。再后来，人们觉得此项游戏活动较有趣味性，经过创编及规范体育比赛规则，背媳妇逐渐演变成为赫哲族的民俗体育活动，该项目在赫哲族乌日贡大会上备受欢迎。

（一）比赛方法

参赛每队两人，一男一女，男人手持抄罗子，女人背鱼篓。比赛开始的哨声响起后，参赛选手由起点一同奔向各自的赛道。女在前，男在后，先过横置的倒木，之后跳塔头墩，再过独木桥。女选手过独木桥后坐于桥头，独木桥上的男选手用抄罗子抄起桥下的两个物件（鱼的代替物），装于女伴的背篓内，然后跳下桥头，背起女伴跑向终点，用时短者为胜。

（二）场地、器材

一般设两条赛道，每条赛道上设置一根倒木，九个模拟塔头墩，还有一座高 90 厘米、宽 20 厘米、长 6 米的独木桥。在距离第一个障碍（倒木）前 20 米处画一条横线为起点；在距离独木桥后端 20 米处画一条横线为终点。

五、拔河

赫哲族渔民在网滩上捕鱼劳作休息时，几个壮劳力往往要比试力气，由于只有渔网捕鱼工具，人们就拿它当绳子，两人各拽渔网一端，互相拉拽。若参与的人多，就分成人数相等的两组，这样就产生了赫哲族原始的拔河活动，赫哲族拔河比赛与其他民族的拔河比赛类似。因为赫哲族生活环境和生产劳动的特殊性，所以赫哲族的拔河比赛稍有不同。

（一）比赛方法

比赛通常分为两组，男女不限，但两队应人数相同、自愿组合、搭配合理。夏季在河滩上，冬季在冰上或雪地上进行。发出比赛开始的指令后，双方用尽全力拉绳，比赛中可喊口号加油助威，把对方拉过来或拉倒下即为胜。可以一局定胜负，也可采用三局两胜制。

（二）场地、器材

所用的绳子为网钢绳，绳子中间拴一条彩带。在地上画一条中线，彩带在中线的正上方，双方握绳处相距 3 米。

六、鹿毛球

赫哲族是我国唯一的渔猎民族，素有"夏捕鱼为粮，冬捕猎易货"之说。过去，他们冬季的狩猎对象主要是鹿，鹿茸可易货，鹿肉可食用，鹿皮可做衣。赫哲人把鹿毛用废旧的渔网罩起来、压实，做成大小适合的毛球，早先打鹿毛球，只是在地上随意争抢滚动，后来孩子们可以传着玩，也可抛出去，对方用"网抄子"去接，也可用"冰崩子"[①] 挥击抛过来的鹿毛球，中间也可隔着木杖子来回击打。再后来，网抄子也渐渐变成了网拍子，最后演变成了现在流行的鹿毛球运动。

鹿毛球，原称毛球，是流行于松花江下游及同江沿岸赫哲族聚集区的一项民俗体育活动，这项体育活动与蒙古族的牛毛球、达斡尔族的"波依阔"有些相似，后来根据赫哲族传统游戏"叉草球"运动改编并创新，转变成了隔网比赛体育项目，并形成完备的游戏规则和裁判方法。

（一）比赛方法

比赛方法：比赛双方队员相等，各3人。比赛时，双方队员在场地中心线两侧站好，比赛开始的口令下达后，由先获发球权的一方队员在本方后半场区任何位置上单手肩上掷发球。当球进入对方场区后，对方队员可持续拍击球，击回来球。双方交替互击，若来球落地，本方须向后一场区后退，对方推进至前一场区。接着，由推进方拾球再掷，如此反复，直至使球落入一方的决胜场区，一局比赛即告结束。球落入哪方最后一个场区，哪方即负，比赛采用三局两胜制。比赛规则：发球不得触网；发球时，脚不得踏边线或迈入前半场；鹿毛球必须由肩上掷出；球拍不得触网或过网；队员不得网下击球；击球时，身体任何部位不得越过拦网与地面的垂直线；球不得触及非相邻网或被击入非相邻场区球不得触及场区线；球拍不得脱手；身体任何部位不得触球。有违反上述要求的，裁判长即鸣笛犯规。一方犯规，判对方发球；若有危险动作或故意犯规、拖延比赛，判犯规一方后退一个场区。

2009年，赫哲族传统体育项目鹿毛球还参加了中华人民共和国成立60周年庆典表演活动，这些都为赫哲族传统体育文化的传播和发展起到了推动作用。

---

① 赫哲族冬季捕鱼工具。

（二）场地、器材

场地：选一块平坦的空地，在空地上画出相距 10 米的 2 条平行线作为边线。在中线的两侧，与中线相距 15 米、30 米处画与中线平行的 4 条平行线。这样就有了 4 块长 15 米、宽 10 米的标准场区和两端延长的决胜场区。中线和另外 4 条场区横线与地面垂直设置 5 道拦网，每张网长 15 米、宽 0.5 米，拦网垂直高度 2 米。器材：比赛用球为用鹿、狍等兽毛搓制的直径约 12 厘米的球，有一定硬度和弹性。击球器具（球拍）由槭木制成，形似冬季捕鱼工具"冰崩子"，用熊皮条、鹿筋（现用牛皮条）或胶丝绳结成网状椭圆形，直径约 25 厘米，球拍总长 1.2 米。准备 6 个球。

七、打枀比赛

冬季大雪覆盖了黑龙江周边的整片山林，生活于此的赫哲人冬季狩猎或在漫天遍野的山林中快速通行时，就得借助滑雪板，双手使用雪杖加力和掌握方向，在林海雪原中快速穿行。后来赫哲人就用滑雪杖向远处击打短木棍，渐渐形成了打枀民俗体育游戏活动。此项游戏活动竞技性强、趣味性独特、刺激性强，对青少年有很大的吸引力，属于全身性运动，在跑、全身协调发力及弯腰等运动中，能很好地锻炼身体。遗憾的是，现在只存在于 50 岁以上的男族人的记忆中了。

（一）比赛方法

当比赛开始的口令下达后，先获击枀权一方的一名队员在击枀区内向得分场区击打木枀，在枀板将枀击起于空中的瞬间，迅速将枀打向远方的区域。同时，对方两名队员在得分区执抄罗子，力求将木枀抄于网中；这名击枀手击打完 32 个木枀之后，改由另一名击枀手再击打 32 个木枀。击打完木枀后，整局比赛结束。双方改由另两名击枀手对两名抄网手进行下一局的比赛。胜负判定标准：木枀在得分区落地，击打方得分；木枀在得分区内被抄入网中，执抄网方得分。比赛一般为 2 局或 4 局。击枀时不得越出击枀区，若越出，击出的枀被对方在得分区抄到，则正常计分，落地则判无效；木枀落在得分区边线上，得分有效，若落在 1 分与 2 分场区中间的横线上，记 2 分，以此类推；执抄网队员在边线附近抄到木枀，以起跳点为准，场区间隔线以落地点为准，记分数。

（二）场地、器材

场地选择与画法：打枀比赛选在一块平坦空地上进行，场地长约 50 米、宽 20 米。在一端中间处画一个长、宽各 2 米的打枀区，在距打枀区的内线 20 米、25 米、30 米、35 米、40 米、45 米处各画与打枀区内线平行的横线，距离打枀区最远的横线长 25 米，再画两条梯形腰线。从远处数的 5 个梯形区域为得分区，分别为 5 分区、4 分区、3 分区、2 分区、1 分区。

器材规格：

枀：用直径约 2.5 厘米的小原木，削成两头尖、长约 9 厘米的木枀 32 个（备用若干）。

击板：用木板制成，长 50～60 厘米，宽约 8 厘米，厚 2～2.5 厘米，两边略薄，板面与握把大约各占一半，多时，握把稍短。

小抄罗子：由传统抄罗子缩小到网筐直径约 20 厘米、把手长约 20 厘米、网兜长约 30 厘米的小抄罗子。参赛人数不限，每队 4 人，两队一组。

第五节　赫哲族挡亮子产生的民俗体育

赫哲族捕鱼方式种类繁多，有些捕鱼方式独特，挡亮子就是赫哲族其中一种独特的捕鱼方式。芒种季节是各种鱼产卵时期，草芽子水猛涨起来，各草沟子都灌满了水。各种鱼进入草沟子产卵，吃活鱼的鱼到草沟泡子里吞食小鱼，草根鱼、青根鱼、胖头鱼进去吃草，"恋泡"鲤鱼、鲫鱼拱泥吃草籽。总之，这个时期的鱼整天在草沟河泡子里恋食、晒太阳、产卵，这是挡亮子的大好时节。

亮子是用直径约一寸的小叶柳树条编成箔，形似大帘子。把小叶柳树皮扒成一条一条的，拧成经绳，每隔 1 尺左右勒一道经绳。根据水的深度，需要几道经，就打几道经。每块箔长约 3.2 丈，高度有高有低，水深处用的亮子就高，水边或水浅处用的亮子就低，水深处最高约有 1.5 丈。用直径六七寸的柳树或柞树做箔桩，每隔八九尺的距离竖一根，再用六七寸粗的柳树做压梁子。竖箔时，使箔靠在压梁子上，不能倒下。水流较小时，每隔一个箔桩支一个撑杆；当水流较大时，每个箔桩各支一个撑杆，保持稳固。赫哲族有句歇后语：赫哲人的亮子——拦住了。

一、水下立木箔比赛

（一）比赛方法

参赛队员潜入水底用土筏子压箔根，看谁压得没缝、严实、速度快。具体是，两人由亮子中间开始，同时潜入水底向各自的岸边方向压箔，看谁先压完，之后再由这两个人互相潜入水底检查对方压得好坏，败者为胜者买酒同喝。能参加这样比赛的大多是水性好的壮年或挡亮子"把头"，因为"把头"多数是水性好、有威信的打鱼能手。

（二）场地、器材

场地：水深3米的无危险的河中。器材：木箔3个。

二、"杜烈其"

赫哲族成年男子要想成为优秀的渔夫和出色的猎手，就需要熟练地掌握追踪野兽、叉鱼、划船、滑雪、射箭、打绳结、使用"激达"、织补渔网等技能。这些技能除了在生产劳动中使用外，还通过民俗游戏活动加以培养，杜烈其就是这一民俗活动的代表。

杜烈其，赫哲语是"争夺"之意，最初称"跑万岁"。"跑万岁"这一体育项目在20世纪60年代期间，曾改称为"跑趟子"。1988年的赫哲族第二届乌日贡大会，根据赫哲语原意、体育比赛特点等因素，把"跑万岁"改为"杜烈其"。

杜烈其就是在挡亮子这项捕鱼技能中发展而来的。该项体育活动在相关史籍上虽无记载，但从20世纪赫哲族群体间流行的程度上推断，它的历史相当久远。从赫哲族老人的口中得知，杜烈其是赫哲族部落里一代又一代青少年尤为喜爱的民俗体育活动。游戏里面蕴含着深厚的赫哲族文化，它与民族的历史、风俗、军事训练、生产劳动等方面有着密切的联系。在一个世纪前，该民俗体育活动广泛盛行于赫哲族民间。在20世纪60年代初，该体育项目还是青少年工余课后经常开展的重要的体育活动。从其竞赛的形式上看，它是保护和传承赫哲族传统体育、弘扬赫哲族优秀文化、增进民族体质，具有较强的竞争性和趣味性，能培养团队合作精神的优秀传统体育项目。

（一）比赛方法

杜烈其比赛，分为人数相等的两队，在一空地的场区进行，在划定的场区进攻或防守，一方占领另一方场区，或使对方队员全部出局，即为获胜。参赛人数：可多可少，一般每队5人，有时也有每队10人的。要求参赛队员穿坎肩、跑裤、软底皮靴、腰扎绸布带。

比赛规则：①当裁判员"比赛开始"的口令发出前，攻守双方队员必须全部进入本队大本营和防守区域。"比赛开始"的口令发出后，防守队除了用种种方法阻挡进攻队，守在本队大本营，还可在夹道和场区内引逗、拉扯进攻队队员离开其大本营，并伺机冲进对方大本营内，以削弱对方进攻力量。攻守两队便可根据各自的战术或攻或守，或在场区线外摔跤斗技，摔跤可一对一，也可多对一。②比赛进行当中，双方队员除在场区线内膝关节以上身体任何部位不得接触地面或地面以上的任何物体，否则，该队员失去该局比赛资格。比赛中，双方队员在场内可用推、拉、拽、摔等动作，迫使对方膝关节以上身体着地，或将对方推出场区线外，使其犯规，被罚出场，以削弱对方战斗力。③比赛开始后，无论是进攻队还是防守队，身体的任何部位不得触及场区线。④除进攻队经正对出入口处出入，或防守队占领进攻队城池时经正对出入口处可跨单线外，不得跨单线出入场区，否则该队员便被判罚失去比赛资格。⑤进攻队城池内有队员看守时，防守队员不得进入。⑥比赛开始后，若进攻队一方有一名队员进入防守方大本营，高呼"万岁"，即为进攻队战胜防守队；若防守队一队员在进攻队大本营无人的情况下进入进攻队大本营，即为防守队夺得了进攻的权力。进攻队或防守队一方人员"伤亡殆尽"，若是进攻队则转为防守队，若是防守队则判进攻队为胜。若双方均没有可以继续进行比赛的队员，则以亮手型决定是进攻队获胜还是防守队夺得进攻的权利。若进攻队获胜，则下局再赛仍为进攻队；若防守队夺得进攻的权力，则双方交换场地，防守队转为进攻队，原进攻队转为防守队。⑦进攻队率先两次攻入防守队大本营内，该队即获全胜。若进攻队率先两次将防守队员全部"消灭"，该进攻队也获全场胜利。全场胜负一般为三局两胜制或五局三胜制。⑧比赛开始1分钟后，若进攻队仍无明显的进攻，裁判员给予警告，二次判负。比赛中，若有故意踢、踹、击打、折压或用肘、膝、头部顶撞的危险动作，裁判员依情节轻重对运动员酌情给予警告或取消比赛资格。比赛设主裁判1人、视线员3人、记录员1人。主裁判职责：选定场地，指挥双方运动员入场，主持双方选择进攻还是防守；比赛中，严格执行规则，有权对犯规运动员进行处罚和解决比赛中发生的各种问题。视线员职责：观察比赛中运动员是否越出比赛场区或触及场区线；协助裁判员观察场区外摔跤队员是否倒地或比赛中运动员是否有犯规动作。记录员职责：负责出场比赛队及运动员的登记，记录比赛胜负，比赛结束后，在记录表上签字，交由裁判审核。

赫哲族的杜烈其比赛是一项需要攻守兼备、团结合作、机智勇敢、集体力与智慧合一的体育项目。

（二）场地

比赛场地：场地长约 60 米、宽约 20 米。在空地上画出一个 4 米见方的进攻方城池，一个 6 米长、4 米宽的防守方城池，以及 3～5 个大小、直径不等的防守区（1.5～4 米）和防守营垒。场地线宽均为 5 厘米。

第六节　赫哲族钓鱼产生的民俗体育

赫哲族是一个以渔猎为生的古老民族，世代居住于中国黑龙江、松花江、乌苏里江流域和完达山地区，最早的捕鱼工具之一就是鱼钩，因此，赫哲族的鱼钩种类繁多、形式多样。

（1）鳇鱼钩。从立夏到小暑或秋季可以下鳇鱼钩，赫哲族早年使用的鳇鱼钩，赫哲语叫"秋特乐"。它是用 4 号铁丝制成的，钩长约 1.5 寸，没有倒钩也不用鱼饵，仅靠鱼游动时触钩，可将其捕获。100 多年前，由于赫哲人居住地区缺铁材料，就用木质坚硬的榆、柞、槐等木做钩柄，顶端穿上铁质钩，钩弯处拴一个约 5 两重的石坠，上面拴一截黄菠萝皮做的漂子，用时使钩尖向上，避免被水冲歪，要稳当地坠入水中，使之高低适合。钩纲、钩爪绳都用椴、柳树皮纤维制作。每杆钩纲长两丈，拴二三十把钩。因钩纲上没有漂子，不能将钩坠入江底，相隔不远再支一个四角木架。每天早晨太阳出来到晚间夕阳西下，各蹓钩一次。蹓钩时，一人划三页板船，另外一人坐在船末端蹓钩，若钩到鱼，即用勒钩钩住鱼身，把鱼提到船里再行摘钩。这时所获得的鳇鱼大多在 60 斤以上，每隔三五天就可钓到三四百斤的大鳇鱼。早年，因鱼多，每至晚间便将钩取出水中，挂在钩纲上，免得夜间钩住大鱼或钩到太多鱼而未及时取下，鱼将钩带走。为使鱼钩不易腐烂，每隔十天左右取出鱼钩晾晒一次。钩尖要常锉，使其锐利一些，再放入水中。这种鱼钩只能捕大鱼，不能捕小鱼。19 世纪末，

"克日斯克"钩从俄国传入我国。钩尖、钩柄均用两分粗细的铁丝制成，以黄菠萝树皮做漂子，拴在钩弯处，钩爪子是线麻绳，用1.5分粗的铁丝做钩柄，以用木做成的三脚架为锚，用铁丝将石头固定在其中，沉入江底。这种钩较鳇鱼钩优点是：大小鳇鱼均可勾住。其使用方法、晒钩、锉钩与鳇鱼钩相同。

(2) 快钩。快钩是在20世纪20年代，从松花江上游，由山东省移入的汉族人传入的，也称"滚钩"。用12号铁丝截成5寸左右长的铁丝段，用锤捻成四面尖，弯成鱼钩，把面粉、火硝、木炭细末混合，做成糨糊，同钩搅拌在一起并装入坛中，放在用半截煤油桶特制的灶上，烧一昼夜，取出淬火。为使钩更加坚硬，将小米放入大锅内炒出火苗时，再与钩掺和，反复翻炒，再用锉不时地锉钩尖，以验证小米炒钩的坚硬程度。这叫作"喂钩尖"，其目的是使钩尖有韧性、不脆断。这种快钩要经过70多道复杂的工序方可制成。用圆形铁盒做钩漂子，每杆子要拴230～250把钩，每隔28～30个钩拴1个铁盒漂子。根据气候，每隔八九天（若夏天水热，则每隔两三天）就要将钩取出，用糊皮（从南方购来的一种树皮）煮钩钢。钩爪绳捞出后及时晾晒干，以免腐烂，再将钩尖锉锋利，然后再放入水中。这种快钩使用方便，钩多漂子少，大小鱼都能勾到，捕获量大，较之鳇鱼钩，大减工时。每杆钩坠3个锚，两杆钩坠5个锚，三杆钩坠7个锚，以此类推。每个锚拴一个铁盒漂子。制作这种钩的原料除铁制品、南麻、亚麻、糊皮从外地输入，其余原料均由赫哲地区出产。春季开江到入伏，大多数鱼在江的二流上游动，这时在江的二流上横着下快钩，每只船由两人操作，一人划船、一人蹲钩。这时所捕获的鱼多为鲟鱼、鳇鱼、白鱼、鳜鱼、鲤鱼、鲶鱼、怀头鱼、干条鱼等。当时，能钩到几百斤的鳇鱼，也经常钩到七八十斤重的鱼。因为伏天水热，钩纲和钩爪绳易烂，所以这个季节休渔。在立秋到霜降时期，在江中二流下钩，绝不能在大流上下钩。秋季雨大，是江水泛滥期，冲倒的树木容易把钩带走，并且鱼钩不易取下，这时主要是钓底鱼，所捕获的鱼类与春季相同。

20世纪30年代，用快钩代替拉网捕鲢鱼。刮风或天冷时，鲢鱼习惯游在江底，就下底钩捕获；风平浪静、天气晴朗时，就下漂钩，将所有的钩坠子全部摘掉，每杆子钩只有3个锚。在江底，每个锚上拴一个大木漂或铁盒漂子，使钩距离水面2尺余深，便可捕获浮游的鲢鱼。1958年开始，禁止用快钩捕鲢鱼，因为快钩钩住的鱼如果挣脱，必死无疑，并且很多脱钩的鱼对鲢鱼的繁殖是极大的威胁。此外，用快钩捕鱼，对鱼身钩伤严重，不宜对外贸易。冬天也可下快钩捕鱼，将钩纲拴在水线杆上，从冰眼依次传到终点，放上坠石入江底。钩纲的一头拴在江岸的桩子上，以免被钩住的鱼被大水冲走。渔人蹓钩时，拽动钩绳便知是否钩住了鱼。

（3）鲤鱼钩。鲤鱼钩，赫哲语叫"博特乌末肯尼"。此钩于20世纪50年代从苏联传入赫哲人居住地区。起初是用16股棉线纺成8股合一的钩缰，钩长1.5寸，有倒须，以蚯蚓为饵料。这种蚯蚓生活在河柳滩中，色黑、身子粗硬、抗水泡、不易腐烂。后来，以铁丝为钩缰，以石头或铁块为锚。钩缰30～40丈，可拴30～40把钩。这种钩钩到的鱼比较多，每天，有一人或两人划一只船蹓八趟钩，上、下午各四趟。如果不勤蹓钩，钩住的鱼易于脱钩。应在鱼未出水时，从钩上摘鱼，将抄罗子网伸入水中网住鱼，以免鱼挣脱逃跑。

（4）浪当钩。浪当钩，赫哲语叫"跨提乌末肯尼"。这种钩与鲤鱼钩传入的时间、钩形、钩纲和锚基本相同，只是钩条小一号。钩爪子绳是用苘麻搓成的，长2.5尺，粗2分。绳头拴上1寸见方的豆饼块。用7股粗的棉线搓成6寸长的小钩爪子绳，拴在大钩爪子绳上，与拴豆饼块的钩爪子绳的长短一样，另一端拴上一红布条。鱼吃豆饼时，红布条与钩影响它吞食，鱼势必将红布条吃掉，同时也将钩一同吞下而被捕获。此钩主要钓发罗鱼、鲤鱼等。每天早、午、晚共蹓钩3次，蹓钩的方法和取鱼摘钩的方法与鲤鱼钩相同，但较鲤鱼钩钓的鱼多，每日可钓100～200斤。

（5）鳊花钩。鳊花钩，赫哲语叫"开勤乌末肯尼"。钩的形状、钩纲、钩爪绳与鲤鱼钩基本相同，比浪当钩小一些。鱼饵是用面粉掺红颜料烙成硬的薄饼，放在水中抗浸泡。将薄饼切成有缺口的四方块，缠上棉线，便于挂在钩上。这种钩可以每天蹓钩12次，不用锉钩、糊钩。钩缰烂了再换新的。每根杆子有七八把钩，所钩的鱼均为鳊花，每天可钓200～300斤。

（6）毛毛钩。赫哲语叫"撮拉奉"。此钩有倒须，在钩柄上铸上铅，并在钩柄处拴上兔子或狍子尾巴的白毛，使钩平衡浮于江面，钩绳长2.5丈，拴在2丈多长的鱼竿上，甩到水中，往返不停地拉动，诱使白鱼以为是小鱼在游动而急于吞下，将之钩住。这种钩主要用于在立秋后钓白鱼。

（7）底钩。赫哲语叫"齐齐喀乌末肯尼"。底钩钓鱼在江边、河边、泡子里都行。赫哲族很早就使用这种鱼钩，它是用线麻或棉线纺成1分粗细的绳，拴有倒须钩，拴钩绳的头上再以蚯蚓为鱼饵，钩绳最顶端拴石头或铁疙瘩为坠子，甩入江底，鱼被钩住时，渔民手中的钩绳必颤动，于是，急拉钩绳，以防鱼脱钩。使用这种鱼钩的人多为老人、妇女、儿童。钓的鱼多为嘎子鱼、鲫鱼、鲇鱼等。

（8）甩钩。赫哲语叫"牙卡勒"，俗称"三齿挠"。此钩是用3个长柄快钩用铅铸在一起，成锚形。钩绳长2丈，早年是用线麻纺成的，近些年用坚固、耐用的油丝或铁丝绳做钩绳。然后把它拴在一丈六七尺的柳条做的钩杆上。这种鱼钩适合用于深水、急流、陡滩中捕鱼。甩钩是街津口村赫哲人自己创造的，也只有这个地方才用此钩。街津口村后有个石砬子伸入江中，名为钓鱼台，最适合在此甩钩钓鱼，因为吃活食的鱼会逆水游到石砬子底部吞食小鱼。渔民站在钓鱼台上，来回不停地拉动鱼钩，使顺流下行的鱼被激流卷入漩涡，便可把鱼钩住。钓到的鱼多为白鱼、哲罗、亚罗、鳇鱼、怀头、鲇鱼、狗鱼等。

（9）蚯蚓钩。赫哲语叫"博特乌末肯尼"。此钩用蚯蚓为诱饵，在30~40丈的铁钩纲上拴30~40把鱼钩，用石头做锚将两头沉入江底。蚯蚓钩钩到的鱼多，为免将钩拖走，一天要蹓钩多次。渔人发现鱼上钩，就用抄罗子将鱼舀入船中。

赫哲族最早的捕鱼工具之一就是鱼钩，根据河流的地理位置、四季变化、鱼的生活习性等特点，赫哲人在长期生产劳动实践中发明了各种形式的鱼钩；再加上三江地区丰富的渔业资源，因此人们在钩鱼劳动以外的闲暇时间里，钓鱼比赛自然而然就产生了。

一、钓鱼比赛

把钩抛到江中，人坐在江边，排成一排，手拿鱼线，鱼钩线一动，就把鱼拉上来。也有的把柳条插在岸上，把鱼线拴在柳条上，若柳条直"点头"，说明鱼已上钩，就马上拉线起鱼。

（一）比赛方法

钓鱼比赛，谁钓的鱼斤数多或尾数多，谁为胜。

（二）场地、器材

夏季钓鱼用底钩，用1尺来长、3寸宽的木板，两头和中间有凹形豁口，把鱼线一头拴在板上，另一头拴上2把相隔6寸的鱼钩，也有的用1个4寸长的铁丝一头拴1个钩，像挑担形，两钩相对，钩上边1尺多高处有个铁坠，以蚯蚓为鱼饵，钩线10多米长。有时也用漂钩，用三四米长的柳条为鱼竿，拴上5米鱼线，在鱼线中间拴上小木棍为漂子，鱼咬钩时就把漂子闷到水里，这时马上起竿取鱼。冬季钓鱼用铅铸的三齿钩，以及铅铸的银鱼形的"两头四把"钩或"两把"钩,用冰镩凿冰眼,一人可用2个冰眼,同时用2把鱼竿钓鱼,冬季用鱼竿为2尺到1米长。

二、刹鱼削烤叉

此项民俗游戏原来是赫哲人的一种生活的技能,早期的赫哲人天天都吃鱼,他们在野外打鱼休息时,由于没有太多的时间,饿了就用火烤鱼吃。现在赫哲族最著名的小吃之一就有这道菜,被称为"塔拉哈"。当时的吃法是用江边的柳树条把切成条形的鱼肉串起来,然后放在火上烤,烤到四分熟时就可以吃了。由于是在捕鱼的休息时间,既要吃饱,又要节省时间,就需要动作快,切鱼、串鱼肉条的动作需要很熟练。后来,逐渐演变成赫哲族的民俗体育游戏活动。

(一)比赛方法

比赛内容分为两方面:一方面是刹鱼,双方选大小相当的鲜鱼,多为鲤鱼或胖头鱼。用鱼刀剔下两边的肉,刹成连搭薄片。另一方面就是削烤叉,把柳条削成烤叉后穿起刹好的鱼片。评判标准:鱼肉剔得干净,肉片刹得均匀,刀削柳条,手法利落,用时短者胜。

(二)器材

柳树条若干根,小刀1把,鲜鱼若干条。

第四章 赫哲族狩猎与军事战争产生的民俗体育

赫哲族狩猎业生产是赫哲族赖以生存的一项重要的经济来源,仅次于渔业生产。在鱼产品商业化之前,狩猎猎物除自用外,大部分用来交易,以换回生产生活所需用品。赫哲族在中华人民共和国成立前的几千年中主要从事渔猎生产,同时伴随着部落之间的兼并战争,不断兼并又重组、融合地向前发展。

赫哲族的狩猎本领与军事战争中的身体搏击有着较大的关系。赫哲族在平时的狩猎生产过程中练就了高超本领,这些高超本领在军事战争中可以发挥较好的效果。赫哲族的狩猎技能和军事训练等内容,逐渐形成大量的相关民俗体育项目。

第一节 赫哲族狩猎文化与军事战争概况

一、赫哲族的狩猎资源

赫哲族生活在中国东北部的山河之中,那里有一望无际的林海,栖息着各种飞禽走兽,其中就有猎人的好助手海东青,捕捉狍、鹿的山雕,大型的海雕、金雕、鹰,人们喜爱的水鸟(如丹顶鹤、天鹅、白鹤、鸳鸯),还有野雉、翡翠鸟、乌鸦、布谷鸟等,以及候鸟(如野鸭、大雁)。野兽有东北虎、野猪、狍子、貉子、狼、豹、狐狸、猞猁、野兔、灰鼠、貂,还有产鹿茸的马鹿、梅花鹿,产麝香的獐子,脂肪可医治烧烫伤的獾子,皮毛贵重的紫貂,价格昂贵的水獭,以及产熊胆的黑熊,等等,这些为赫哲族提供了丰富的狩猎资源。其中,捕获量最大的是鹿、熊、狍、貉、貂、獾、貂、狐狸等动物。

伊玛堪故事《夏留秋莫日根》有对猎物的描述:"夏留秋小莫日根,天天跟着他大舅哥乌鲁古鲁莫日根到山里打猎,有时也下江捕鱼。打猎尽打獐、狍、野鹿,捕鱼尽捕鲤鱼、白鱼、黑鱼、红尾鱼和大马哈鱼。……

菜很丰盛,各盘都装得满满登登:乌鸦肉堆得像个小土包,山雀肉摆得支楞巴翘,还有鹿肉、狍肉、雁肉。"①

二、赫哲族的狩猎文化

在《希尔达鲁莫日根》中有以下描述:这个村子里有 20 多个小伙子,整天跟希勒勾学射箭、练叉鱼,几年下来,个个练出了一套真本领。希勒勾就把这些小伙子分成十来伙儿,有的上山打猎,有的下江捕鱼,打到的猎物不仅够全村人使用,还慢慢地有了剩余。他们把虎骨、鹿茸、熊胆等贵重药材和貉子、狐狸、紫貂等珍美毛皮带到霍通换回米、盐、布匹。他们把兽肉晒成肉条和肉干,捕回的鱼中,把肥的炒成鱼毛,瘦的晒成鱼条。②

(一)赫哲族的狩猎工具

赫哲族的狩猎工具与其他民族一样,经历了棍棒→石器→弓箭→铁器→火器的发展过程。弓箭是赫哲人最古老的狩猎工具之一,历史记载为"楛矢石镞",是赫哲族先民标志性的贡品。"激达"(扎枪)也是赫哲人古老的狩猎工具,还有伏弩、地箭、卡子等,后来还有火绳枪、连珠枪、套筒枪、毛瑟枪、三八式枪等先后传入赫哲地区,进入火器狩猎阶段。赫哲人在冬季习惯使用滑雪板狩猎,能快速而灵活地追逐猎物,可谓是"骑木马蹄山跳涧","足踏木板,溜冰而射"。其他狩猎工具还有套子、地箭、闸、窟窿箭、夹子、扑貂网等。猎犬、马、弓箭、激达、滑雪板是赫哲族重要的狩猎工具。历史上,赫哲人亦被称为"使犬部"。

(二)赫哲人的狩猎经验

伊玛堪故事《马尔托莫日根》中讲述:"从前,有一个小伙子叫马尔托,他家世代在乌苏里江边上居住,靠捕鱼狩猎为生。……再说沿江的西面百十里地开外有个霍通,住着上千户人家,都以捕鱼打猎为生。"③ 由此可见,赫哲族主要生产方式除了渔业外,还有狩猎,猎物也是赫哲族的主要衣食来源。赫哲族在打猎方面积累了丰富的经验。流传于黑龙江省同

---

① 宋宏伟:《伊玛堪集成》,黑龙江人民出版社,2014,第 771、780 页。
② 同上,第 557 页。
③ 同上,第 344 页。

江市的赫哲人的渔猎歌，唱出了赫哲人灵活多样的狩猎场景。其歌词大意是：

> 当狩猎对象不同时，
> 要采用与之相符的狩猎方法。
> 比如对狍子、兔子、黑熊、马鹿等多种野兽，
> 有的要下套，有的要挖窖，
> 有的要用地箭，有的放狗追咬。
> 只要方法对头，猎物保准跑不掉。

这首渔猎歌体现了赫哲人随机应变的狩猎思想观念，反映了赫哲人上山狩猎的生活情境。又比如，歌曲《猎人歌》：

> 大顶子山高又高，
> 我们赫哲人在那里打獐狍。
> 不管冰天和雪地，
> 鹿茸和紫貂。

再比如，歌曲《赫哲人眼睛》：

> 打猎的枪口对准豺狼，
> 打鱼的双桨劈波斩浪，
> 赫哲人的眼睛能穿云破雾，
> 再凶狠的猛兽也休想漏网。

以上两首狩猎歌充满了赫哲人狩猎的生活气息，唱出了猎人的欢乐与自豪的心情，表现了猎人勇敢豪放的性格，反映了赫哲族是一个出色的狩猎民族。

赫哲人行猎有两种：一人出去打猎，谓之流猎；多人合伙而行，谓之围猎。合伙围猎少者二三人，多者三十余人。他们入山狩猎，一年分为四次：每年正月初五出发，二月十五左右返回，主要打火狐、黄鼠狼、獾子、狍子等。夏季四月初至六月底，主要打鹿茸角，五月五日所得的鹿茸最好，也最贵，也打黑熊、野猪等。秋季八月中旬至九月中旬，主要打狍子、鹿、熊、野猪等。冬季十月初至年底，主要打貂、獭、火狐、獾子、

黄鼠狼、狍子、灰鼠、熊、虎、豹等。他们根据所处的居住地点，选择不同的狩猎对象和猎取方法，还根据狩猎目标和用途选择适宜的季节进行有目的的狩猎。

（三）赫哲族的衣食猎物文化

赫哲族夏天穿鱼皮衣，冬天穿兽皮衣，兽皮原料多用鹿、狍、貂、水獭、狐、灰鼠、獾等。特别是狍子，过去特别多，尤其是下大雪后，狍子到村庄周围找食吃，有时一群一群的，见了人也不害怕，因此被人们称为"傻狍子"。猎人穿上滑雪板去追，狍子在深雪里跑不动，一会儿就能抓到好几只。由于狍子多，赫哲人的衣服、被褥使用狍皮的就多，而且保暖效果特别好。

1. 皮帽子

兽皮冬帽所用的材料主要有水獭皮、狍皮。过去多用貂皮，近代很少见了。水獭皮冬帽的帽顶用数块小皮拼接而成，做成西瓜皮状，皮毛面朝外，内衬布料。帽下左右两侧缝暖耳皮两块，毛面朝里。天冷，暖耳垂下来，天暖则上翻作为装饰。鹿皮帽是用一大块鹿皮，四面剪成四条，再绉缝成半头形而成，下边缘再绲有黑色长毛皮，即暖和又美观。

2. 皮衣

赫哲族居住的东北三江平原，冬季寒冷，男子外出必穿大氅，多为冬季狍皮所制，这种皮绒毛多，皮板厚，既保暖又耐用。冷时，皮衣毛朝里，热时，毛朝外，长过膝，皮与皮接缝处，通常用一窄皮绲在缝隙。领口有铜纽一粒，袂上有皮带三道，用以代纽，为赫哲人冬猎较为普遍的服装。鹿皮男长衫，在春秋季节，赫哲族男子常穿鹿皮做的长衫，毛面朝里，衣长过膝且有开叉，便于行走。衣领长于衣口，大襟上端有一道或两道钮。鹿皮女衣的毛面朝里，样式如19世纪末中国妇女的衣服，带有大襟，领口、襟上、腋下三处有铜纽，下衩有用皮带系扎，用染黑色的鹿皮做周身的绲边。领肩四周、前后摆及四角、下衩等处镶有灵芝盘花，无领、袖短且肥，与满族的短旗袍相仿。狍皮短袄的皮毛在里面，为对襟式，胸前有结带两道，右腋下缝有一皮带，以便结扎。鹿皮背心所用的是去毛鹿皮，皮质柔软；长约68厘米，有襟，四周及领黑绒宽边一道，再绲有窄边黑丝一道。青布衬里，配有黄铜纽扣，美观大方。

3. 皮裤

狍皮裤的原料为去毛狍皮，裤腰多为汉族人输入的大布，皮色灰白，赫哲妇女皆穿此裤。狍皮套裤的材料为去毛狍皮，用数块狍皮拼接而成，实际上是两个裤管，上端绲边，缝有皮圈，扣皮带，以便系在裤带上，皮色灰白。

4. 皮被褥

狍皮被是用绒毛较长的狍皮做成的畅通被子，形似口袋，长约1.8米，中间有一缝，长约1.15米，缝边都有毛皮贴边，被面上有皮带四行，以备卷捆时结扎。赫哲人冬季出猎外宿，必带此被，抵御严寒。皮褥子就是一整块熟制的野猪皮、狍皮、狼皮、熊皮、獾皮等毛皮制成，十分轻便暖和，适合冬季狩猎时用。用狍皮被时，把它作为垫褥。黑熊皮褥子毛长而软，像地毯一样，其次是狍皮褥子。

5. 皮手套、皮袜子

兽皮手套通常用狍皮或鹿皮做成，皮毛朝里，就是过去所称的"手闷子"，呈"八"字形，大拇指和其他四个手指分叉，两只手套之间有一皮带连接，用时挂在脖子上，以防丢失。还有一种是开口手套，在大拇指处开个口，以便猎人使用武器。狍皮袜子的皮毛在里面，实际上用狍皮三块，两块缝在一起为袜帮和袜衲，另一块为袜底，类似于短靴。

6. 皮鞋

鹿腿皮长靴的外皮为鹿的腿皮拼接而成，里衬为短毛狍皮，靴底为野猪皮，靴口以水獭皮为绲边。靴面纯用鹿皮筋缝制而成，靴高58厘米，美观耐用，赫哲男子盛装时都着此靴。鹿腿皮靴的做法与鹿腿皮长靴相同，唯有衬里用的是去毛狍皮，靴口无水獭皮绲边，长37厘米。鹿胫皮短靴的长度为28厘米，靴筒用八块胫皮拼接而成，底为野猪皮，里衬用布。鹿皮快鞋就像去筒的靴子，鞋里鞋面都用去毛的鹿皮，底为野猪皮，鞋口用黑绒布绲边。野猪皮靴的鞋底与鞋帮都是用野猪皮，靴面和靴筒用的是鹿皮，靴长为25厘米。

三、赫哲族的军事战争

在几千年的赫哲族历史发展进程中，赫哲族部落之间，赫哲族与周围其他民族部落之间，经常发生冲突，演变成无数次大大小小的军事战争。这些战争几乎都体现在骑射、摔跤、搏击水平的较量上。

赫哲族是我国的一个古老民族，经历了几千年的历史演变与各种战争。

春秋战国时期，东北共有四个古族系：东北南部为古商族（汉族）系；东北西部为东胡族系，主要生活于大兴安岭西部至额尔古纳河流域之间；东北东部为古肃慎族系，主要生活在长白山北麓、乌苏里江、松花江及黑龙江流域；东北中部为秽貊族系，主要生活在松花江以西至嫩江流域。《长春县志》记载了这一时期的古族以肃慎族系为主。

扶余国是公元前3世纪左右由秽貊民族建立的东北地区第一个强大政权，历时600多年，鼎盛时期，疆域北至长城，南达高句丽、东达挹娄、西接鲜卑，方圆可达2000多里（今约900公里）。这个时期，肃慎后裔称挹娄。挹娄各族在高句丽北或扶余东北千余里，处于山林之间，善射、穴居、好养猪，当地产上等貂皮。

西汉时，扶余国首先向东出兵，征服了挹娄，但挹娄人弓矢技术发达，再加上其所处险要的地形，因此经常起来反抗。220~226年，挹娄人不受扶余国的统治，不断起来反抗，扶余国数次征伐，也没有成功，从此，挹娄摆脱了扶余国的统治。

到西晋时期，扶余受到鲜卑的攻击，慢慢走向衰亡。曹魏初年，摆脱了扶余国羁绊的挹娄开始直接通贡中原王朝，这时的挹娄各族社会发展较为迅速，出现了私有制和贫富两极分化。

扶余立国百余年后，他们的一位庶出王子，因为智勇双全而遭到嫉恨，为避祸，逃到了汉朝管辖的玄菟郡。公元前37年，这位名叫朱蒙的22岁的庶出王子，在五女山城（即今辽宁桓仁）建立了政权。很快初具规模，统一了附近大大小小的部落。朱蒙被后来的高句丽王朝奉为始祖，称他为东明圣王。

高句丽建国初期，同扶余保持了亲密而友好的关系。《后汉书·高句丽传》载："高句丽—东夷相传以为大余别种，故言语法则多同。"无论从族源还是文化，两者关系密切。经过数百年的开疆拓土，到了隋代，高句丽国达到了极盛，疆域东西长2000里，南北千余里。470年，南部高句丽入侵扶余国，扶余国彻底灭亡，大部分扶余人融入高句丽之中。《三国志·魏书·乌丸鲜卑东夷传》记载，肃慎族系的挹娄人"其人形似夫余，言语不与夫余、高句同"。《后汉书·东夷列传》还提道："东夷夫余饮食共皆用俎豆，唯挹娄独无，法俗最无纲纪者也。"由此可见，挹娄人与秽貊族系的夫余、高句丽人语言不同，风俗习惯、民族文化也存在明显差异。但是，两者有着广泛的接触，时而联合，时而对抗，因此，高句丽与挹娄之间也不断地进行融合。后来挹娄改称为勿吉。

隋朝时，高句丽处于极盛时期，成为当时东北地区的霸主，此时的勿吉改称靺鞨。靺鞨分为七部，赫哲族的先世就在黑水靺鞨部。由于黑水靺鞨部与高句丽不直接接壤，他们之间不曾有过友好交往，也没有发生过直接冲突。而高句丽联合靺鞨等部落，时常对隋北部边陲进行袭击，进行扩张，引起隋朝的警惕。612～614 年，隋炀帝三次御驾亲征高句丽，由于战略失败、耗空国力等，落得伤亡数百万，国力耗尽，民变四起，最终国灭身亡。隋朝灭亡后，唐太宗（李世民）对高句丽国进行了三次征伐，第一次还是御驾亲征，但都未能创造奇迹。直到唐高宗（李治）时期，666 年，唐高宗以李勣为帅，海陆并进征伐高句丽。一路连捷，于 668 年攻克平壤（今朝鲜平壤），高句丽王出降，存在 7 个世纪左右的高句丽国灭亡了。

黑水靺鞨因其最初位于中国东北部最北的"黑水"（黑龙江）沿岸而得名。唐朝时期的黑水靺鞨居住在靺鞨的最东北边，主要生活在松花江流域和黑龙江下游沿岸一带，发展较慢。到武则天时期，粟末靺鞨首领乞乞仲象率领靺鞨人东归故里。其子大祚荣统一其他部落，于 698 年在松花江上游、长白山北麓一带建立了自己的政权，自立为震国王，震国居民以靺鞨人为主体，靺鞨中以粟末靺鞨为主，开元元年（713 年）唐玄宗派崔忻册封大祚荣为渤海郡王，所统治辖区为忽汗州，加封大祚荣为忽汗州都督，从此不再称震国，而改称为渤海国。《旧唐书·北狄·靺鞨传》载："黑水靺鞨最处北方，尤称劲健，每恃其勇，恒为邻境之患。"从大量的历史资料上看，黑水靺鞨与建立渤海国的粟末靺鞨同属于靺鞨，但在渤海国时期，时有冲突发生，但终归同源。

10 世纪初，随着唐朝统治政权的即将崩溃，中原地区出现了五代十国的混乱局面。宋朝建立前后，中国北方地区的渤海国也因为腐化变得暮气沉沉，契丹这个出自鲜卑宇文部的古老民族乘势而起。916 年春天，契丹可汗耶律阿保机终于在今天的内蒙古赤峰市八仙筒一带的龙化州称帝，建立了契丹王朝，当时中原王朝是梁朝。契丹王朝建立之初，想乘中原各方势力争夺统治权之机，意欲挺进中原，但又视雄震于北方的渤海政权为其后患，若先出击渤海国，又恐后唐乘虚夹击。于是，在平衡利弊后，契丹王朝决定，一面遣使与后唐通好，同时出师攻打渤海，并推翻了渤海政权。之后，契丹王朝将靺鞨、室韦置于其统治之下，改称靺鞨为女真。契丹王朝视女真为己患，耶律阿保机为了分裂女真势力，以诱海之策迁徙女真强宗豪右数千户于辽阳之南，不得与其原地人相互联系。谓之"曷苏馆"或"合斯罕"，女真语"藩篱"之意。契丹王朝将靺鞨的南部称熟女真，将其纳入契丹籍；在其北部居于混同江（松花江上游的古称）、长白山一带的靺鞨称生女真，未纳入契丹籍。耶律德光于 938 年改契丹王朝为辽朝，为了避辽兴宗耶律宗真之讳，改称"女直"。

辽朝晚期朝政混乱，在 30 多个女真部落中，最强大的是完颜部，经过多年征战，完颜部落逐步统一了其他女真各个部落。此时的赫哲先民分为五个大部落，称为五国部。

1101 年，耶律延禧继位，称为天祚帝。他能歌善诗，又酷爱打猎，渔色不已，玩物丧志，昏庸无能。辽廷不停地索求贡品，如大马、哈珠、青鼠皮、貂鼠皮、鲛鱼皮、蜜蜡之物，鱼肉女真、五国百姓，从而加速了辽朝的灭亡。

1112 年 2 月，天祚帝至混同江，钓鱼玩耍，依照辽朝的礼制，此时周围各部落酋长都要来拜见这位大辽天子。酒宴之间，天祚帝喝得高兴，就命令各位头人挨个跳舞助兴，偏偏生女真酋长完颜阿骨打推脱不能，天祚帝还对完颜阿骨打等酋长肆行侮辱，使完颜阿骨打暗中蕴积力量，决心找到合适时机反辽。

1114 年 9 月，完颜阿骨打召集周围女真各部落，以区区二千五百兵马，一举攻下辽国的宁江州（现在的吉林扶余）。不久，女真人在出河店（现在的黑龙江肇源）大破辽国万余正规军。辽国天祚帝又惊又气，率 70 万大军御驾亲征。完颜阿骨打当时只有两万兵马，但"女真不满万，满万不可敌"。两军相会，女真战士以一当百，锐气高涨，竟把辽军杀得尸横遍野。天祚帝幸亏多年打猎练得一身好骑术，一天一夜竟能狂逃 500 里。1115 年的正月，才起兵几个月的完颜阿骨打就在今天的黑龙江省，一个叫白城的地方建都立国，国号大金，占据辽河以北土地。金太祖立国后，开始了为期十年的伐辽战争，以辽国五京为目标，大兵分为两路，同时展开金国剿灭辽国的大型军事战争。1116 年 5 月，金国东路大军占领辽东京辽阳府，直到 1118 年，北宋见大辽军被金军打得摇摇欲坠时，就秘密与金国签订夹击辽国的"海上之盟"。因为宋使者常从山东经海道赴金国密谈，所以称为"海上之盟"。双方约定事成后，以长城为界，以南为宋国，以北为金国。胜利后，宋把每年给辽国的"岁币"转给金国。宋国有识之士纷纷上书，指出与茹毛饮血处于奴隶状态下的金国为友而助其消灭辽国，是划柔国为强邻，绝非国家之福。但宋徽宗听不进去，于是，宋金双方夹击本来就已摇摇欲坠的辽国。1120 年，金国西路军攻下了上京临潢府（在今内蒙古自治区巴林左旗），使辽国失去了一半土地。1122 年，金国东路军又攻陷了中京大定府（今内蒙古自治区宁城），天祚帝逃亡沙漠腹地，同时，金国西路大军继续西下，攻下了西京大同府（今山西省大同）。这时，辽国耶律大石等人拥立耶律淳于南京析津府（今北京）为帝，即北辽。宋徽宗本想"鹬蚌相争，渔翁得利"。北宋皇帝宋徽宗和一帮宋朝君臣对当年石敬瑭割让给辽太宗耶律德光的燕云十六州一直耿耿于怀,于是派童贯等人率领大军多次攻打辽南地区的燕云十六州之地,但均被辽国军队击退。于是,北宋请金国军队攻打下辽南京城,北辽灭亡,至此辽国最重要的五京均被金军攻下。此时,宋金双方经过协商后,金军给予燕云十六州的部分城市,并且获得岁币,然而北宋最后只获得金军洗劫后的一堆空城。1124年,金太祖完颜阿骨打病逝,其弟完颜吴乞买(金太宗)继位,但没有减弱灭辽的势头,而且联合西夏,马不停蹄地穷追逃跑的天祚帝。同年正月,金太宗为了联合西夏灭辽,把下寨以北、阴山以南的辽国土地割给西夏,西夏则改对金朝称藩。在1125年,逃跑5年之久的天祚帝在余睹谷(今山西省应县)被俘虏,至此,辽国灭亡,辽朝自耶律阿保机称帝,共历8帝,存在210年。当时宋国皇帝是大画家宋徽宗赵佶,他和天祚帝都是顶级的文学艺术大师,在政治上也是极其昏庸无能。近些年来,在各类期刊上,有许多学者这样评价他们:做皇帝,他们是笑话;做副业,他们是神话!

在消灭辽国之后,金国完全控制了北方,同鲜卑、契丹为同一语系的室韦各部落,都为东胡语系的一个分支。真正的蒙古本部发源于斡难河(今蒙古国境内的小肯特山东麓)上游,斡难河古称"黑水",是黑龙江源流之一。辽金时期,北方的蒙古部落也在分分合合中不断地重组。蒙古部落在唐朝时已有详细记载,称为"蒙兀室韦"。室韦鞑靼部居于呼伦湖以南地区,到了9世纪末、10世纪初,形成了鞑靼联盟。"鞑靼"成了蒙古各部的统称。金朝兴起后,蒙古人又臣服于金,接受封爵,常常向金国进贡马匹及牛羊肉。同时,蒙古人本性凶悍,时常纠集数部侵入女真属地进行大肆抢夺。到12世纪初期,铁木真的曾祖合不勒统一尼伦各部落,开始称"汗",形成了实力较强的蒙古部落集团。到了金国海陵王完颜亮时期,蒙古部落渐渐强大,已经成为金国的边患,时不时地对金国(当时叫大金)进行武装骚扰和袭击,烧杀抢劫。

金世宗时期,是金国"大兴盛世"繁荣鼎盛时期。蒙古已发展成为金国的"大患"。金世宗下令"每三岁遣兵向北剿杀",金国经常派出大量军队在与蒙古接壤地带攻杀日益强大的蒙古诸部,谓之"减丁",目的是控制"狼群"的数量。1189年,金章宗继位,同年,铁木真称汗。随着金国的衰弱,原臣属于金国的蒙古高原地区的众多蒙古部落开始壮大起来,渐渐地脱离金国的统治。金泰和四年(1204年),通过战争,蒙古诸部领袖铁木真统一了蒙古高原地区各蒙古散居部落。南宋开禧二年,即金泰和六年(1206年),在斡难河畔举行大聚会,各部落推举铁木真为"成吉思汗",在漠北建立政权,国号大蒙古国,蒙古帝国成立。进入元朝末期,民族矛盾与阶级矛盾日益尖锐,最终爆发了元末农民大起义,取而代之的是朱元璋建立的明朝。

明朝初期,建州女真从松花江下游南下,经过分离、聚合,最后,于明景泰初年,汇聚于浑河上游苏子至婆猪河(今浑江)之间。1559 年,努尔哈赤出生在建州左卫女真奴隶主贵族家庭,他的六世祖是元朝末期的一个万户,他被明廷授予建州卫都指挥使,深受大明的深泽厚禄。明朝成化年间,建州三卫势力日益强大,由于三大部落的恩怨情仇,再加上明朝对女真的防范,明朝派军诱杀了努尔哈赤的五世祖,后又纵骑蹂躏,死伤惨重,数百城堡被摧毁,因此家业凋零。后来,努尔哈赤的祖父以联姻手段拉拢各部落来壮大自己。因为建州女真各部的错综复杂关系,以及具有高句丽血统的明将李成梁率大军剿灭不断进攻明朝边地的最强大的女真部落时,误杀了努尔哈赤的祖父和父亲,而当时的努尔哈赤还羽翼未满,所以他压抑着对明朝的悲愤与怒火,接受了封职与赔偿,但复仇的种子已埋在了心中。

1583 年,努尔哈赤利用长达 30 年的时间逐渐统一了女真各部。头十年,努尔哈赤统一了建州女真的所有部落。接下来,他又挥师东向,打败了海西女真与蒙古科尔沁的九部联盟,然后乘胜击灭了海西女真四部及野人女真大部。再后来,降服了野人女真的瓦尔喀部、库尔哈部、萨哈连部等。明朝对此乐得其成,希望女真夷蛮们相互厮杀,削弱各方势力,同时,努尔哈赤对明朝表面上忠心耿耿,本人与兄弟多次入北京"进贡",大打秋风。朝廷不但赐给他金银财宝,而且给他加官晋爵,他也渐渐取得明廷的信任。1595 年,明朝更授予他"正二品龙虎将军"的职衔。努尔哈赤在兼并女真部落时,打着朝廷官职的称号,这些都是促使努尔哈赤不断强大的原因。1615 年,努尔哈赤已掌握了北至蒙古嫩江、南至鸭绿江、东至东海、西至辽河的大片土地。明朝对努尔哈赤的野心竟然浑然不知,甚至在 1615 年,努尔哈赤建立后金国的前一年,蓟辽总督还向明朝廷上奏,称努尔哈赤"唯命是从"。

在万历四十四年(1616 年),58 岁的努尔哈赤在赫图阿拉(今辽宁省新宾)建国,国号称"大金",史称"后金"。他本人被推崇为"奉天覆育列国英明汗",年号为"天命"。在"牛录制"的基础上创建了"八旗制度",各旗主互不辖属,完全听命于努尔哈赤一人。明朝万历四十六年、后金天命三年(1618 年)四月十三日,努尔哈赤在盛京(今沈阳)"告天"誓师,宣读了与明朝结有的七大恨的声讨檄文。羽翼丰满的努尔哈赤终于向老主子大明朝宣战，相继发动了抚顺、清河之战，接下来是萨尔浒大战，开源、铁岭大战，辽沈、辽西大战，宁远大战。努尔哈赤的"都城"也随着他胜利的脚步逐渐推移。由赫图阿拉到界凡城，由界凡城到萨尔浒城，由萨尔浒城到辽阳城，由辽阳城到沈阳城，其间经过的数次大战，使明朝在辽东的军事实力受到毁灭性的打击，海西女真叶赫部与建州女真往来见少，势必由此受到孤立。1619 年 8 月，努尔哈赤亲率大军围困叶赫部东、西两座城池，并一举攻破，杀叶赫首领金台石、布扬古，把海西女真最强大的叶赫部打得失魂落魄。在 1626 年的宁远战役中，努尔哈赤被明军的大炮炸成重伤，不久逝世。努尔哈赤去世后，其第八子皇太极继位，继续对明朝展开攻势。努尔哈赤将部落从赫图阿拉迁往盛京，为加强和发展其统治力量，走过了艰苦漫长的历程，同时也为后金与明王朝的对峙及入关灭明、统一中华大地奠定了坚实的基础。1636 年，皇太极改族名"女真"为"满洲"。同年，皇太极称帝且改国号"金"为"大清"，正式建立清朝。1644 年，农民起义军领袖李自成率的大顺军攻陷北京，崇祯帝在景山（今北京景山公园）自杀殉国。多尔衮（满族第三个皇帝顺治的叔叔）指挥八旗军队，由明朝将领吴三桂当前导，兼程越过长城，由山海关进入明朝地界。同年，顺治皇帝（福临）将都由盛京迁往北京，祭告天地祖宗，他成为中华大地上的君主，从而一统天下。

在整个出现的东北政权中，除了扶余、高句丽、辽、元之外，渤海国、金国、后金、清朝等都是肃慎后裔执掌政权，赫哲族与大多数的这些国家的属民同根同源，在中国的历史上留下了浓墨重彩的画卷。

赫哲族历史悠久，是一直生活在中国的最东北的古老民族，赫哲族先民在远古时代部落之间经常进行兼并战争，并且此起彼伏。这在"伊玛堪"故事中，几乎都有体现，每一场战争中都有射箭、摔跤的较量。处于冷兵器时期，想要在战争中取胜就必须加强军事训练，以求生存与发展的最大胜算，各个民族需要提高人们的身体素质和搏击能力，因此提高军事训练（如骑马、射箭、摔跤、举重物、跳马、投扎枪、划船、滑冰、滑雪等项目）是首要的任务。

第二节 赫哲族弓箭产生的民俗体育

赫哲族的狩猎工具的使用及其发展情况与其他民族一样，都是由原始的棍棒、石器到弓箭、铁器、火绳枪，直到出现钢枪。赫哲族的远祖肃慎氏在上古时代，常以本地的楛矢、石镞贡献中原王朝。当时的统治阶级很重视这种工具，因为它不仅是狩猎的重要工具，也是战争中杀伤力很强的武器，狩猎武器在赫哲人手中被发挥得淋漓尽致，这是东北边陲赫哲人智慧的结晶，对发展狩猎业和抗击外夷入侵做出了重大贡献。

赫哲族自古以来就骁勇善战，射箭技术高超，射箭历史悠久。《新唐书》中记载："惟黑水顽强劲健，善步战，喜射猎。"射箭在赫哲族历史中占有重要地位，赫哲族古称"黑水"。《文献通考》曾记载："黑水部，俗勇悍，善射，能为鹿鸣以呼群鹿而射之。"早在先秦时期，生活在乌苏里江流域的赫哲族先民肃慎人，就与中原有着密切的联系和往来。《国语·鲁语》卷四有载："昔武王克商，通道于九夷百蛮，使各以其方贿来贡，使无忘职业，于是肃慎氏贡楛矢，石砮其长尺有咫。"其意为周武王灭商后，肃慎人来周朝贡献楛矢石砮，表示对周王朝的臣服。楛矢石砮就是以楛木为箭杆，箭杆前端镶嵌石刃即为石砮。楛矢石砮既可用于打猎，也可用于战争。到了两汉魏晋时期，赫哲族先民的箭弩又有了涂毒一说，《后汉书》记载，挹娄人在楛矢石砮上涂有剧毒，"中人即死"，由此可见，赫哲族先民的弓箭在战争中的重要地位。

弓，赫哲族称谓"勃力"；箭，赫哲族语叫"卢克伊"。弓箭，赫哲语叫"伯依牛录"。弓箭是赫哲人古老的狩猎工具，赫哲先人是制作弓箭的能工巧匠，他们制作的弓有单层弓和双层弓两种。单层弓是用硬木掫成弓，为使弓背坚固，用鱼鳔黏上鹿筋或狍筋。双层弓外层用松木，里层用黑桦木或柞木，中间夹上狍筋、鹿筋，再用细鳞鱼皮熬胶黏在一起，使其坚固，韧性大，弹力强。弓弦也是用鹿筋、狍筋或鹿皮、狍皮做成，用银质、玉石或兽骨做指环（赫哲语叫"佛日扣"），戴在拇指上，用以弯弓射箭。上古时代，赫哲族的先民就知道用"木化砂"之化石做箭镞，用楛木做箭杆，用尖利的石块制作箭头，故历史上有"楛構矢石镞"之称。也有用鹿、熊的小腿骨做箭头的，这就是大家所说的"骨能解骨，锋利异常，能穿鹿身，后进前出，左右更易"。后来有了铁，才有了铁制的箭头，这时就有了双头箭，专门射飞雁和水鸟。猎取驼鹿（赫哲语叫"罕达犴"）与马鹿（赫哲语叫"库马克"）时，均用弓箭。

很多伊玛堪说唱故事都提到过弓箭。如《满都莫日根》写道："这个霍通有大片的土地山林，上万人丁。满都手中有强弓长箭。"[①] 再如《香叟莫日根》载："香叟莫日根早就把弓箭准备好了，照着乌鲁古力射了一

---

① 宋宏伟：《伊玛堪集成》，黑龙江人民出版社，2014，第141页。

箭,正好射在它的心口窝上。一箭射向天鹅,正中天鹅的心窝。照准野猪一箭射去,正好射在它的前胸口。"① 又如《香叟莫日根》中载:"夏里克尤拿着一支鹿筋绑的弓和三支骨头箭,一把月牙斧子,还有一些别的东西,往肩上一背,就关上门,下了坎,走到江岸边,坐在停在岸边的快马子,渡过了松花江。"② 还有一则伊玛堪神话故事《莫日根射日》,其中讲到主人公莫日根天天练习射箭,拉断了99张弓,射了上万支箭,练出了射箭的神功。③

赫哲族在征战比武时,多数比的是射箭,比如一箭射中两只鹿、一箭射中两只天鹅、一箭射中黑熊等,这些都说明弓箭在赫哲族战争中的重要性。洛帕金记录的赫哲族童话,歌颂莫日根意志坚强、灵动敏捷,他奋斗十天十夜,也不知疲倦。在赫哲族部落中,谁弓箭射得最准,部落的首领就会把女儿嫁给他,条件是:箭必须穿过九个纵向排在一起的小环,在场的人没有一个能做到,有的一环也没中,有些只中一环或两环。当莫日根拿起弓箭射向目标时,不但穿过九环,而且丝毫没有碰到那些小环。在奴隶社会期间,赫哲族大户人家常常比武招女婿,比武的重要项目就是射箭。

俗话有云:明枪易躲,暗箭难防。暗箭指的就是伏弩。在楛矢、石镞的基础之上出现了伏弩,也称地箭,赫哲语叫"舍日迷"。大小伏弩的构造一样,伏弩是用"王不骨头"(赫哲语叫"阿木拉刻")树木做的,弓弦是用皮筋或棉线制成,箭杆是硬木,箭镞是铁制的。箭弓是用竹子弯成的,箭头是用铁制成的,箭杆一般是用竹子做成的,也有用硬木做成的。大的伏弩设在2尺多高的木架上,设在动物经常走成道的地方。野兽出没时,触碰到了消线(赫哲族叫"息日恩"),箭镞就自动射在了野兽身上,猎人每天遛看一遍。在动物经常走的地方,特别是在动物踪迹多、走成道的地方,捕大野兽时,用大伏弩,把硬弓安装在一个约1米长、10厘米宽、7厘米厚的木条的一侧,另一侧安装扳机,在板条上部从前到后抠成槽,再用板条盖上。捕兽时,在野兽经常出没的地方,把地箭绑在树干或支架上,把弓拉开,弓弦挂在扳机上,槽子里装进一支铁头箭。再用一根长细绳,一头拴在扳机上,另一头拴在兽路的另一侧,使这个机关线横拦在兽路上。野兽从这里通过时,碰消线即拉动扳机,箭发命中。平放在地

---

① 宋宏伟:《伊玛堪集成》,黑龙江人民出版社,2014,第185页。
② 同上,第179页。
③ 同上,第1123页。

上的小型的伏弩，也叫地箭，也称地拴，设在野兽经常走的地方。野兽触到消线时，地箭就发射，主要作用是捕获小动物水獭（赫哲语叫"住空"）、鼬鼠、貂等。地箭除了猎取野兽，在作战时，可作伏击利器，突袭对方。史籍上记载，地箭能发射用乌头、白附子一类含有强烈毒性的植物制作的"毒矢"。地箭一直沿用到清朝道光末期，甚至民国初年，个别地区还用伏弩捕获大型野兽。中华人民共和国成立后，政府严禁使用地箭，以防射中行人，危及生命，深受群众拥护。

窟窿箭是用一个带有5寸长、6寸宽的窟窿的木板接上弓，箭头是8～10个的元钢尖头，设在野兽经常出没的地方，野兽踏上箭就会命中，万无一失。窟窿箭主要是猎捕黄皮子等小动物，有时设在洞口或树洞口上。

赫哲族使用弓箭的历史悠久，弓箭制造的工艺精湛。赫哲族生活在江河的沿岸，周围山林密集，这就造就了赫哲族独特的渔猎生产方式和独特的军事用途。狩猎是经常的，弓箭是狩猎的重要工具，战争也时有发生，弓箭就成了战斗中主要武器，骑射成了赫哲先民的传统技能，因此，在长期的生产劳动和军事战争中自然而然就孕育出了赫哲人的弓箭有关的民俗体育。赫哲壮丁人人善射。赫哲族有以下谚语：

弓箭越练越熟，扎枪越扎越准。
好猎手箭箭命中，神叉手叉叉得鱼。

一、射箭比赛

赫哲人十分善射，射箭既是生产生活中的狩猎与军事技能，又是一种体育运动，是所有成年人最喜欢做的事。克鲁包特金记载：果尔特人（俄国把赫哲人称为果尔特人）灵巧，目光敏锐，听觉灵敏，他们所有人都射得一手好箭，他们很小的时候就开始学习射箭了。苏联的基列这样描述那乃人的射箭练习：小男孩削一根尖尖的木棍带在身上，随后把它插在地上，校准武器，准备射击。小男孩知道，每一箭都要集中注意力，如果年轻的那乃猎人在狩猎时用掉了许多不必要的弓箭，那么，他就不是一位出色的猎手，因此，集中注意力是非常重要的。经常听到这样的那乃猎人的描述：当他们瞄准的时候，即使从他们的肩胛骨上割下一块皮，他们也会毫无察觉。弓箭是赫哲族狩猎的古老工具，虽然一百多年前已不再使用，但射箭传统在赫哲族民间传承下来。于是，就形成了一类传统的射箭比赛项目。

赫哲族史料和赫哲族口传文学中对赫哲族射箭比赛有较详细的描写，《新唐书》载："惟黑水完强，……人劲健，善步战，喜射猎……"《西热勾》载："肯登霍通遭浩劫后，肯登汗每日必领其弟坎登额真练习弓箭。十余年后，坎登额真生得魁梧，臂力过人。坎登额真又学得百步穿杨，百发百中……今日是韩子五莫日根为他妹妹择婿之期，特设比赛场，请天下群英比武，得胜者愿以妹许配。现在要举行三种比赛：第一，比试武力；第二，百步射雕；第三，江中取宝剑。"①《一新萨满》载："兄弟二人，从小聪明，长得眉清目秀，面貌相似，真是一对英俊人物。到了七八岁的时候，就学习弓箭刀法。到了十五岁，箭法已很娴熟，百步之内百发百中；刀法也很熟练，时常带领家人，在本屯四方附近打猎。"② 再有故事《土如高》的描述："那男子见了猛虎，随手取箭射去，正中猛虎的心窝，虎便应弦倒下。此时，众人已赶到，看那男子是个十六七岁的少年，正在取虎。"③ 从赫哲族这些故事中可见，射箭是男孩子从小就开始进行的训练，是赫哲青年必须掌握的本领，是闲暇之余自然而然产生的民俗体育活动。

《希尔达鲁莫日根》载：金国时期的一年，一晃来到年底，村子里的人们又都聚在希勒勾莫日根家中。有的围着伊玛堪玛发，听他说唱伊玛堪；有的挤在老太太的跟前，听她讲特伦固；还有一群德都银铃般地唱着嫁令阔。屋子里一片欢腾，好不热闹。这时，希勒勾莫日根说："咱们今天不但听讲、听唱，还要来点武的，比比莫日根的本事，选出咱们村的莫日根，你们说好不好呀！"小伙子听了，都拍手叫好。大家忙了一阵，把比武场地打扫得干干净净，就准备比射箭、摔跤、叉草球。参加比武的有百来人，最大的三十五六岁，最小的十四五岁。他们个个劲头十足，在三个场地上轮流比赛。射箭的靶场上，三个用草垫起的桦树皮靶上，扎满射手的箭；摔跤场上，摔跤手搂在一起使劲地摔，谁也不让着谁；叉草球选手照准草球"嗖嗖"地甩着飞叉。看热闹的人群一阵阵地"嗷嗷"叫好，希勒勾见了心里特别高兴。希尔达鲁拿起最大的一张弓，使满力气，结果一动没动。他又拿起第二号弓拉了一拉，还是没动。最后拿起最小的一

---

① 凌纯声：《松花江下游的赫哲族》，民族出版社，2011，第 753 页。
② 宋宏伟：《伊玛堪集成》，黑龙江人民出版社，2014，第 1573 页。
③ 凌纯声：《松花江下游的赫哲族》，民族出版社，2011，第 916 页。

张,才把弓弦拉开了一点。苏完德都笑了笑,走上前拿起大号弓,把前腿一弓,后腿一蹬,左手握弓,右手拉弦,用力一拉又一松,那弓弦发出"呼呼"的风声,把希尔达鲁看呆了,心里暗暗佩服。苏完德都撂下弓,又笑了笑说:"还是把小的先给你,头几天先练拉弓弦。前面有棵大树,可以练瞄准。等到能拉开弓弦,再用长箭,那时就可到林子里打些飞鸟和小野兽了。"希尔达鲁听了,心里非常高兴。[1]

以前赫哲人的射箭比赛最少3人,多者不限,要先在树林里选择一排树,用斧子砍成光面,露出白茬。距离树40～60步,以树为目标。比赛时,既可每人射各自选好的目标,也可以同时射一个目标,既可大家齐射,也可以按先后次序射,射中者为胜。现在赫哲人射箭通常选用目标靶,或动物的模拟靶进行射箭比赛。

（一）比赛方法

现在的赫哲族青少年中流行的射箭,用尼龙线为弦,一般仍沿用传统的以新鲜细树干（直径约1厘米）或竹子做成弓,削木为箭杆,或用细高粱秆当箭杆,箭杆前端可安装锐物,制成箭。参赛人要在所使用的箭的箭杆上写上自己的名字。大家在目标外按口令一起发射,都射完后大家互相检查,以射中多者为胜。射箭比赛,参赛者可单射,也可齐射。

（二）场地、器材

选一林地,选择一排大树,在相同一侧用大刀或斧子砍成带白茬的平面,参赛者各选一棵树做靶子,每人10箭,谁射中的箭数目多,谁获胜。自己带弓、箭。

二、射草靶

射草靶与普通打草靶一样,但不是用火枪,而是用弓箭发射,以此锻炼射击能力,培养劳动技能。

（一）比赛方法

参加者依次序发射,谁射中的多,谁获胜。

---

[1] 宋宏伟:《伊玛堪集成》,黑龙江人民出版社,2014,第557页。

（二）器材

冬季多射雪人、雪兽、动物图案等，需要自己准备弓、箭。

三、射弩比赛

赫哲族自古就崇尚弓箭，喜爱骑射技艺，把骑射当作成年男子的象征和标配，经常把弩带在身上，当作随身武器和吉祥物。最初赫哲人把弩当作狩猎武器，后来用于军事战争当中，平时也将其用于训练狩猎的教学活动。现在射弩已成为赫哲族"乌日贡"大会的体育比赛项目。

（一）比赛方法

参赛人数不限。参赛选手手持弓弩，在距离目标 10 米或 15 米处的射击横线后，采用立式姿势，射向与己对应的动物环靶。3 分钟内，参赛选手有 5 次射击的机会。

胜负判定标准：在限定次数及时间内，弩箭中靶环数多者为胜，若环数相同，再射，直至决出胜负。

裁判职责：查验、公布环数，记录比赛成绩。

（二）场地、器材

场地：在自然林边或空地。器材：赫哲族传统弓弩数把，动物环靶若干。

四、跑地箭

地箭原是赫哲人用于射杀野外动物的有力武器之一，它具有隐蔽性、突发性、无须守候等特点。地箭布置好以后，当动物经过时，一旦触及机关，地箭就会自动发射。猎人定时来查看情况即可。现在，跑地箭已成为赫哲族一项有趣的民俗体育活动项目。

《杜步秀》载："唯城东有一小屋，屋内住下杜步秀莫日根，他有一妹名杜步虎尼德都。她在五六岁时被天台山仙人紫热格尼妈妈，就是她的高祖母接至山中居住。高祖母每日令孙女练习武艺，因此，杜步虎尼练得一身好功夫。……杜步秀答道：'无论何人要与我妹妹结婚，都可以的，只要先和我比武，你若能摔倒我三次……'后来，两人又来到北山上，穿了'说克说里①'后从石砬子山动身穿行高峰峻岭，子克秀比他跑得快些，杜步秀落后十余里。后来进行地箭比赛，子克秀衣襟上着的箭比杜步秀少五十余支，杜步秀的地箭比赛也失败了。"②

（一）比赛方法

参赛人数不限，但须穿易着色的服装。实行单人排序赛。当发出比赛"开始"的口令后，参赛者由起点快速跑向终点。

胜负判定标准：由起点到终点的跑动过程中，身体着箭少者获胜。

要求：比赛时，不得跨越场区内设置的绊线，不得抹掉射到身上的记号。

（二）场地、器材

选一块长约60米或80米、宽10米的平坦的空地，两侧各安装15支地箭，共30支，地箭距离地面80厘米，装有着色的软质箭头，跑道上扯有30根引触发射机关的绊线，距离地面80厘米。

第三节　赫哲族激达产生的民俗体育

"激达"③ 是赫哲族古老的狩猎工具，也是防身的武器。激达由枪头、木柄组成，其形状类似汉族的扎枪。赫哲族很早就使用激达，它是捕获野猪、熊等大型野兽的有力工具。激达枪头长短不一，通常为0.5～1尺。枪头两边有刃，其下部有枪库，用以插木柄。枪库边缘有两个扁孔，各穿上一根皮条，每根皮条拴一个短木棒。它的作用是防止激达枪身全部刺入兽身，并使猎人与野兽保持一定的距离，它起到防身的作用。激达的木柄的长度无固定的尺数，一般为5尺左右。

在漫长的狩猎生产生活中，赫哲人虽然使用着粗笨落后的激达，但对任何凶猛的野兽从不畏惧，即便是遇见森林中的猛虎、草地上的凶熊，勇敢的赫哲猎人也毫不畏惧。青壮年如此，就连幼年的孩子也相当勇敢，都敢与猛兽搏斗。赫哲族激达也是赫哲先民的重要军事武器，马端临所著

---

① 说克说里：赫哲语踏板之意，即滑雪板。
② 凌纯声：《松花江下游的赫哲族》，民族出版社，2011，第636～637页。
③ 激达：赫哲语，意指扎枪。

《文献通考》中对赫哲族先民女真部落使用激达也有记载："凡用兵以戈为前行，号硬军，刀自副，弓矢在后……"这里所说的戈即为激达，这说明，在赫哲族军事战争中激达是主要的进攻和防御武器。伊玛堪故事《希尔达鲁莫日根》中有描写用激达比武的场面："西尔达鲁手持树干与持花枪的山匪恶斗，而且在西尔达鲁与色勒莫汗比武之前曾说明，比武分文打和武打，文打为摔跤，武打为斗花枪。"伊玛堪故事《土如高》中也有这样的记载："南部落攻打中部落，南部落汗福羊古令安邦满格、哈番爱耶等使用激达作战。"①

赫哲族使用激达历史悠久，它是狩猎与战争常用武器，为了练就出色的本领，孩子从小就练习投准和刺杀的力量，闲余时间，激达的操作技能比试时有发生，于是，就产生了与激达有关的民俗体育活动。

一、叉草靶

叉草靶，赫哲语叫"洼克乞"，意为射杀这个动物，所用的工具是激达。早期的赫哲人经常去深山老林中打猎，使用弓箭很难射杀虎、熊等大型凶猛的野兽，当勇敢的赫哲人突然遇到这些大型猛兽时就迅速拿起激达，对准大型猛兽的要害部位猛刺，往往效果很好。同江市街津口赫哲族民俗博物馆讲解员在介绍赫哲猎人使用激达的方法时说："我们勇敢的赫哲人，在遇到凶猛的野兽时也毫不惧怕，当黑熊高高站起，扑向猎人的一瞬间，有经验的猎人不慌不忙，稳稳地将激达的枪尖对准黑熊腹部前端的条状白毛处狠狠地刺进去，并用力与伤熊搏斗，直至猛熊倒在地上为止。"赫哲族的激达近可格斗，远可投掷，经过狩猎、战争逐渐演变为赫哲人喜好的健身娱乐的民俗体育项目。目前，洼克乞已经成为赫哲族乌日贡大会的必设项目。

（一）比赛方法

比赛方法及胜负判定：参加人数不限，实行单人排序赛。在规定次数内，投中草靶次数多者为胜。比赛要求：激达须单手过肩掷出；每次手持激达到掷出时间不得超过 10 秒；在投掷激达时，双脚不得踩踏或越过投掷线。

---

① 宋宏伟：《伊玛堪集成》，黑龙江人民出版社，2014，第 1529 页。

（二）场地、器材

场地：选择自然林边或空地，距目标 10～15 米处画一条投掷线。器材：木制激达，长约 2 米，动物草靶 3～5 个，大小随意而定。

二、激达叉草球

参加激达叉草球游戏的多是青年人，人数不固定。进行游戏比赛时，分为甲、乙两队，人数相等，每队选出自己的指挥者。两队只有一个草球，如同大碗一般大小。凡参加游戏者，每人各持一把激达。

（一）游戏方法

游戏开始，先由甲队一人将草球抛向空中，待草球从空中落下时，全体队员齐向前叉草球，哪个队叉中草球，哪队得分。然后再由乙队一人抛草球，全体队员又奔驰去叉草球，如此反复多次，哪队得分多，哪队获胜。这种游戏就是为了练习使用激达的熟练性。

（二）场地、器材

场地：选择自然林边或空地，距目标 15 米处画一条投掷线。器材：木制激达，长约 2 米，草球 1 个，大小随意而定。

三、刺野猪

野猪是一种不易捕获的动物，猎人捕获野猪时，脚穿踏板，带着猎犬追撵。追至野猪附近时，用激达或木棒将野猪打死。据传说，野猪磨獠牙的温度很高，把它打倒后，马上在獠牙上放一根猪鬃，獠牙便立即发出"滋啦"的声音。猎人一般不怕熊，但怕野猪，所以有"一猪二熊"的说法。猎人捕野猪不中时，野猪就会直冲过来伤人，因此，捕捉野猪还是很危险的，但赫哲人英勇无畏，经常有捕猎野猪这一狩猎活动。后来这一捕猎活动逐渐演变为刺野猪的比赛游戏，刺野猪游戏就是用激达去刺杀野猪模型。

（一）游戏方法

在距离目标一定范围内，用激达刺向野猪模型，看谁刺中目标的次数多，多者为胜。此项活动主要锻炼青少年使用激达的技巧和本领。

（二）器材

野猪模型就是一些直径为 40～50 厘米的大草球。

四、激达叉球

激达叉球，赫哲语叫"埃何埃"。

（一）游戏方法

参加激达叉球人员编成两队，其中一队为抛球队，另一队为用激达接球队，即猎人队。抛球队，每人拿一球，站在雪橇上抛向猎人队，猎人队必须在山脚下进行刺球，或者离抛出的球 2～3 米的地方又快又准地进行刺杀，只有这样才能刺中草球。猎人队没有刺中草球或被打倒，就意味着猎人受伤或死亡，此人就得退出比赛，变成服务人员。两队轮换进行比赛，直到有一队全部伤亡为止，剩下人数多的一队为胜，比赛结束。

（二）场地、器材

到了夏天，把沼泽地里的塔头（即草墩）拔下，修剪成各种型号的球形，之后把它们放在仓库里阴干，或用干草盖上，最好用干草把塔头包好放进旧网兜里团成球形，阴干后的球形塔头直径为 35～40 厘米。

第四节　赫哲族摔跤产生的民俗体育

赫哲族摔跤的历史可以追溯到很久远的年代，远古时期，赫哲人大多散居在自然资源丰富的山水之间，以家族或部落的形式聚居，从事渔猎生产活动。为了生存，赫哲先民经常发生部落之间的战争，或捕捉较大的猎物时往往徒手与对手进行殊死搏斗，拽、摔、绊、按等是常用的动作。在长期的战争或狩猎生产生活中，赫哲族男子个个练就了高超的摔跤本领和技能，积累了丰富的摔跤经验。赫哲族先民摔跤的目的，一是捕获较大的野兽，像熊、狍子、鹿等；二是用于军事战争（如双方两伙近距离发生的身体搏斗）。

赫哲先人大多长得威武雄壮，野性十足，善于争斗。赫哲族摔跤往往作为赫哲男子立身、生存、立业、扬名的重要手段,在族人争斗、恩怨复仇、比武招亲、氏族征战等重大事件中决定着争斗者各自的命运。赫哲族口传文学伊玛堪中大多数的作品都有描写摔跤的场面,赞扬了摔跤技能超凡的英雄人物,以及赫哲人对本领高超的摔跤英雄人物的敬仰和崇拜之情。赫哲族摔跤的历史和摔跤技法在赫哲史诗伊玛堪的说唱中得以流传下来。伊玛堪故事《杜步秀》中有这样一段描述:"他与杜步秀商议亲事,二人把各事说明,携手到院中比武。二人各不相让,最后子克秀摔倒杜步秀三次。"① 伊玛堪故事《吴呼萨莫日根》中有描写这样的摔跤场面:"尤鲁那莫日根一听,这一仗是非打不可了,自己也不能显得不行呀,那就试试吧。他挽起袖子,扎紧腰带,迎上前去。两个莫日根抱在一起,摔起跤来。一个是初生牛犊不怕虎,一个像千斤鳇鱼犟脾气;一个拳脚利索,力道凶猛,一个快拳快脚,风风火火。两人摔了好几十圈儿也分不出输赢。"② 伊玛堪中的英雄同敌人搏斗,大多采用徒手搏斗的奇特方式,不使用任何武器。双方抱摔在一起,长久不分胜负。在《木竹林莫日根》中,有徒手搏斗的情节:"一个黑脸大汉为他大哥报仇,前来与木竹林徒手搏斗,一连摔打三十多个回合。黑脸大汉抵挡不住,逃跑了。……木竹林跳到马饮的小船上与马饮交手,拳脚飞扬,结果马饮的小船翻了过去,船底朝天,二人都落入水中。这位马饮虽长在江边,但不谙水性。马饮的随从及时回城报告,六个马饮全部赶到,只见他二人在水里交手。正在观望之际,二人忽由江里转到陆地交战,六个马饮也加入了战斗。他们都是徒手交战,六个马饮拳脚飞来,木竹林抵挡他们,毫不畏惧。后来他使用横扫法,用左脚扫去,一连打倒三个马饮,再用右脚扫去,又将三个马饮打到,并都踢到了肚脐处,当场而死。"③《木都力莫日根》里这样描述道:"昂金和六七个小伙徒手搏斗,昂金取胜。昂金和木都力徒手搏斗,从早上到中午,木都力累得直喘气,昂金却什么事也没有。木都力和霍通首领徒手摔打十几个回合,昂金和首领摔打,转了几下,把首领摔死了。"④《希尔达鲁莫日根》里就曾经描述:"早些年生活在松花江与黑龙江汇合处的赫哲族英雄希勒勾莫日根,训练当地赫哲村民摔跤、射箭等技能,并详细描述了希勒勾莫日根率领村民与松花江上游的恶霸黑汗的一场

---

① 宋宏伟:《伊玛堪集成》,黑龙江人民出版社,2014,第 1344 页。
② 同上,第 1056 页。
③ 同上,第 84 页。
④ 同上,第 86 页。

硬仗,并称黑汗手下的一批摔跤高手为'火鲁格依吐',像不倒翁一样难以摔倒,希勒勾莫日根一个人和几个摔斗,最终体力不支被擒。"① 由这些故事可见,赫哲族摔跤产生的年代久远,莫日根都有超凡的摔跤本领,主要用于征战、复仇、比武招亲。因此,摔跤也就成了赫哲族男子必备的生存技能,最后,逐渐演变成一种摔跤比赛的体育习俗,成为赫哲族古老的一项传统体育活动。在 20 世纪中期,赫哲族摔跤在民间一度盛行,它的流传程度是其他体育活动不能代替的。赫哲族摔跤在本族的各个时期的生存发展史中都有重要的价值,每届乌日贡大会都有大型摔跤比赛,是观众最喜欢观看的比赛项目,人们对摔跤能手充满了赞美和崇拜之情。赫哲族谚语:莫日根比武——空拳;莫日根摔跤——力大。这些谚语都反映了赫哲族摔跤的特点,赫哲族摔跤形式多种多样。

一、抢摔法

(一)比赛方法

摔跤比赛的两人在场地内面对面站稳,相距 1 米左右,比赛时,两人均两脚开立,重心下降,双手放在体前,抬头,呈准备姿势。听到比赛开始的口令后,两人身体靠近,采用进、退、躲、闪、按、扭、拨、拍、勾、压等技法,形成与对方抓抱的攻势,寻找对方的薄弱环节,一旦捕捉到有利时机,迅速抓抱住对方适合于自己摔法的有利部位,双手和躯干发力,腿脚配合勾绊技法,迫使对方倒地。

双方除两脚以外,身体其他任何部位先着地者为负。不允许有踢、挠、头击等危险动作。

(二)场地、器材

场地:平整而柔软的土地。器材:比赛专用服装。

二、抓腰带法

两人在摔跤场地内面对面赤膊站立,腰扎一条结实柔软的布带(古时多为熊皮,后发展为网带、布带)。预备时,双方一手互抓对方的腰带,

---

① 宋宏伟:《伊玛堪集成》,黑龙江人民出版社,2014,第 573 页。

另一手互搭对方的肩膀。若有一方利用摔跤技法将对方摔倒,则为胜。

（一）比赛方法

比赛开始,两人立即做抵、拉、扭、抱、搂、提、扫、绊等动作,迫使对方倒地。比赛期间,双方队员抓腰带的手不得脱离腰带。若有脚越出场地范围,则比赛叫停,双方回到场地内继续比赛。双方除两脚以外,身体其他任何部位先着地者为负。比赛中不许有踢踹、击打、顶撞等危险动作;比赛开始30秒无主动进攻,视为犯规。一旦犯规,一次警告,二次判负一局。若有故意严重伤害性犯规,随即取消比赛资格。

（二）场地、器材

场地:平整而柔软的土地。器材:比赛专用服装。

三、花脖搂腰法

（一）比赛方法

两人在摔跤场地内面对面站立,双脚开立与肩同宽,双方侧转上体,两臂互从对方的肩上、腋下抱住对方躯干部位。听到比赛口令下达后,两人即用臂膀顶、抗,腰腹扭、甩,上肢抱、按、轮,下肢抵、推及绊力等动作互摔,迫使对方倒地。双方除两脚以外,身体其他任何部位先着地者即为输。

（二）场地、器材

场地:平整而柔软的土地。器材:比赛专用服装。

四、支黄瓜架法

（一）比赛方法

两人在平整、无危险的软土地上,面对面站好,两手由内或外互相抓住对方的双肩。比赛开始后,两人使用推、拉、抢、捌互摔对方,并可以用脚勾、挂、扫、绊对方。双方除两脚以外,身体其他任何部位先着地者为负。赫哲族的摔跤比赛采用淘汰制,优胜劣汰,最终的胜出者被称为

"莫日根"。比赛中，不许有踢踹、击打、顶撞等危险动作；比赛开始30秒，无主动进攻视为犯规。一旦犯规，一次警告，二次判负一局。若有故意严重伤害性犯规，随即取消比赛资格。

（二）场地、器材

场地：平整而柔软的土地。器材：比赛专用服装。

五、乌日贡大会上摔跤

现在的赫哲族摔跤比赛融合了上述四种摔跤方法，不分等级，一跤定输赢，最后胜出者为"莫日根"。摔跤比赛是赫哲族乌日贡大会上的重要比赛和观赏项目，深受赫哲广大群众的喜爱。

（一）比赛方法

预备口令下达后，双方面对面站立，用右手抓住对方腰带，左手搭在对方右肩上，左脚在前，右脚在后，身体侧前倾，呈半蹲状，听到开始口令后，双方开始摔打，采用抵、拉、扭、抱，以及手提、脚绊等各种摔跤技巧，力图摔倒对方。比赛往往采取三局两胜制。

裁判员职责：观察比赛中运动员是否越线，观察运动员身体是否触地或是否有犯规动作，记录比赛成绩。

比赛规则：比赛时，抓腰带的手不得脱开；双方的脚不得越出场地，否则叫停比赛，重新回到场地中心继续比赛；判罚故意踢踹、击打、顶撞等危险动作。比赛开始30秒无主动进攻，以及不服从裁判和不利于比赛的不文明行为都视作犯规，在一局内，一次警告，二次判负。

现在的中国赫哲族和俄罗斯那乃族也经常组织体育活动，其中也有摔跤比赛。两国的摔跤比赛规则是：比赛双方要站在直径为5米的圆圈场地内，或在沙滩上，比赛双方不仅要角力，而且还要斗智，能将对方推出圈外者，则为胜。这是一场集体力、智力为一体的体能对抗性的游戏比赛。

（二）场地、器材

河滩或草地上画一个直径为5米的圆圈作为场地，2人为一组，光膀，着裤，脚穿"温得"（矮腰鹿腿皮靴），腰间各系柔软的熊皮腰带或绸布带。

第五节　赫哲族犬猎产生的民俗体育

赫哲族喜欢狗，以下谚语和歇后语就是形容赫哲族对狗的喜爱程度和狗的作用的。

　　阔力向往蓝天，猎人喜欢猎狗。
　　赫哲人养狗多，狗拉爬犁遍山走。
　　赫哲人的猎狗——金不换。
　　狗拉爬犁——一溜烟。
　　赫哲人的猎犬——卫兵。

在清朝的一些史书中，将赫哲地区称为"使犬部"或"狗国"，狗在赫哲人的日常生活中曾经起到重要的作用。不仅是主人的帮手，是猎人上山狩猎时的忠诚助手，又是拉雪橇的优秀能手，也是守候赫哲猎人安全的忠诚卫士。

传说之一：努尔哈赤时期，明将李成梁攻打后金，努尔哈赤躲避到深草之中，明朝军队想放火烧死努尔哈赤时，一条大黄狗跑到水边用身体蘸满水，跑到努尔哈赤周围着火的草地上滚动，使大火没有烧到努尔哈赤，大黄狗救了努尔哈赤的命。传说之二：一次金国与北宋打仗，金国被打败，当努尔哈赤逃到水边时过不去，后面的敌兵马上就追到了，这时跑过来一条猎狗，努尔哈赤骑着猎狗渡过了河，这才摆脱了敌兵追杀。

努尔哈赤为了报答狗的恩情，制定了许多与狗有关的禁忌。满族人不仅自己遵守不许吃狗肉的习俗，而且也忌讳来访的客人穿戴与狗皮有关的帽子、衣物、饰品等。

赫哲人把狗看成与自己同等的一种生命。赫哲族与满族一样，严禁杀狗，从不带狗皮帽子，穿狗皮衣服，无论生活多么艰难也不吃狗肉，他们十分珍惜自己的猎犬。赫哲语称猎犬为"音达"，猎犬是赫哲人的好帮手，它们在狩猎、运输、保护家人和财产等方面发挥着重要作用。几乎每户都饲养猎犬，多者三五只或十几只，少的至少一只。载："犬女真，地多良犬（通考），田犬极健，力能制虎最难得，又外藩犬可供驱策。"

犬在幼畜时，人们不让它外出，用脖套、链子将其拴在庭院中的木柱上，因为它总想外出而不断挣脱狗链，得以锻炼膀臂的拉力，为以后挽

"托日乞"（即雪橇，也称爬犁）做准备。出猎时，猎犬在没有追逐野兽和拉托日乞之前，跟着猎人一起狩猎。

冬季，猎人和犬一起挽着托日乞走，时间一长，就使猎犬逐渐懂得猎人对它指使的呼声，长时间的接触与训练，聪明的猎犬与主人越来越默契。在行猎露宿时，猎人各自将猎犬放在自己的宿营地旁，给它铺上草垫，使其暖和舒服地睡觉。只要猎人有吃的，就一定会给猎犬吃，在缺食物的情况下，猎人宁可自己不吃也要省下食物喂给猎犬，由此可见，猎犬在赫哲人心中的重要地位。出围时，每天喂猎犬两次，早晨喂猎犬不要喂得太饱，猎犬吃得太饱就不肯捉野兽。猎犬在拉雪橇时，要喂给猎犬两三遍鱼皮、鱼骨。平时不喂给猎犬食盐和有香味的食物，怕它以后嗅觉不灵敏。打猎回来后，猎犬睡在每家给它们盖的小窝里，以避风雨霜雪的侵袭。使用猎犬最得力的时间是在猎犬二至八岁时。十岁以后的猎犬老了，变懒了，活动迟缓，牙齿也不锋利了。猎人一般都喜欢饲养听话、跑得又快的猎犬。出猎时，猎犬会主动到草丛中、江边、树林等处寻觅野兽。它的嗅觉极其灵敏，视听能力极强，如果附近有野兽就一定逃脱不掉。猎犬在狩猎中是猎人的得力助手，它为主人认路、寻踪、嗅兽洞，追捕猎物，护卫主人。比如，得力的好猎犬，在嗅到洞内有野兽时，会用前足挠洞口，向猎人示意洞内有动物。猎人挖洞挖到黄昏，无法进行时，猎犬夜间会把守洞口，等待次日猎人再挖。在此期间，野兽出洞，猎犬就将它咬死，然后报知猎人，带至捕获现场，将猎物捡回。赫哲人对待打猎回来的狗就像对待儿女一样，甚至猎物烀熟了，人不吃也得先捞出两块好的肉晾凉给猎狗吃。据赫哲一位老人讲："我的爷爷特别喜欢猎犬，冬天外面冷就把狗放在炕上睡，而且让狗睡在最暖和的炕头儿。只有猎犬睡在暖和的炕头儿，它的腰才软和，和主人一起外出打猎时，只有猎犬的腰不硬，见到猎物时才跑得快。"从许许多多猎人与猎犬的民间故事中可以看出，猎人与猎犬是多么和谐的互助关系啊！

"鱼皮制衣酒敬神，狗拉雪橇赫哲人"，在冰封江河、雪覆大地的漫长冬季，狗拉雪橇一直是赫哲人的主要交通工具。从古至今，在我国各民族当中，唯独赫哲族最善使用托日乞运载猎物、货物，或作为主要的交通工具。狗拉雪橇，赫哲语叫"拖日科衣"，这是一种冬季出行、运物的常用工具。在冰封的江面上、在平滑的江岸雪地上，时常都留下了狗拉雪橇的两行深深的印迹。经过特殊训练的狗，每条狗可拉 70 公斤左右的物品，日行 100～150 公里。出猎时，猎人和狗一起拉着雪橇走，回来时，狗拉雪橇载着猎物和主人。雪橇构造简单，用 2 根直径约 7 厘米、长 3 米的柞、榆、桦等硬质鲜木,两头砍薄,撇成中间平、两头上翘的弓形,前后各安装 2 根高约 40 厘米的立柱,便成了雪橇架子,再在前、后端和中间共用 4 根约 80 厘米的横撑连接起来,并在上面左、右两端顺着雪橇用长木杆固定,使之成为一体,在上面密密地铺上柳条后即可使用。因为雪橇的底部像犁杖,贴着冰面或雪面行走,好似爬行,所以俗称"爬犁"。乾隆皇帝形容爬犁"似车无轮,似塌无足,履席如衾,引绳如御,利行冰雪中"。他还写诗夸爬犁,如《法喇》中部分诗句"架木施箱质莫过,致遥引重利人多。冰天自喜行行坦,雪岭何愁岳岳峨"。

元明清时期,从松花江下游到黑龙江奴儿干和满枢一线,设置过许多狗站,以作为运输、传递信息的交通驿站。元朝统治时期,元廷为了使内地与遥远的黑龙江下游至库页岛紧密联系起来,根据此地地处极寒、积雪时间长的地理特点,组织兀者、吉烈迷人在松花江下游到黑龙江的奴儿干和满径设置了许多狗站,用作传递信息和运输的枢纽。《黑龙江志稿》载:"赫哲人所用狗爬犁,形如小车而无轮,以细木性软者削两辕,前半翘起上弯,后半贴地处置四柱与四框,铺以板。如运重物,则于上弯处驾犬,二人在上,以鞭挥之,其速愈于奔马。"陶宗仪在《南村辍耕录》中有相关记载,大意为:狗站在高丽以北,即五国城,流放罪人到奴儿干必经之地。这个地方极其寒冷,自九月封冻,江河结冰,到次年四月才解冻。人在冰上走,如同走在平地。征东行中书省每年委派官吏到奴儿干地区,都坐狗站的狗拉雪橇,另外也用狗拉雪橇运粮拉物。狗站的数量,根据传递任务的繁简,每个时期都不同。元至顺二年(1331 年)九月,"辽阳行省水达达路,自去夏淋雨,黑龙、宋瓦二江水溢,民无鱼为食。至是,末鲁孙十五狗驿,狗多饿死,赈粮两月,狗死者给补钞市之"①。元朝对狗站的作用很重视,狗站是该地区必不可少的交通驿站,在政治、经济、军事方面都有必要的设置。明朝时期,由于在黑龙江设立奴儿干都司,卫、所有所增加,明朝派往该地区抚渝的官兵往来频繁,在元朝既有狗站的基础之上重建 45 站,任命"提令"官员管理"站丁""站户",履行传递信息、送达差役的任务。这些狗站的官员和站丁、站户多数由当地赫哲族等先世担任。

赫哲族口传文学中有多处对猎犬的描写。《达南布》提到,当达南布告别岳父准备回家探望时,岳父把总管叫来,令他明日预备一张狗爬犁,

---

① 〔明〕宋濂等:《元史》卷三十四,载《文宗卷·本纪第三十四》,中华书局,2001,第 1976 页。

挑选十二条好狗，再选善驾狗爬犁的家人四人，以备送姑爷回家之用。①

赫哲族也把狗爬犁称作"狗车"。《元志》有载，"狗车形如船，以数十狗拽之，往来递运"。②《鸡林旧闻录》记载，居于松花江两岸的黑斤人"以数犬驾舟，形如橇，长十一二尺，宽尺余，高如之。雪后则加板于下，铺以兽皮，以钉固之，令可乘人，持篙刺地，上下如飞"。赫哲所居住的地区，夏季雨水多，冬季冰雪多。赫哲人为了适应所居住的环境和气候特点，逐渐形成了夏季以船为主要交通工具、冬季以滑雪板和雪橇为主要交通工具的生活习俗。狗拉雪橇载重约500斤，雪深也可畅行。这种雪橇可套2~9条狗，多的可套十几条狗，冬季每天可走200多里。套狗的方法为：将一条长绳一端系在雪橇上，另一端系在一只经过训练的头狗脖套上，其余的狗各带脖套（皮圈），系上一条短绳，短绳的另一端依次系在这条长绳上。拉雪橇的头狗，一般都是经过专门训练的，听从主人的指挥，带领众狗前进和转向。为了防止狗拉雪橇时狂奔不止，雪橇上安装有两根铁尖木柄的"拷力"（一种简单的制动器），当"拷力"的两根铁尖交叉在雪地上时，可以加大阻力、控制速度，起到刹车的作用。无论是拉雪橇，还是狩猎，狗始终是赫哲人的重要伙伴。优良的猎犬在狩猎活动中，能帮助猎人获得更多的猎物，用一匹最好的猎马也不换。他们认为，一条好猎犬每天捕获的猎物要比一匹好猎马带来的收入多得多，并且猎犬载重量比马大。因此，赫哲族有一句歇后语：赫哲人的猎犬——金不换。赫哲人喜爱的猎犬死后，主人会将它埋起来或挂在树间，不使其尸体被野兽吞食，以示怀念之情。

赫哲族居住的东北三江流域，山高林密，河道纵横，冬天极寒，多冰雪，雪深盈尺，平滑如镜。若坐马车行路，很难确定路面情况，且马体重大，容易陷进雪里，行驶缓慢。而狗体轻，不易陷进雪里，再加上爬犁重心低，形如平铺，可以轻松地从冰雪表面滑过。如果爬犁行驶太快，在拐弯处倾覆或撞到树上倾覆，也不大碍事，几个人就可以轻易把它抬起摆正，继续前行。赫哲地区有民谣："十一月，大冷天。跑爬犁，雪炮烟。"可以说，早年再也没有比狗拉爬犁更适合东北地形与寒冷气候的载重交通工具了。早年，爬犁与赫哲人的生产生活紧密相关，赫哲族大半年的时间都用爬犁作交通和载重工具，大人孩子都可驾驭。打猎归来的路上，高兴之余，几个猎人就可以进行爬犁比赛，看谁的爬犁跑得快，输者请胜者喝

---

① 宋宏伟：《伊玛堪集成》，黑龙江人民出版社，2014，第1558页。
② 转引自凌纯声《松花江下游的赫哲族》，民族出版社，2012，第90页。

酒，或帮助胜者卸货。渐渐地，赛爬犁就演变成赫哲族的民俗体育项目。无论是在具有政治意义的"狗驿站"，还是在赫哲族的日常生产生活中，托日乞都体现了它的实用性、独特性和比赛的趣味性，托日乞比赛在赫哲族部落里也就自然而然形成了一种特有的风俗，此风俗在同江市街津口地区的历史最为久远和盛行。

一、早期狗拉爬犁赛

狗拉爬犁赛，早年在赫哲人居住地区非常盛行。

（一）比赛方法

比赛时，一般要有3个爬犁，多者不限。狗拉爬犁多是劳动式的竞赛，如去鱼亮子拉鱼，去围场拉猎物，去山上拉柴火，等等。主要是看谁的狗拉爬犁拉得多，跑得快。败者帮胜者干活，比如，拉鱼时，帮胜者往爬犁里装鱼、拉柴火，帮胜者砍柴，等等。

如今，狗拉爬犁已经成为专为游客准备的娱乐项目。

（二）器材

狗3只，爬犁1个。

二、闯下坡

闯下坡，赫哲语叫"麦尔盖凯"（传说中的英雄），是指借助山岗或河岸的坡势踩着雪橇，或爬着向下滑行的技术比赛。这是年轻人勇气、意志的较量，是一项游戏性极佳的民俗体育项目，深受赫哲年轻人的喜欢。

（一）比赛方法

闯下坡的玩法：选一个无障碍的自然覆盖雪的山坡，有一定的长度和坡度。每人一个小木爬犁，一种是站立式，一种是坐卧式。站立式方法：参赛者每人滑三次，三次都能全程站着滑下，称为"麦尔盖"；能两次站着滑下的，称为"麦尔盖凯"；能站着一次滑下的，只能说他是滑雪的；三次滑雪都没站着的，就说他的"灵魂"留在摔倒的地方了。最后，再给丢"灵魂"的人三次机会，此人若再滑三次，他会沿着摔倒的足迹抓一把雪，意思是找回自己的"灵魂"，顺利过关。如果失败者拒绝给他的三次机会，大家就说他是没有"灵魂"的胆小鬼。有时朋友或兄弟替他沿着他的印迹滑下，并且在途中抓一把雪给他涂在脸上，意思是还魂给他。有的人很倔强，不用他人代替，反复自己滑下，坚决要取回自己的"灵魂"，最终成功。坐卧式方法：选一个无障碍的有一定坡度和长度的雪坡，每组人数相等，一人或多人都可参与，参赛者乘坐木爬犁由坡顶向坡底滑去，距离远者为胜。

（二）场地、器材

有雪的山坡，坡度适宜，每人爬犁一个。

三、打爬犁

打爬犁是闯下坡演变而来的儿童游戏，是指在每年大雪覆盖大地时，赫哲族儿童每人带一个小爬犁在山坡上或江边的坡坎上，从高处向下滑的游戏比赛活动。

（一）比赛方法

比赛分坐式、卧式、站立式，滑行最远且没有摔倒者为胜。

（二）场地、器材

有雪的山坡，坡度适宜。爬犁一个。

四、滑托日乞

儿童冬季滑的小雪橇，要比正常狗拉的托日乞要小一些，更轻便。儿童将托日乞拉上山坡或高岗，然后大家坐在托日乞上面，使托日乞加速下滑，因此能让儿童感到愉快和舒畅。这种游戏可锻炼儿童的勇敢精神。现在该游戏演变成旅游娱乐项目，没雪时，可到高岗处滑沙，这是一项大人、小孩都喜爱的运动项目。游戏方法与场地、器材同上。

五、赛扬帆雪橇

赛扬帆雪橇，赫哲语叫"开多利"。这项民俗游戏是在春天冰雪融化时，在薄冰上进行，靠着春天的风力前行，看谁的雪橇滑行得快。

（一）比赛方法

比赛开始后，谁的雪橇滑行得快，则为胜。

（二）场地、器材

雪橇下面钉上或粘上扁铁条，减少摩擦力，把2米长的2根木杆从外侧绑到雪橇上，再横绑上2根木杆，然后再挂上麻布或帆布当帆。

六、现代狗拉雪橇赛

选在冰河或原野雪路上追逐，参赛人数不限，须穿着狩猎冬装，每人准备传统托日乞1个，驾相同数量的猎犬（一般3～5只），进行速度比赛。

（一）比赛方法

当比赛"开始"口令发出后，参赛者驾驭站在起跑线后的猎犬拉着托日乞按照规定的线路疾速奔跑，一般是同时出发，也有按抓阄顺序依次出发的。

胜负判定标准：在规定的线路内，按到达终点的先后顺序决定名次。

裁判员组成及职责：主裁判1名，负责选定路线，检查器材、犬只及参赛队员着装，组织比赛，审核成绩。副裁判2名，负责裁判比赛途中有无犯规和排定到达终点的顺序。记录员1名，负责比赛运动员的登记，记录比赛名次。

要求：参赛猎犬须为健康成年猎犬，否则，不许参加比赛。参赛的托日乞的规格要统一。

犯规规定及判罚：参赛者甩鞭或投掷杂物以干扰对手行进，一次警告，二次罚下。故意阻挡，一次警告，二次罚下。

（二）器材

托日乞3～5只。

七、滑冰爬犁赛

滑冰爬犁主要用于儿童游戏运动，有的地方称为滑冰车。一般大小可容纳一人，为了提高滑行速度，在爬犁底部的两条腿上镶嵌铁丝（类似于冰鞋底上的冰刀），大大增加了滑行速度，动力来自手中的铁钎。

（一）比赛方法

两人一组，多人也可同时比赛。
裁判员职责：计时，到达终点的顺序。
比赛要求：不许有故意阻挡、冲撞等动作；不按规定线路滑行或丢弃需绕行的障碍物而直接滑向终点者，判罚成绩无效。
胜负判定标准：距离比赛，先到终点者为胜。
障碍物比赛，按规定线路和一次绕开摆放的障碍物并率先到达终点者，则为胜。

（二）场地、器材

场地为江河上平整的冰面。每人备一个小爬犁，以及一对长约 80 厘米、直径约 3 厘米且一端安装有铁钎的撑竿。

八、骑狗赛

骑狗赛主要是儿童玩的比赛游戏项目。

（一）比赛方法

每人骑一只大狗，距离 200 步远，看谁的狗先到终点，谁就为胜。

（二）器材

成年大狗若干只。应注意安全，以免被咬伤，有条件者可以让狗戴嘴套。

第六节　赫哲族滑雪板产生的民俗体育

东北人常说："吃水用麻袋，开门用脚踹。"赫哲族聚居在我国北方的江边水畔和山野荒原。每逢冬季，赫哲族居住地就成了林海雪原，白雪冰封，雪深没膝，行走艰难，外出在雪地里一步一陷地狩猎，很难追上猎物，更谈不到捕捉猎物。采集山果，也是行动不便。

在漫长的冬季，赫哲人为了生存，必须进山打猎，怎样解决冰雪封山不易行走这一难题，聪明的赫哲人想到了滑雪板，并且关于滑雪板，赫哲族还有一个美丽的传说。滑雪板，赫哲语叫"恰尔勒奇科衣"。关于滑雪板的来历，伊玛堪传承人吴宝贵老人讲述了他从爷爷那里听到的关于滑雪板有趣的传说：

> 一年冬天，大雪连降不止，积雪已过三尺多厚。猎人们不能上山打猎了，不约而同地聚到一起，愁眉苦脸，唉声叹气。看看大雪没有停下的意思，一位上了年纪的猎人忽地一下子站起来，大声说："大活人不能让尿憋死，跟我来吧！"他领着大家在雪地里滚滚爬爬，好不容易来到了桦树林，老人用刀割下两块长长的桦木片，用狍皮筋把桦树片绑在自己的靴子上，这样，便能在雪地上站稳了，而且还不下陷。老人又用斧头砍下两根木棒，一手拿一根往雪地上一撑，桦树片带着老人在雪地上一下子滑出了老远。大家一看，高兴地大声欢呼，立即人人动手，做成了一副副滑雪板，滑动起来，脚下生风，行走如飞。他们给这滑雪工具起名叫"恰尔勒奇科衣"。

这个故事反映了赫哲人民的聪明才智。赫哲族的谚语："雪地里的猞猁脚步快，猎人的滑雪板飞得快。"

史料中对北方地区的滑雪板也有一些记载，据日本札幌冬季运动展览馆资料考究，中国西北阿勒泰一带是滑雪运动的发祥地。东北和西北新疆等地区，气候比较寒冷，冬季雪期漫长，生息于当地的蒙古族、鄂伦春族、鄂温克族、赫哲族、哈萨克族、维吾尔族等少数民族用树皮和木板制成雪板，进行交通、狩猎等活动，并世代相传。清代李重生所撰《赫哲土风记》中记载："赫哲地滨北海，天气早寒，重阳后即落雪花，十月则遍地平铺，可深数尺，土人以木板长五尺贴缚两足跟，手持长杆，如泊舟之状，划雪前进，则板乘雪力，瞬息可出十余里。雪中乏食，则野兽往来求食，多留其迹，凡遂貂鼠各兽，十无一脱，运转如飞，虽飞鸟有不及也。"[1] 伊玛堪故事《杜步秀》里提道："有个叫子克秀的莫日根与杜步秀比武。两人都穿上踏板，穿山越岭，杜步秀落后十几里。"[2] 由此可见，赫哲族滑雪板是为适应高纬度、多水网、多冰雪的居住环境而产生的，是

---

[1] 张宏宇，李小兰：《赫哲族体育的形成及流变》，《体育学刊》2009年第4期。
[2] 宋宏伟：《伊玛堪集成》，黑龙江人民出版社，2014，第1350页。

赫哲人智慧的结晶。刚开始使用滑雪板时，配有两根支撑杆，由于打猎的需要，演变成一根支撑杆，这根支撑杆很特殊，他上面系有一根弓弦，滑雪时当撑杆用，遇到猎物时就变成了一张弓，可以射猎，一举两得。

20世纪初，赫哲族男子必有一副滑雪板，每家每户必有一挂狗爬犁，这是他们冬季狩猎和出行的交通工具，在赫哲人的生活中发挥着重要的作用。赫哲族滑雪板起初是按照自己的想法制作的两块板，用鹿皮筋绑在脚上滑行。后来滑雪板逐渐得到完善，变成基本上固定的样式。凌纯声在《松花江下游的赫哲族》中有这样的记载："木马，即踏板，长185厘米，宽13厘米，板之中段有圈，用以系足，手持杖以支地，行冰雪上，快及奔马。"① 另外，在东北的一些地理志、民族志等书籍中，也有记载。赫哲族滑雪板多数是用稠李子木做的，先砍成一定长度、宽度和厚度的木片，之后用火烤，使前头翘起，后面做成稍有翘头的圆形，中间隆起，中间再钻孔拴绳用于绑脚，滑雪板就成型了。用于山林间狩猎的滑雪板，要用有毛的鹿或狍子的腿皮等，顺毛粘贴在滑雪板底部，毛尖朝后，下坡时顺毛滑行，速度更快，上坡时逆毛行进，防止滑雪板倒滑。赫哲人穿上滑雪板在山川雪地上追逐野兽，滑行驰骋如飞，比骑马还快，还方便。赫哲人无不骄傲地说："骑木马跳山涧，划桦皮船漂洋过海。"赫哲人的木马——飞快。

现在在街津口赫哲族民俗博物馆有滑雪板的展示，其长约2米、宽约10厘米，中间厚、两头薄，前面呈尖形、翘头大，后尾稍向上翘，中间两边有钻眼；用厚兽皮做成脚套子，把整个穿着靰鞡的脚套进去，即可行走。据解说员介绍，为了防坡防滑，滑雪板的下面常用鲟鳇鱼鳔熬成的胶粘上顺毛狍或鹿的腿皮。穿上这样的滑雪板在深雪上行走也不会塌陷下去，追逐野兽时，驰骋如飞，比骑马还快。因此，赫哲人常穿它们蹿山跳涧、翻山越岭，骄傲地奔驰在林海雪原。猎犬拉着雪橇载着猎物和主人回村时，撒下的一路歌声响彻林海雪原的上空。这种滑雪板并非该族独创，而是我国东北地区古代各民族先民的杰作。滑雪板的出现，大大提升了赫哲人的生产水平，促进了生产力的发展，赫哲族大冬天外出狩猎，走远路时，基本上都穿滑雪板，选好野兽经常出没的山坡，发现猎物时，要从上而下追逐猎物，因为猎人滑雪上坡较慢，追不上猎物，顺坡而下的滑雪速度比猎物跑得快，很容易追捕到中小型猎物，像狍子、鹿等，也容易追捕到中箭的大中型动物，像熊、马鹿等。赫哲人狩猎完毕后，就会带着胜利

---

① 凌纯声：《松花江下游赫哲族》，民族出版社，2011，第91页。

的成果回家。赫哲人穿上滑雪板既能穿越沟壑，也可在冰道、平道上行驶。后来，赫哲人在一起打猎或归来的途中经常进行一段路程的比赛，败者买酒与胜者共饮。由此产生了赫哲族的滑雪民俗体育。

中华人民共和国成立后，赫哲人的渔猎生产生活方式逐渐减弱，农耕成为赫哲人的主要生产方式，再加上赫哲人的生活日益富裕，闲暇时间增多，滑雪竞技的娱乐功能增强，也就形成了滑雪竞技或游戏的多种形式。在冬季，儿童们也多穿滑雪板在雪地上赛跑、滑花样、做游戏。他们就这样从幼小时就掌握了穿滑雪板登高山的技术。赫哲族滑雪既有高山滑雪，又有越野滑雪的特征，它为我国滑雪运动做出了很大贡献，为我国滑雪运动培养了许多优秀运动员。发展至今，赫哲族滑雪运动已发展成休闲娱乐、度假旅游、友好交流重要平台。

一、高山滑雪

冰雪覆盖大地的时节，赫哲人一起去山林打猎，在回来的途中往往进行滑雪比赛，谁输了就买酒，大家一起喝。还有一些争强好胜的赫哲族青少年会穿上滑雪板，经常约定在40～50度的雪坡顶端开始向下竞技滑行，看谁滑得快、先到终点，有时会比谁滑的姿势优美，还有技术娴熟程度。优胜者得到族人的尊敬，同时也促进了赫哲族滑雪竞技体育活动的不断发展。赫哲族高山滑雪是赫哲族喜爱的民族传统体育活动项目，在1958年全国滑雪大赛的30公里高山滑雪竞赛中，赫哲族运动员尤满昌获得少年男子组第一名，吴明新获得成年男子组第六名。

（一）比赛方法

每年冬季进行比赛，人数不限。距离可从一个山头到另一个山头，均有一二十里路，走冰道、平道均可，滑雪时必须有支棍来掌握方向。

（二）场地、器材

每人滑雪板1副，雪杖1双，滑雪护具若干。

二、一般滑雪比赛

参赛人数不限。选择适宜的山坡或河道，确定好起点和终点，进行滑雪比赛。

（一）比赛方法

在一定时间内，按到达终点的先后顺序排出名次。

要求：不得擅自改变路线；不得借助他人或外力的帮助；不得故意阻挡或冲撞他人。

裁判员组成及职责：主裁判 1 名，负责选定场地，检查器材，组织比赛，审核成绩，决定名次。副裁判 2 名，1 名监督途中参赛队员的违纪情况，1 名负责排定到达终点顺序。记录员 1 名，负责登记参赛人员，记录比赛成绩并交给主裁判。

（二）器材

每人滑雪板 1 副，雪杖 1 双，滑雪护具若干。

三、追鹿

追鹿滑雪追逐赛是模仿冬季猎鹿的竞技游戏，主要是青少年参加，锻炼他们的滑雪追踪能力。

（一）比赛方法

所有参加者都要脚踏滑雪板。行程大约 15 公里，在 7.5 公里处设置折返点，在起点和折返点处燃起一堆篝火。选出设有复杂障碍难以通过的地方画上"鹿"线，参赛者 5 人以下的场地设置一个"鹿"，5～8 人的设置 2 个"鹿"。在追"鹿"时，禁止参赛队员沿着别的参赛队员足迹追，但允许横穿别的队员的雪橇印。为了不弄乱足印，可以拿起雪橇或用其他办法来隐藏足迹。可以跳到树林密集的地方，但不能跳到远于"鹿"线 3 米外、超出"鹿"跳跃的限度。这一切都凭着竞速者的机智和经验。参赛队员到达折返点处返回到起点。跑在最前面的队员为领头人，参赛的任何人都可作为领头人，只要跑在最前面即可。领头人必须严格地与"鹿"的足迹保持并列前行，但允许交叉穿过。领头人竭尽全力向前跑，如果他筋疲力尽了，那就往旁让开一步，放大家过去，而成为最后一个，就不能当领头人了。接下来，跑在最前面的人成为领头人。当"鹿"出现时，每个队员都可以单独跑，谁第一个追上，那他就是"哈希格鲍安"[①]

[①] 哈希格鲍安：赫哲语，意为竞速运动员。

第一名，后续依次是第二名、第三名……

（二）器材

每人滑雪板 1 副，滑雪杖 1 双，滑雪护具若干。

赫哲族滑雪板是适应自然的产物，是赫哲人智慧的结晶，体现了赫哲人在千里冰封的大自然中，不畏艰险，与自然抗争，与猛兽搏斗，顽强生存的精神。它也体现了中华民族勇于探索、拼搏进取、自强自立的民族精神，这是一个民族宝贵的精神财富。

附赫哲族抗击沙俄故事一则：

> 赫哲人滑雪运动起源较早，技术高超，是赫哲男子必须掌握的一项本领。在17～18世纪，尚未掌握滑雪技术的俄国人入侵黑龙江流域。在冬季，这些俄国入侵者侵扰赫哲族家园时，受到赫哲人的有力反击，赫哲族勇士脚踏滑雪板，背上弓箭，挎好猎刀，手执激达，埋伏在沙俄入侵者必经的山坡上，当这些俄国入侵者进入埋伏圈后，赫哲族勇士居高临下拿起弓箭射向入侵者，中箭的入侵者纷纷倒下，顿时，敌人惊慌失措，阵脚大乱。赫哲族勇士趁机滑入敌群，挥舞猎刀和激达砍向敌人，刺向敌人，之后随坡滑到山下，有力地打击了侵略者嚣张的气焰。入侵者元气大伤，惶恐不安，狼狈逃窜。赫哲族滑雪运动在打击沙俄入侵者的斗争中发挥了重要作用。

第七节　赫哲族枪猎产生的民俗体育

赫哲族使用枪的历史较短，基本上都是从外地传入的，但是，枪在赫哲族的历史发展中发挥了重要的作用。赫哲人狩猎用枪，打仗也使用枪。

一、赫哲族使用枪的历史

赫哲族使用的枪经历了从简单到复杂的过程，最开始用的火绳枪，接下来经历了沙枪、别拉弹克枪、连珠枪、一三四式、九九式、七九式、半自动、自动步枪的发展过程。

（一）火绳枪

火绳枪，赫哲语叫"富他莫"，是从汉族地区传入赫哲族地区的。这种枪枪身长 1.7 米左右，子弹是用铅做成的，赫哲人买来铅块后融化，融化后倒入模子里，待其凝固后即成，大小似黄豆粒。装弹药时，先在枪膛中装上一寸厚的火药，再放入掺了子弹的棉花，压紧以防火药撒出来。火绳枪的炮台上有一铁钩，其上悬着已燃烧的蒿草火绳，在炮台口中放有火药，待瞄准后扣动扳机，铁钩随之落下，使火绳点着火药，再将枪膛中的火药引燃爆炸，将子弹推出去，射向打击目标。火绳枪一次射出子弹颗粒十几个，火绳枪不能迅速发射，射程很近，杀伤力不大，只适合打野禽类。

（二）洋炮枪

火绳枪出现不久就出现了洋炮枪，也是从汉族地区传入的。它只是将"炮子"扣在炮台上，枪筒里装的弹药与火绳枪相同，用手拉扳机使枪机子落下，打在"炮子"上发火，点燃弹药，将子弹发射出去。

（三）别拉弹克枪

别拉弹克枪是沙皇时期俄国人制造的，是在清朝末期传入赫哲地区的。当时，中国与苏联有贸易往来，赫哲人去苏联买枪很方便。别拉弹克枪子弹壳可多次使用，子弹头是铅制的，可以自己制造，制作方法与火绳枪的做法相同。每只别拉弹克枪有十几个子弹壳，装子弹时，先盛火药，上面用棉花或纸堵住，最上面再装上弹头即可，也可装上铁沙子。别拉弹克枪的射程约百步远，穿透力较大，但每次只能发射一颗子弹，铁沙子可发射多颗。发射子弹可猎取狍子、野猪、熊等动物，发射铁沙子可猎取野鸡、野鸭等禽类。别拉弹克枪要优于火绳枪，故在 20 世纪 60 年代前，别拉弹克枪在赫哲地区广泛使用。民国初年，赫哲人使用别拉弹克枪有两个用途：一是狩猎，二是防御盗匪。

（四）连珠枪

连珠枪，赫哲语也叫"连珠"，是当时俄国制造的。因为其可装 5 发子弹，所以叫"连珠"枪。它是别拉弹克枪传入赫哲族地区不久后传入的，是狩猎中非常得力的工具。连珠枪的子弹起初是圆形的，猎人买入后，把子弹头锉成十字形，据说这样的子弹射入物体后立即爆炸。

（五）毛瑟枪

毛瑟枪，赫哲人也叫它"毛瑟"，据说是从俄国传入的，比别拉弹克枪传入的时间稍晚一些。毛瑟枪的子弹与别拉弹克枪的子弹相同，但一次可压入枪膛 10 发子弹，因此也称它为"十响毛瑟"，比火绳枪、洋炮枪杀伤力都大。但此枪较重，使用起来不太方便。

（六）套筒枪

套筒枪，赫哲语叫"套子"，中国南方地区制造，后来传入赫哲族居住的北方地区。套筒枪有弹卡，一次可装 5 发子弹。这种枪轻便，发火迅速，但射程不远，穿透力不强；发射子弹时，后坐力大，常出火苗；此枪无托弹板，容易进雪，枪膛易潮湿。由于缺点较多，赫哲人不太使用此枪。

（七）三八枪

日伪投降后，赫哲人又得到了三八枪和九九枪。三八枪是赫哲猎人很喜欢的一种枪，子弹击中猎物后不爆炸、射程远，故常用三八枪猎取大型猎物，如熊、野猪等，因为面对比较凶猛的动物，必须击中猎物的致命部位，否则，猎物会挣扎逃脱，甚至扑过来伤人。此枪价格很高，猎人多数置办不起。

（八）捷克枪

捷克枪是在街津口生产合作社时期，猎人使用的一种枪。它射程远、穿透力强，是很好的狩猎工具。

二、赫哲族与枪相关的民俗体育

在赫哲族地区，除了火绳枪、洋炮枪外，其余的称为"快枪"，快枪的出现使狩猎生产能力大大提高，从而促进了狩猎业的大发展。赫哲族的猎枪种类繁多，枪法技艺高超，在狩猎中猎人的枪法一定有高下之分，水平接近者就要比个高低，自然而然地就产生了射枪比赛。从生产中产生的射枪比赛往往发展成一种娱乐活动，或在大型活动中成了一种竞技比赛活动。

（一）射击比赛

在赫哲人使用枪进行狩猎之余，有时在山林当中，猎人们会进行目标靶射击比赛；有时候青年们闲来无事，在居住的空地上进行一种射击准确性比赛，自然而然地，就产生了射击比赛。

1. 比赛方法

目标靶射击比赛，看谁得到的环数多谁为胜。对模拟动物靶的比赛，谁射中"动物"的要害部位谁为胜。

2. 场地、器材

枪（我国境内限制使用）、靶子。

（二）木枪射击

木枪射击，一种流行于同江、饶河赫哲族男女中的射击项目。木枪射击赛在赫哲族儿童中较为盛行，射击用的是"木手枪"。

1. 比赛方法

距离150～200步，利用木墩或树杈作枪架，进行无依托射击，击中者为英雄——"莫日根"。

2. 器材

木枪射击赛，一般用圆木做成"步枪"，枪筒刻有勾槽，以柳木做成射击用的子弹，在树上挂一木牌为靶。木手枪枪筒用烧红的铁条钻通圆木做成，将木弓安在手枪栓上，用弓绳连接起来。这类射击也是用柳木做子弹，但用扎草人为靶子。射击的距离为50步，以射中草人为优胜。

（三）车链子枪射击游戏

自行车车链子枪射击是一种流行于东北地区少年中的游戏活动。在同江、饶河的赫哲族男孩中特别受欢迎，是孩子模仿大人使用枪的游戏项目。

1. 游戏方法

用铳子将自行车的每一个链节的轴取下，约10个。用铁丝搋成枪架和扳机，然后将车链子下端用枪前部铁丝穿起来。链子上最前端安装火柴杆，头朝里面，中间塞入鞭炮火药，外侧装纸炮子，用胶皮做推动力带动枪上端的栓击发火药，将火柴杆发射出去。比赛距离10步左右，以报纸为靶子，进行无依托射击，击中者为英雄——小"莫日根"。比试谁射得准。

2. 器材

60 厘米的中号铁丝一根,弹性好的橡胶皮 1 条,火柴 1 盒,纸炮子 1 张,鞭炮、火药若干。现在已经不使用了,有一定的危险性。

从生物多样性的角度方面看,狩猎频度的增多、狩猎效率的提高、区域范围内人口数量的增多、农耕生产的快速发展等因素,导致许多物种数量不断减少、许多物种濒临灭绝,甚至有些物种在与人类共同生活的家园中永远地消失了。我们要爱护动物,保护好自然环境,实现人类与动物和谐共生。随着时代的发展,国家禁止使用危险武器,枪这一类游戏比赛活动就停止了。

第八节 与猎物的骨头相关的民俗体育

赫哲族是中国唯一的渔猎民族,有"夏捕鱼做粮,冬捕猎易货"之说。赫哲族冬季主要捕狍子、鹿、野猪等动物。赫哲谚语以"棒打狍子瓢舀鱼,野鸡飞进饭锅里"来形容这里自然资源的富庶。早年赫哲族地区没有儿童玩具,只能大人、孩子自制或自寻。赫哲人经常猎取鹿、狍子、獐子、野山羊、野猪等偶蹄类动物,在炖煮带着骨头的兽肉中,发现它们的髌骨大小适宜、四面形状各异,适合孩子们玩耍,所以就产生了名为骰子或"嘎拉哈"的游戏。

凌纯声在《松花江下游的赫哲族》一书中有这样的记载:"用狍子的后腿胫骨,将锡灌入,放在炕上玩,它们叫作'阿尔初阔其',满洲亦有此游戏。"[①]《宁安县志》载:"童子相戏,多剔獐、狍、麋、鹿前骸前骨以锡灌其窍,名噶什哈。或三或五堆地上击之中者尽取其堆;不中者,与堆者一枚。多者千,少者百十,各盛于囊。岁时闲暇,虽壮者亦为之。"[②]

一、抓骰子

抓骰子游戏,赫哲语叫"阿已俏"。夏天,选在平坦光滑的地方,通常是在垫子或席子上玩;冬天在炕上玩。主要用来锻炼孩子眼睛的敏锐力和手的灵活性。

---

① 凌纯声:《松花江下游的赫哲族》,民族出版社,2011,第 202 页。
② 梅文昭等:《宁安县志》卷四,民国十三年(1924 年),宁安县署铅印本,第 8 页。

（一）比赛方法

抓骰子游戏主要适合4～6岁的女孩子玩耍。一般是4个孩子玩，每人拿出10个骰子，一共40个。大家面对面围成一圈，游戏在圈内进行。首先确定出场顺序，每人一次机会，先后无妨。方法是：先将手掌摆成小船形，把自己的骰子放在手掌里，尽量多放，然后把手里的骰子向上抛起，立即把手掌翻过来，用手背去接下落的骰子，把骰子接到手背上，然后再把手背上的骰子再向上抛出去，立即把手背翻过来，手心朝上呈小船状接住下落的骰子。4个人都这样抓完骰子后，按抓骰子的个数决定出场顺序，若抓住的骰子个数相同，用同样的方法再次比试，决出顺序。这项游戏主要是练习眼睛的敏锐力和手的灵活性，整个过程只能用一只手。接下来，由抓的骰子最多者开始游戏，把40个骰子捧起散开，尽可能地不要让骰子挨得太近，散落下来的骰子不可以调整。从散落到席子上的骰子中，找到挨得较近且朝上的面的形状相同的三个骰子，选出一个，把这个骰子在成对的骰子上方轻轻地向上抛，之后，迅速抓住那对骰子，接着反手接住抛上去的骰子，这一过程始终用同一只手。手中的三个骰子，一个当"救援骰子"，另两个归自己所有。以此类推，为了防止骰子落地，要尽量用手指抓住落下的骰子。一直把游戏玩到骰子在空中跌落而失手没有抓到，或平面上没有相同的骰子为止。游戏过程中，不许碰到其他骰子。若出现失误，第二个人接着玩，以此类推，若剩余四个骰子朝上的面的形状互不相同，则玩者重新投掷骰子，有相同的，游戏继续，没有相同的，下一个人重掷。最后若是剩下两个骰子，由游戏者将其掷出去，若朝上的形状相同，归自己，否则，转给下一个参赛者，直到朝上的面的形状相同为止。特殊情况下，抛出的骰子总数为奇数，最后剩一个骰子，由游戏者将这个骰子向上抛，骰子下落时，用嘴去亲手指，还得用手抓住。在此过程中，大家逗她发笑，让她游戏失败，成功了骰子归她，否则，大家依次抛出骰子后，亲吻手指，最后用此手接住，亲吻次数多的骰子归她。接着，游戏重新开始。抓骰子游戏还有一种玩法，把骰子放在炕上，数量不限，将其中一个骰子往上一扔，立刻抓炕上的骰子，然后再接住掉下来的骰子，如果没接住，就让给下一个人玩。如此轮换，把炕上的骰子抓完为止。谁抓的骰子多，谁为胜者。

（二）器材

骰子若干枚。

二、欻嘎拉哈

赫哲族地区一种嘎拉哈游戏。

（一）比赛方法

参赛者至少两人，把 4 个嘎拉哈用一只手抓起来散掷于炕上或桌子上，然后上抛口袋（内装有草籽或谷物的种子的小口袋），同时选择形态相同的嘎拉哈抓在手中，并用这只手接住下落的口袋，如果 4 个嘎拉哈形态各不相同，就任抓其中一个。抓 1 个嘎拉哈记 1 分，2 个记 2 分，3 个记 10 分，4 个记 20 分。连续抓够 100 分之后，便进行"搬枝儿"。搬枝儿的方法是：把 4 个嘎拉哈一只手抓起，再散掷一次，按枝儿、轮儿、壳儿、肚儿的顺序摆嘎拉哈。比如，散掷嘎拉哈，嘎拉哈的形态不同，把不是枝儿的嘎拉哈依次搬成枝儿，即上抛口袋，然后把其他面朝上的嘎拉哈搬成枝儿，之后，再接住口袋。以此类推，4 个嘎拉哈都变成枝儿后，上抛口袋，一手搂起再接住口袋。接下来，搬轮儿、搬壳儿、搬肚儿，方法同上。最后，4 个嘎拉哈再散掷一次，搬成枝儿、轮儿、壳儿、肚儿四个形态都有，再一手搂起接住口袋即为获胜一局。抓嘎拉哈时，未能接住口袋；在抓分时，手触了不该搂起的嘎拉哈；搬枝儿时，触到了其他嘎拉哈，都宣告失败一轮，改为其他人抓嘎拉哈，同样轮数内，获胜局数多者胜。

（二）器材

小嘎拉哈若干枚，小口袋 1 个。

第五章　赫哲族地域环境产生的民俗体育

赫哲族居住在黑龙江、松花江、乌苏里江沿岸，美丽的完达山、长白山、兴安岭脚下，北纬45度以上，属于寒带、亚寒带地区。身边的大江大河造就了赫哲人的超强的水性；半年以上的冰封期造就了赫哲人的冰上体育项目的产生；冰雪覆盖的高山造就了赫哲人的滑雪、滑爬犁的技能；寒冷的自然环境产生了多项室内儿童游戏等。地域环境和自然资源决定赫哲族的生产生活方式，而生产生活方式又产生了独特的赫哲族传统体育项目。

"我们最好现在到院子里的雪中站着，冻着来锻炼自己，以免长大以后躲到一边去流眼泪，谁冻僵了就自己跑回屋去。"这是《那乃人的民族游戏》中的一句话，体现了孩子们在冰天雪地锻炼意志品质的画面。中国北方地区民俗体育文化产生和演变与它依赖的地理环境、自然环境等因素密不可分，是北方民俗体育文化产生和发展不可缺少的条件。赫哲族的体育与其渔猎的生产方式、生活环境是密不可分的，有什么样的生产方式和生活环境就有什么样的体育形式。赫哲族沿江居住、以渔猎为生，春、夏、秋季行舟于江上捕鱼，冬季在雪地乘狗拉爬犁或脚穿滑雪板驰骋于山野狩猎。从生产实践的发展中创造了体育，又通过体育游戏使儿童逐渐养成坚强的性格，锻炼了强壮的身体，练成了一定的狩猎技能，为将来的生产劳动打下了坚实的基础。

多姿多彩、花样繁多、乐趣无穷、耐人寻味的赫哲族传统体育反映的是人与自然的依赖关系。家乡的记忆、小时候的乐趣和家乡的味道一起被永久地留在了人们的脑海深处。这些就是民族文化的魅力与精髓，是许多当地的民族体育文化能够代代传承、辈辈无缝对接的重要原因，赫哲族的传统体育体现的是以渔猎为主的山水文化体育。

第一节 与水有关的赫哲族民俗体育

赫哲族世世代代居住于三江岸边，每个男子的水性可以说不教自通，在大风大浪中游泳、潜水是家常便饭，早就习以为常，没有畏惧之感，从而也练就了赫哲人高超的游泳技能，也就产生了很多与水有关的民俗体育项目。

一、游泳

赫哲族游泳比赛形式多样，主要在江河中进行渡江或渡河比赛及成人游泳比赛，场地多选在松花江或黑龙江的江面阔处，水流很急。方式有狗刨、自由泳等。

（一）比赛方法

在河面或江面的距离范围内，以到达的先后顺序定名次。

（二）场地

安全的河或江中。

二、潜水

潜水，俗称"扎猛子"。潜水场地选在河床平缓、流速平稳的水域。

（一）比赛方法

潜水竞赛有三种：第一种是屏息竞赛法。比赛开始的口令下达后，参赛者屏住呼吸，将身体全部潜入水下，待气息散尽后跃出水面，在水下屏息时间长者为胜。第二种是捞取物件法。在规定的水域范围内预设好一定物件或当即在水中投入一些物件，在规定的时间内，参赛者潜入水中捞取物件，捞取物件多者为胜。第三种是潜水测距法。参赛者站成一排，下半身着水，"开始"口令下达后，同时潜入水下，身体任何部位不得露出水面，待气息散尽后露出水面，看谁潜水的距离长，谁就获胜。

（二）场地、器材

场地：安全的河或江中。器材：3～5根长杆插入河底，一端露出水面；若干水底捞取的物件及盛物件的网兜。

三、击水比赛

击水比赛是在水中用手撩水，并相互击打水，使对方后退的一种水中游戏。

（一）比赛方法

双方编好甲乙两队，力量相当，男、女要分开比赛，不能混在一起，每队相距5米，稍近点也可，用手用力击打水面，往对方前方移动，击起的水花使对方睁不开眼睛为止。

（二）场地

安全的河或江的浅水区。

四、打水仗

（一）比赛方法

一种方法是比赛双方在齐胸深的水中奋力对游，以身体推涌起的水浪冲击对方，谁躲避或站立，谁为负。另一种方法是比赛双方在齐腰深的水中隔数步站立，用双手向对方面部击水，直至一方退却告负为止。还有手拿器具击水比赛：用船桨或划子，或用木板击水去攻击对方，使对方坚持不住为止。

（二）场地、器材

场地：安全的河或江的浅水区域。器材：船桨若干把。

五、水下捉迷藏

先选出一个捉其他人的人。游戏开始后，捉人选手便可潜入水下捕捉其他人。被捉到的人便退出游戏，这时可以换捕捉人，也可以继续游戏，直到游戏结束为止。

（一）比赛方法

首先抓阄确定捉人选手，游戏开始后，捉人选手便可潜入水下捕捉对方任何一人。若有人被捉，便退出游戏，捉人选手便获胜一局；若捉人选手愿意，可连续捉人，直到无力再捉为止。改换捉人选手，还由抓阄确定，最后以水下捉人多少决定胜负及名次。

（二）场地

安全的河或江的浅水区域。

六、水中漂仰

水中漂仰是游泳方法的一种。赫哲族是北方地区渔猎民族，他们的许多日常生产生活都与水有关，因此，赫哲族从小就学习各种游泳技能，掌握一身游泳本领。漂仰就是身体进入水中之后，身体慢慢后倒、挺胸、仰头、面朝天空，保持身体在水面上漂浮起来的泳姿。

（一）比赛方法

参赛人数不限，比赛时，参赛选手四肢不动，仰卧于水面，静待水面时间长者胜。要领：尽量地挺胸、仰头。

（二）场地

安全的河或江的浅水区域。

七、踩水

（一）比赛方法

参赛人数不限，参赛者水中直立，双脚踩水，双手摆动配合，以上体露出水面高度高且坚持时间长者为胜。

（二）场地

安全的河或江的浅水区域。

八、抓鱼比赛

早期生活在我国东北地区的赫哲族、满族等少数民族以渔猎为生，成年人或青少年经常到江河湖泊中捕鱼。除了使用捕鱼工具外，还采用手抓的形式进行捕鱼，后来逐渐演变为摸鱼比赛。现在我国东北地区的偏远农村的赫哲族青少年仍然进行这项游戏活动。

（一）比赛方法

游戏时，找到一个有鱼的河或水塘，巡视里面没有危险物后，做好热身运动就可以潜入水中进行捕鱼。最先用手抓到鱼或抓到的鱼多者为胜。

（二）场地

没有障碍物、没有危险的河或江的浅水区域。

第二节　与冰雪有关的赫哲族民俗体育

赫哲族传统体育项目丰富多彩，滑冰、滑雪成为赫哲人冬季喜闻乐见的体育项目，比较具有代表性的民族传统体育大致可以分为冰上跑、冰磨、冰爬犁、滑雪、追鹿等。

一、滑冰

在平整光滑的冰面上，参赛者脚穿冰鞋，并用两根支撑杆在两腿两侧向斜后方支冰面驱动前行，比试谁的速度快。

（一）比赛方法

比赛开始后，在约定距离内，率先到达终点者胜。

（二）器材

冰鞋是用 2 厘米厚的木板制成，木板长短宽窄与脚大体相当，鞋底各嵌 2 根较粗的铁丝。每只鞋的左右各有 2 个铁环，穿绳系脚上。另备 2 根长约 2 米的支撑杆，杆头上钉上长约 8 厘米的铁钎。

二、冰磨

冰磨比赛要求两人一组，一人坐在爬犁上，一人在木杆的另一端推（或拉）动木杆（也叫磨把），爬犁随之像磨一样旋转起来。

（一）比赛方法

一种是限定时间内，爬犁旋转圈数多者为胜，并以此排出名次。另一种是时间不限，在跑动状态下，爬犁旋转圈数多者胜。要求：推木杆的参赛者须穿正常的棉胶鞋；坐在爬犁上的参赛者不得有助力行为。若违反要求，第一次警告，第二次取消比赛资格。

（二）场地、器材

场地：江河或人工浇成的平整冰面。器材：在相对中心处冻立一高 1～1.2 米、粗约 12 厘米的木柱，在木柱顶端竖直钉一铁钎，铁钎粗 2.5 厘米、长约 30 厘米。在长约 5 米、直径为 8～10 厘米的木杆中间的旁边钉一个铁环，把铁环套在木柱上面的铁钎上。木杆一端用食指粗的麻绳拴系一只可坐一人的木爬犁，爬犁长约 1.2 米、宽约 50 厘米。

三、打滑出溜

在冬季比赛。选择一山坡或高岗或江边坎坡，从高处向低处滑下，有时可站在爬犁上，也有坐在或趴在爬犁上的，形式不一。此外，也有在明冰上打滑的，在冰面上一般要有冰钏方可滑行。

（一）比赛方法

一般滑得远又不滑倒者为胜。

（二）器材

主要用极小的爬犁。爬犁主要是用木头做成的，选两块木板，前头砍个翘头，上面钉上木板即可。

四、跳冰

跳冰，赫哲语叫"布依固·仲凯·奥亚奇尼"。这种运动是少年儿童的冒险运动，主要锻炼孩子的勇气。

（一）比赛方法

这项运动主要在春季黑龙江、松花江或乌苏里江的江边进行。春季河开时，河上面漂有大块浮冰，孩子们就在浮冰上跳跃。跳冰者从岸上借助冲力双脚叉开，脸朝下或朝侧面。在下落的一刹那翻过身来，背部朝下落到三米远的冰上，双手搭住浮冰。之后抬起一条腿，以最快的速度用脚钩住从岸上或厚冰块上抛过来的系活结绳子。然后，翻身面朝下，将绳子牢牢压在身下，以便获救，跳冰者拽着绳子靠近厚冰或岸边，这一过程中，跳冰者还要随时躲开上游冲过来的浮冰，否则，有可能掉入冰水中。成功上岸者为胜。现在不提倡这种运动，即使玩也得注意安全。

（二）器材

刚开河的大冰块，长绳子。

五、抽冰猴

北方的"抽冰猴"，又称为"打冰嘎"。打冰嘎在我国北方地区广泛流行，它是在南方陀螺的基础上演变而来的。因为陀螺在冰上游戏，所以叫冰嘎。打冰嘎是东北地区赫哲族青少年的一项体育娱乐活动，有的将冰嘎顶部涂颜色或者是画上各种动物的造型，使冰嘎在转动时更好看。

（一）游戏方法

单次打冰嘎赛时间：一组参赛人同时发力，看谁的冰嘎转得时间长。
比冰嘎的持续转动时间：一组参赛人同时发力，中间可以给冰嘎加力，比谁的嘎转动的时间长。

比运动的距离：一组参赛人同时发力，不断抽动冰嘎前进，从起始线出发，最先到达终点者为胜。

（二）场地、器材

场地：无特殊要求，一块平整的冰面即可。器材：①冰嘎，为木制或塑料制品。木制品很简单，选用直径 8～12 厘米的硬木为材料，截 10 厘米左右的高度，下面削成弧形，在最尖处放上圆形的滚球即可。②鞭子，取一根 30 厘米的细树枝，在前端系上 40 厘米的稍粗一点的细绳。

六、跑山

赫哲族是我国东北地区唯一的渔猎民族，狩猎活动是他们重要的生产劳动方式，因此早期的赫哲人为了能够猎到更多的动物，他们练就了超高的滑雪本领，并拥有充沛的体能。跑山运动缘起于赫哲族人模仿狩猎时追逐猎物的情景，是一种民俗游戏活动。我国东北三江地区大致有半年的时间被冰雪覆盖，赫哲族先人在节日或闲暇之余经常聚在一起，进行模仿狩猎时追逐动物的游戏比赛。参加比赛的人脚穿滑雪板，手拿滑雪杖，沿着事先规定好的比赛路线，从一座山滑过另一座山。因为赫哲族普遍喜欢滑雪运动，所以在中华人民共和国成立后，赫哲族中诞生了很多优秀的滑雪运动员。

（一）比赛方法

参赛人数不限，比赛开始前，参加者自备滑雪板、滑雪杖，站在起始线后。比赛开始后，参加"跑山"的人沿着比赛规定路线滑行。比赛中，不得越过规定路线以外的地方。不得相互冲撞，不得有相互拉拽等助力现象。先到达终点者为胜。

（二）场地、器材

场地：无危险的雪山。器材：滑雪板、滑雪杖。

七、滑雪跳远

早期的赫哲族以渔猎生产为主，每年的隆冬季节，大雪漫山时，正是赫哲族猎人上山打猎的最好时机。猎人借助滑雪板、弓箭、激达或猎枪等工具，捕获野物。他们主要在黑龙江省同江市、饶河县、抚远市一带狩猎，猎人借助滑雪板快速穿行于山林之间。在长期的滑雪狩猎过程中，人们掌握了高超的滑雪本领，并发展出滑雪跳远这项比赛活动。由于滑雪板速度快，又是在山林之间，就需要猎人们动作灵敏、机智勇敢、动作快而准，否则一瞬间就会发生危险事故。此项比赛活动，主要是比试谁跳得远、动作潇洒、落地平稳，以最佳者为胜。

（一）游戏方法

参加比赛的人数不限，先由猜拳方式确定比赛顺序。在参赛者商量好的比赛地点按顺序进行比赛，一个人跳完之后，下一个再接着跳。所有人在滑雪跳远之后，聚在一起，由组织者与参赛者一起评议谁获胜。裁判方法：谁跳得最远谁获胜，如果距离相同，重新比赛一次，或者以动作潇洒、落地平稳为胜。

（二）场地、器材

场地：在无危险的有雪覆盖的山坡上。器材：滑雪板、雪杖。

八、打雪仗

分成两队，每队选出首领作为指挥，场地选在江岸雪层厚处，进行掏挖雪洞及构筑战壕、掩体。双方距离较远，各自用手团拢雪球击打对方。参战队员身中一个雪球"轻伤"，中两个雪球"重伤"，中三个雪球"阵亡"。此外，一方越出掩体、雪洞，在部分队员的"火力"掩护下，直接向对方阵地进攻，直至对方抵挡不住溃退出阵地或宣布投降为止。有时经过数番鏖战，一方最终占领另一方阵地后，捣毁敌方雪洞，以示彻底胜利。

（一）游戏方法

下雪时，喜欢参加游戏的孩子们就不约而同地来到户外指定的位置，游戏人数越多越好，分成两伙，各自找自己的位置，并团若干枚雪球，游戏开始后就将雪球纷纷地投向对方，直到对方被驱逐出阵地为胜，或者剩下的人数多的那一队为胜。

（二）器材

雪球中不许夹杂石头等危险物品。

九、堆雪人

冬季的赫哲族地区"千里冰封，万里雪飘"，天寒地冻，经常下雪，而且雪在地面上保留的时间也较长。世代居住于此的赫哲族儿童就在雪地上进行堆雪人活动。

（一）游戏方法

下雪后到雪地上找一块平整的地方，先堆一个小雪堆，然后用铲子在小雪堆四周培雪，把雪人堆成一定大小。然后再滚一个小雪球当作雪人的脑袋。最后装饰雪人，使其变得漂亮。做好后比试谁做得好看，有时也比试谁堆的雪人大、速度快。

（二）场地、器材

场地：平整的雪地上。器材：铲子、铁锹等。

十、滚雪球

赫哲族居住地区在冬季经常下雪。当雪停了，太阳出来，温度回升，雪渐渐地绵软一些的时候，赫哲族青少年就在雪地上进行滚雪球游戏活动。

（一）游戏方法

下雪后，到雪地上找一块平整的地方，先团起一个小雪球，然后放在雪地上不断地向前滚动，使雪球变得越来越大，直到推不动为止，比试谁的雪球大。

（二）场地

平整的雪地。

十一、挖雪窖

赫哲族居住地冰雪资源极其丰富，冰封期大约有半年的时间，冰雪厚度可达一米以上。由于长时间太阳照射，雪面上结一层薄薄的硬壳，赫哲儿童用器具把雪上硬壳切割成圆形，把硬壳翘起来移开，把下面挖空成雪窖，孩子们躲在里面，再盖上硬壳盖。

（一）游戏方法

在约定的时间内，比试谁挖的雪窖大。

（二）场地、器材

场地：积雪达一米以上的雪地。器材：铲子、铁锹等。

第三节　与山林有关的赫哲族民俗体育

赫哲族是东北地区的世居民族，其居住地域广阔，在中国主要居住于松花江、黑龙江、乌苏里江流域，完达山余脉及大、小兴安岭地区。这里山林茂密，赫哲人过着"靠山吃山，靠水吃水"，通过渔猎生产方式来获取生活所需物资的渔猎生活。赫哲族喜欢山林，四季都进山捕猎及采摘，因此，赫哲人对山既有喜爱之心又有崇敬之情。赫哲人在长期的生产实践过程中，将这些狩猎与采摘技能逐渐转变为人们休闲娱乐的民俗体育活动形式。

一、登山

赫哲族登山活动起源于赫哲族的生产劳动，往往在围猎时，几位青壮年从山脚下出发，看谁先到达山顶。

（一）比赛方法

参赛队员在山脚下集合，由发令员发令后，参赛队员开始向山顶进发。终点有两名裁判员和一名记录员，率先登上山顶者为胜，以登顶先后顺序决定名次。比赛过程中，参赛队员不得擅自离开指定的线路范围而选择危险的捷径攀登，不得拖拽他人或有意蹬下碎石子而影响他人比赛，若出现上述行为，则取消其参赛资格。

（二）场地、器材

场地：选择可以攀登的适宜坡度的山，比赛人数不限，登山路线由山脚下到山顶。器材：计时表。

二、爬山赛

每年春暖花开的季节，也是迎春花漫山遍野的时候，成群结队的赫哲族青少年开始进山进行爬山比赛。先到山顶，采到山顶上第一把迎春花者为胜。在比赛之余，一般都会采挖些野菜，回来后，做些可口的春野菜饼吃。这是赫哲族青少年的一大乐事趣事。

（一）比赛方法

参赛人数不限，在山脚下集合。比赛开始后，参赛人迅速向山顶进发。率先登上山顶并采到一把迎春花者为胜，以登顶先后顺序决定名次。不得有拖拽他人或有意蹬下碎石子而影响他人比赛，若出现上述行为，则取消其参赛资格。

（二）场地

坡度适宜、有植被的山。

三、爬树

在林地上选择适宜攀爬的高大树木，参赛人数不限，实行单人排序比赛。参赛者在选定的大树下站好，当听到裁判员发出"比赛开始"的口令后，迅速向上攀爬。到达设定的终端的时间少者为胜，以时间多少确定比赛名次。参赛者需穿胶底布鞋，以整个身体到达终点为准。

（一）比赛方法

参赛人数不限，通常有两种比赛形式。一种是在树林中，每人选一棵树，比赛开始后迅速地向上爬，爬得最快者为胜。另一种是选择一棵大树，按出场顺序依次爬树，用的时间最少者为胜。有时也选择线杆或者旗杆代替大树进行攀爬比赛。

（二）场地

高而直的树，或线杆、旗杆。

四、攀杠子

立两根木棍埋入地下，上面所留部分比身高稍长一些为宜，在木棍的上端绑一横梁，然后，在横梁上面翻跟头，或者做一些有难度的动作。除了农村地区以外，现在都使用体操器材、全民健身路径器材替代传统的简陋器材。

（一）比赛方法

在杠上做有难度的动作，比试谁的动作难度大，或者做同一个动作数量多者为胜。要因人而异，注意安全，千万不要逞能，避免伤害事故的发生。

（二）器材

结实的自做杠子，全民健身器材中的单杠。

五、搬原木

赫哲族聚集区植被茂盛、木材资源丰富，赫哲人经常在此处伐木。在劳动的时候，要通过体力搬运木材，这就需要有充足的力量，而且要有一定的搬木头的经验。在干活的过程中，经常比试谁先完成工作，逐渐形成了赫哲族地区的搬原木比赛活动。

（一）比赛方法

选 6～8 棵粗、长、重量不等的原木，置于开阔地上，分成重量大致相等的两堆。比赛时，参赛两人抽签选择木堆。在同一时间开始将所选的木堆搬移到相距 20～30 米的两个场区，用时短者胜。

（二）场地、器材

在平整的地面上，选 6～8 棵粗、长、重量不等的原木，两堆原木重量大致相等。

六、压悠

压悠，也称为跷跷板。早期的赫哲人经常使用各种木材，休息的时候就常常坐在木材上，原木经常滚动。后来人们就在原木的中间放置一块石头或木块，使之成为青少年儿童非常喜欢的一种民俗游戏活动。男女小孩都可参加，适合4～10岁的孩子玩耍。

（一）比赛方法

选一块长木板，长4～5米，中间放一个圆木，直径1尺粗左右，木板两头各骑一人或多人，互相上下压即可，男女小孩都可参加。被压得高的一方为败。

（二）场地、器材

场地：平整的土地。器材：一块4～5米长的木板，一个直径1尺的圆木垫。

第四节　与河沙有关的赫哲族民俗体育

赫哲族主要生活在松花江、黑龙江、乌苏里江岸边附近。江河边经过河水的长年拍打自然形成了平滑而柔软的沙土。人们在劳动的路上、孩子们到山里去玩都喜欢走在江河边的沙滩上。祖祖辈辈这样地走着、跑着，就不知不觉地形成了与沙子有关的各种民俗体育活动形式。

一、浅滩赛跑

参赛人数不限，在浅滩中（水深1尺左右）设一起点和终点，同时奔跑，以冲过终点的先后顺序决定名次。

（一）比赛方法

在沙滩或河边进行比赛，以速度最快者为胜。

（二）场地

河边、江边。

二、跳沙坑

先挖好长、宽一定尺寸的沙坑。开始跳时，助跑距离不限，参加比赛的人都跳跃过去之后，沙坑也随之加宽，跳过沙坑宽者为胜。

（一）比赛方法

选挖一个一尺多深，三四尺宽的沙坑。开始跳时，助跑距离不限，按顺序依次跳过沙坑，落入沙坑者就被淘汰，每个人都完成跳跃之后，沙坑也随之加宽，跳过沙坑宽者为胜。

（二）场地

河边、江边的沙滩。

三、滑沙

滑沙是流行于赫哲族地区江岸或河岸边的一种游戏活动。现在被旅游区开发为体育旅游项目，深受游客欢迎。

（一）游戏方法

在沙丘的高处，游戏者坐在滑车上自然下滑。

（二）场地、器材

场地：沙丘或长满茂盛草的山坡。器材：每人一个滑车。

四、图里木布里

赫哲族世世代代居住在黑龙江、松花江、乌苏里江沿岸，孩子们从小随着大人到网滩上渔猎，大人到江中捕鱼，孩子们在河滩上玩耍。跑沙、挖沙、跳沙坑、用渔网拽人等游戏不自觉地产生了。"图里木布里"，赫哲语的意思是在沙滩上用绳子拽人的游戏。

（一）游戏方法

在沙滩上进行一对一或多人对多人的拽人游戏，目的是比试谁的力量大。被拽之人用双手拽住绳子的一端，使脚用力蹬住沙滩，所拽之人用双手拽住绳子用力拽对方，拉动者为胜。之后，两人轮换。

（二）场地、器材

场地：沙滩。器材：一条结实的绳子。

第五节　与小动物有关的赫哲族民俗体育

赫哲族生活在河网密布、山林密集的山川之地，野生动物极其丰富，水里游的鱼类就有七八十种，天上飞的猛禽、天鹅、大雁、鹤类等不计其数，地上跑的黑熊、老虎、豹、狼、野猪、鹿、狍子、獐子、麝等大型野生动物常见，还有狐狸、貂、獾子、野兔等数不胜数的小动物。以渔猎为生的赫哲人对动物的习性可以说是了如指掌，对动物的动作特点也是一清二楚。时间久了，赫哲人闲暇娱乐时，有些人就模仿动物的动作来娱乐大家，久而久之，赫哲儿童模仿动物的游戏就产生了。

一、"老鹰捉小鸡"

一人扮演"老鹰"，一人扮演"老母鸡"，"老母鸡"身后有数人（至少4人），后面的人牵前一人的衣服后边缘，牵成一串，扮成"小鸡"。比赛时，"老鹰"冲向鸡群，力求抓到排在"老母鸡"身后的最后一只"小鸡"，"老母鸡"则努力保护"小鸡"不被抓走。若"老鹰"抓走所有"小鸡"，则"老鹰"胜；若"老鹰"没有抓走所有"小鸡"并无力再抓，则"老母鸡"胜。

（一）游戏方法

游戏时列成一队，顺次扯前面的人的后衣襟，第一个扮成"老母鸡"。游戏开始时，"老鹰"装作抓"小鸡"的模样，来回捕捉"小鸡"，而"老母鸡"则张开双臂来回躲闪扑打"老鹰"，来保护"小鸡"不被捉到。"老鹰"若抓住对方的"小鸡"，就让被抓住的小鸡背他转一圈。如此重复进行，直到将"小鸡"抓光为止。若是比赛，计算哪个队抓完"小鸡"的时间最短。时间少者为胜。

（二）场地

最好在松软的土地或草坪上进行游戏或比赛。至少6个人。

二、踢毽子

用狗毛或禽类的羽毛串到大铜钱上固定住，以踢得高、踢得花样多者为胜。败者提供毽子给胜者。

（一）游戏方法

踢毽子活动按规则的不同，可以分为以下几种：次数比赛、不计时间、单人或者多人比赛。一般分为两队，在不失误的情况下，一次踢的次数多者为胜。两队（人）对踢比赛，不失误者为胜。

（二）场地、器材

场地：要求平坦。器材：毽子若干个。

三、造影赛

造影赛主要在晚上玩。过去照明主要用煤油灯，适合造影。用双手变换投影于墙壁上，主要模拟的是兔子、狗、猫、老鹰等形象，花样多且逼真者为胜。

（一）游戏方法

比试谁造出的影子逼真形象。

（二）场地器材

场地：光线暗的房间里。器材：照明灯、平整的墙。

四、学野山羊跳

我国赫哲人和俄罗斯那乃人在几千年的狩猎生产实践中对动物的习性

及其动作特点了如指掌，猎人经常追捕野山羊，野山羊的跳跃姿势深深印在猎人头脑中。在人们茶余饭后，没有其他娱乐形式的情况下，学学野山羊跳，比比谁模仿得像，是再自然不过的事情了。随着孩子们的参与，学山羊跳这种游戏也就产生了，后来成了比赛项目。

（一）游戏方法

要求参赛者在一定距离内向前冲 3 步，然后身体随即向斜上方跳起，跳起时双腿使劲后蹬，双臂自然展开，头要稍稍转向裁判员。评判要点是跳得要高，姿势要优美。

（二）场地

平整的软土地或草地。

五、学兔跑

赫哲语叫"果系冒好·布依固"，这是一种模仿兔子跑的游戏。

（一）游戏方法

在空旷平地上，距离 30 米画 2 条平行线。参赛人数至少 2 人，多人也可。参赛人员站在起跑线前，比赛开始后，大家必须每跑两步便双足向前上方蹦跳一次。先到终点者为胜。学兔子跳类似于现在的三级跳远。

（二）场地

平整的软土地或草地。

六、学松鼠跳

赫哲族先民主要生活在河网密布、山林密集的环境之中，处于亚寒带和寒带地区。山中主要生长着针叶林松柏类，自然而然地生活着一些以松子为食的小松鼠，它们在森林中上蹿下跳，形态特别可爱，深受赫哲儿童的喜爱，于是就产生了赫哲族少年儿童模仿松鼠跳跃树枝动作和行为的民间体育游戏。

（一）游戏方法

要求参赛者在一定距离内向前双脚蹦跳前进，跳起时双腿使劲后蹬，双臂放置于胸前，比试谁跳得快。

（二）场地

平整的软土地或草地。

七、学熊步

东北山林之中生活着一种大型野生动物——黑熊，又称"黑瞎子"。过去森林之中，黑熊较多，现在黑龙江抚远地区还有个黑瞎子岛，足以说明黑熊之多。过去，赫哲人的狩猎对象之一就是黑熊，他们吃黑熊肉，其皮可做皮条，用来捆扎衣服和行李。因此，赫哲族对熊的习性非常了解。少年儿童学熊走路的游戏随之产生。学熊步赫哲语叫"马帕·布克起尼"，是模仿熊的姿态而进行的游戏比赛项目。

（一）游戏方法

两人一组，多人也可。参赛人双脚双手着地，弯着腰往前走，走时需稍微侧着身，距离为15～20米，先到终点者为胜。

（二）场地

平整的软土地或草地。

八、学狗鱼跳

学狗鱼跳，赫哲语叫"扭科布莱曼·由依固"，是模仿生活在黑龙江、松花江、乌苏里江里的狗鱼进行的游戏比赛活动。

（一）游戏方法

参赛者首先爬到障碍物上，都抱着膝盖蹲着，一声"开始"令下，大家双手向前，四肢着地，向前跳跃，先到终点者为胜。

（二）场地

平整的软土地或草地。

九、松鼠跳

长期生活在森林、江边附近的赫哲人，经常去山林中打猎，时常见到松鼠。模仿松鼠跳是一种山林间游戏。

（一）游戏方法

参赛者选定一片树林，树间距为 1～1.5 米，中间最好有藤类植物。他们从一棵树干上跳到另一棵树干上，也可抓住柔韧的藤干悠荡在树干间行进。这是少年的游戏，可锻炼孩子们的勇气、臂力。比试谁跳得远，动作快。

（二）场地、器材

场地：树林中。器材：粗绳子若干条。

十、打马仗

早期的赫哲人的部落之间，以及他们与周围的其他少数民族之间经常发生战争。马匹是赫哲人军事战争的重要助手，人借马力，马借人威，进行军事作战。儿童模仿大人进行的"马上战争"，逐渐形成了此项民俗体育游戏。

（一）游戏方法

分甲、乙两队，每队四人，由一人做马头，两人各伸左（右）臂抓抚其肩，另一只手与做马头的人后伸的手臂相拉。抓抚马头人肩膀的两臂做马身，两侧相拉之手做马镫，骑上一人为战将。比赛时，双方四人相互冲撞撕扯，力求将对方战将从马上拽下或将对方马阵冲散。一方将另一方战将拽下马或将马阵冲散，即获胜。

（二）场地

平整的软土地或草地。

第六节 赫哲族民间舞蹈

赫哲族世世代代生活在我国最东北的白山黑水之间,地域广阔的三江平原和美丽的完达山及以渔猎为主的生产生活方式赋予了赫哲人舞蹈的灵感和灵性,因此,赫哲族先民能歌善舞,创造了质朴、欢快、节奏鲜明的民间舞蹈,具有浓郁的地域特点和民族特征。

在赫哲族的精神世界中,天地日月星辰、动植物、河流山川、祖先等都有自己的神灵,人们通过祭祀仪式,祈求他们帮助人类完成某些事情,或者不要给人类带来痛苦、危险和灾难。祭祀仪式中的萨满舞是赫哲人求神佑护、驱鬼辟邪、免除灾难等,让赫哲人过上幸福安康生活的重要仪式。它是所有赫哲人的舞蹈,是赫哲人的精神家园。赫哲族一般在渔猎生产前,都要举行祭祀活动。他们都要向江神、河神、山神、树神敬酒祷告,保佑他们多打鱼,多打猎物,一路平安顺利。敬酒时,人们都跪地磕头,然后向江里或地上连洒三杯酒。几乎所有的赫哲族伊玛堪全篇都有对萨满舞的精彩描写,集中反映在复仇西征胜利后,凯旋故里的祭祀仪式上。过去的赫哲族西征凯旋回来都要进行祭祀活动,《满都莫日根》载:"等明早太阳出来,就扎起腰铃,掌起鼓来,穿好神衣,带好鹿角神帽,都要赶来跳鹿神……满都唱完,边敲边跳地走在前面,后面跟着那四位莫日根,转着圈地跳着。在后面跟着五位德都,个个带着鹿角神帽,有三杈的、五杈的、七杈的,一边敲打神鼓,一边围着托落跳着,一边跳,一边走上街心,往东、往西、往南、往北,围着霍通四面八方都跳个够。霍通里的百姓也尾随其后,欢蹦乱跳地舞个不停。"① 这种庄严隆重的祭神仪式,真实地再现了古代赫哲族人民的宗教活动和信仰,由此衍生出与祭祀活动有关的民间舞蹈。萨满文化是一种融合了戏剧、音乐、诗歌和故事的"神圣"综合艺术,其中有着很多与后现代艺术共通的东西。萨满跳神时唱的"神歌"为萨满调。萨满跳神时,身穿神衣、神裙,头戴神帽,手持单面神鼓,敲几下,跳几下,唱几句,边歌边舞。唱时,有时喃喃吟诵,有时放声高歌,有时疯狂喊叫。其声调时高时低,抑扬顿挫,十分和谐。

萨满教是阿尔泰语系中的很多民族曾广泛信仰过的原始宗教,包括我国东北地区的满族、蒙古族、朝鲜族、赫哲族、达斡尔族、鄂温克族、鄂

---

① 宋宏伟:《伊玛堪集成》,黑龙江人民出版社,2014,第168、170页。

伦春族、锡伯族等。有的学者认为，萨满教从它的功能上来说像一种宗教，从它的思想体系上来说是哲学，而不是巫术。黑龙江省是萨满文化的发源地，蕴藏着丰富绚丽的萨满文化资源。赫哲萨满文化，特点为服饰华丽、绘画诡异、史诗雄浑、图腾狰狞、音乐激昂、舞蹈飘逸，堪称东北绝唱，属于黑龙江省第一批非物质文化遗产。

一、神鼓舞

赫哲族神鼓舞主要起源于祭祀活动。萨满所跳的舞蹈就是萨满舞，由于手持神鼓，手拿鼓槌或神鞭，踩着鼓点跳起舞来，因此，后来就演变成了神鼓舞。

原始宗教仪式都离不开神鼓，它是韵律的体现。庞大的鼓身、奇特的造型也体现出原始萨满鼓的基本特征。舞者矫健有力的击鼓动作，变化多端的鼓点节奏，深受赫哲人的喜爱。赫哲族儿童模仿大人也跳鼓舞，因为大人用的大鼓和铁腰铃对他们来说太重，所以就用兽角做腰铃，用一小鼓代替大鼓。在娱乐场合，赫哲少年儿童们手持小型单面鼓，一边敲击鼓，一边摆动腰铃，翩翩起舞，宛如"神鼓一敲震长空，腰铃一甩起祥风"之感。赫哲人之所以人人能跳鼓舞，就是因为他们从小就跟着大人们一起习练。大型集会或民族节庆活动，都离不开赫哲族鼓舞的参与。在近几届的乌日贡大会期间，赫哲族青年演员把传统的鼓舞整理、加工、创编后搬上舞台，那活泼激昂的舞姿，受到广大群众的欢迎。

二、神杖舞

萨满舞是萨满信仰最为典型的表现形式，萨满的神鼓、腰铃、神杖、歌唱是萨满舞必不可少的因素，它们也是萨满跳舞的乐器。这些声音刺激人们的听觉系统，萨满服饰、萨满动作、萨满歌曲，以及鼓声、腰铃声等营造出神秘、奇特的氛围，它们是萨满舞的重要组成部分。神杖是萨满权力的象征，赫哲族在宗教祭祀开始时，萨满手持神杖，身体平缓舞动着出现。之后舞者手持双杖，鱼贯登场，神影与杖影交织，挪动与腾跃继起，神杖与地板相击发出"咚咚"的响声，伴随着舞者的呐喊，气势惊天动地，令人荡气回肠。

三、腰铃舞

神鼓与腰铃是萨满请神祭祀仪式中必不可少的、最重要的法器，是震慑"恶魔"的"神器"，是上天请"神"的"神具"。萨满高超的"鼓技"给跳神带来神秘之感，也代表他（她）们丰富的萨满阅历。萨满击鼓主要是斜击鼓面，有急有缓，鼓声有大有小。与神鼓功能相似的是萨满身上佩戴的腰铃，它们在旋转和扭摆中会发出有节奏的响声，鼓、铃是萨满舞动时极好的伴奏乐器。萨满跳神是有规律的，扭摆三次前进一步，左右腿交替行进，循环反复。萨满跳神相对于身体而言，有立舞、伛舞、蹲舞三种姿态。过去老人讲，萨满跳神从房梁钻过，从大门底下的缝钻过，由此可见，萨满跳神技艺中如此低空的身体运动不是一两年就学会的，需要长时间的反复练习方能掌握。新萨满首先要学习跳舞的步伐和摆腰铃的姿势，至少经过三年的时间方可掌握萨满舞的要领。腰铃舞表现了昔日赫哲人请萨满跳神治病的场景。现在演变成为击鼓腰铃舞，赫哲语叫"埋乌凯求里"。分男舞与女舞。舞伴们同时同步地敲鼓，断断续续地发出"咚咕咕"的声音与腰间"叮铃铃"的腰铃声相和，协调作响。集神鼓、腰铃于一身的演奏，是最具赫哲族萨满舞特色和艺术魅力的舞蹈。

四、神刀舞

原始民族的歌舞常与宗教有密切的关系，中国古代的歌舞也是如此。王国维在《宋元戏曲史》中说："歌舞之兴，其始于古之巫乎。巫之事神，必用歌舞。"《说文解字》中对"巫"字的解释为："祝也。女能事无形以舞降神者也，象神两褎舞形。与工同意。"《商书》中说："恒舞于宫，酣歌于室，时为巫风。"王国维所著《宋元戏曲考》引郑氏《诗谱》云："是古代之巫，实以歌舞为职，以乐神人者也。"① 赫哲萨满的跳神也是以歌舞事神。在赫哲族的故事中，虽有"哈康布力"男女同舞的传说，但现在已无此风俗了，唯萨满的鹿神舞、神鼓舞、神刀舞、神杖舞等至今存在。②神刀舞是萨满治病时与病魔"拼杀"时所跳的舞蹈，萨满用自己的舞步伴随鼓点模仿在"中界（人间）""下界（阴间）""上界（天空）"

---

① 东汉郑玄所撰《诗谱》现已亡佚，部分内容由唐代孔颖达等撰写之《毛诗正义》引录。
② 凌纯声：《松花江下游的赫哲族》，民族出版社，2011，第158页。

的旅行。意思为：他要到这些地方寻找偷走病人灵魂的那个恶魔，而这种旅行极其艰辛，萨满走的每一步都会遭到恶魔的阴谋算计。恶魔千方百计地想在萨满没有到过且难以通过的阴间密林中将萨满置于死地。萨满用神刀与恶魔进行激烈的"搏斗"，经过一番"厮杀"，萨满在庇护神的帮助下赢得"胜利"，他带着病人的灵魂返回到病人身边，把灵魂"吹"入病人体内。

同江市街津口女萨满尤赫金，出生于1900年。20世纪60年代，50多岁的她是当地有名的治病萨满。村里谁家小孩病了抱着就去找她，求她跳神治病。她每次治病都是一边跳一边唱神歌，然后告诉家长："孩子的病是因为'黄皮子'附体了，你们回家给神烧点纸，供点东西，好好祈祷一番，孩子的病就好了。"有时候，她用神刀在孩子的眼前晃来晃去，说是把鬼神吓跑了，病就好了。萨满跳神刀舞时，一般是左脚在前，右脚在后，脚趾着地。移动步伐时，右脚向右移一步，左脚跟随，在室内环舞三圈。现在舞台表演用模拟器材代替了刀，或用健身刀具，去除了许多迷信色彩的动作。表演者在舞台上的表演，主要增强表演氛围和舞蹈的艺术性、观赏性。

五、鹿神舞

鹿神舞是萨满舞的一种，是一种集体舞蹈。每逢节日跳鹿神时，就出现以萨满为中心的群众性的舞蹈场面。

早年，赫哲族每逢三月三，跳鹿神，每逢九月九，过鹿神节。过鹿神节还有一个传说：

> 在很久以前，在三江口住着一个老猎户。一年秋天，猎人与儿子进山打猎，留下老太婆一人在家。这天晚上，老太婆正在屋里干活，发现从窗户伸进一只老虎爪，再仔细一看，老虎爪上扎着一根木刺。老太太明白了，她走上前，张开嘴，用牙紧紧咬住木刺，好不容易把木刺拔了出来。老虎在窗外叫了几声就走开了。可从此以后，老虎常常把捕获的狍子、野鹿、野猪什么的放在门口。猎人回来后一听，明白那是虎神，要向虎神谢恩，便带了酒和吃的去山里找虎神，可怎么也找不到。猎人就把食物放在地上祭供，把三杯酒倒在地上，说是敬虎神的，便打猎去了。这天打到的猎物出奇的多，又十分顺利。他把猎物分给村民，大家都说这是虎神保佑的结果。从此就有了祭虎神的

习俗，因为祭虎神时，全村的人跟着萨满跳鹿神舞，所以又叫鹿神节。

这个传说的来源，就是来自早先赫哲人对虎神的崇拜。因为猎人想多打猎物，可那时工具落后，又很难对付老虎这样的猛兽，所以只好把希望寄托于虎神的保佑。于是，就有了对虎的崇拜意识，也就产生了具有渔猎民族特点的节日风俗。这个风俗直到现在还有，在丰收的网滩上，在林间的篝火旁，在逢年过节的欢宴上，每当举起酒杯的时候，赫哲人都要用手指蘸几滴酒，"撮撮"地弹向空中，以表示对老虎的敬意。赫哲人崇拜虎，称它为"山神爷"。在黑龙江沿岸萨卡奇——阿梁村的岩画上，有一副非常逼真的虎图。

跳鹿神，赫哲语叫"温吉尼"，又称"跳太平神"，它是集体舞，大型喜庆时跳的。一般在春、秋两季进行，具体时间是春季三月三、秋季九月九进行大型祭祀活动。目的是驱魔辟邪，祈求太平。跳鹿神不只是在本屯跳，还要到外屯跳，据说这样可赶走藏在各村各屯里的鬼怪和病魔，以保佑村屯的人们平安、祥顺、幸福、安康。

20世纪20年代，在松花江下游的赫哲族村屯中，跳鹿神盛极一时，特别是在街津口赫哲族村屯的跳鹿神活动中，参加跳鹿神的有时达200多人。由本屯跳到外屯，有时坐几艘大船去，船一靠岸，小伙子拿爱米神引路，两个陪跳的与萨满一起跳，屯里来迎接的人抓着萨满的神裙上的皮条跟在后面跳，热闹非凡，场面壮观。一些青少年和儿童图热闹，会从始至终参加跳神活动，从而也培养了他们的舞蹈技能。

中华人民共和国成立后，由于赫哲族渔猎经济的衰退、医疗事业的发展、群众思想觉悟的提高，萨满在群众中的影响大大削弱，以至于消失，因此，跳鹿神的宗教活动渐渐地发生了转变。如今的赫哲族，跳鹿神已发展成为赫哲族民间较大节庆中一种展示原始精神信仰，增添传统文化色彩和烘托喜庆气氛的娱乐活动。

2012年8月，美国参观团到佳木斯郊区的敖其文博馆参观，伊玛堪传承人吴明新带领学员表演了鹿神舞，让美国参观者惊喜不已，热烈鼓掌，个个伸出了大拇指。跳鹿神，赫哲语叫"温吉尼"。赫哲族各种重大节庆活动的开场舞，跳的就是温吉尼。温吉尼鹿神舞分三大步骤：第一步开场，也叫打场子，边跳边唱开场调。完毕之后进入第二步，请神，唱请神调，"神来附体，与神沟通"。第三步送神，唱送神调。领舞者是"大神"，其余都是"小神"。由此可见，萨满无愧为一位优秀的说唱家、舞蹈家、文学家。

六、跳舞神

"跳舞神",赫哲语叫"得日科衣得衣尼",是疾病治愈后还愿仪式上跳的舞蹈,有歌有舞,也有群众参与。当病人痊愈后,病人的家人到萨满家还愿,把许愿的猪、鸡送到萨满家,放到房内插好的三棵带枝的柳树跟前。这时,萨满戴上神帽,系上神裙、腰铃,左手握鼓,右手执槌,叉开双腿,每迈半步,扭两下腰,敲两下鼓,这样在屋内跳三圈。出门跳到房西头,站在还愿物的前面,一边摆动腰铃,一边击鼓,一边唱诵。宰杀人往鸡或猪耳朵里倒几滴酒,猪、鸡摇头甩耳,说明神同意了还愿物,才可以宰杀。萨满同时围绕柳树再跳三圈。然后轻敲鼓架,这时,宰杀人端来半碗血,萨满代神喝一口,边跳边回屋里卸妆。在煮肉时,有些爱跳舞的人,不管男女老少都只带腰铃,击鼓狂欢。他们个个步伐稳健,扭腰姿态优美,腰铃声音响亮。以握鼓的左手回击出低音,右手执槌击出高音,双音合璧,非常悦耳,他们把平生的舞艺全部施展出来。这样的祭祀活动就叫跳舞神。

七、篝火舞

赫哲族神话认为,火神能帮助猎人打猎,当猎人外出狩猎时,在三餐之前都要拿点烟和食品扔到火中,以示敬意。据说火神还可以把得到的东西转交给土地神。赫哲人称火神为"佛架玛发"。祭火神是很隆重的,一般都是全屯人参加,围着篝火唱歌跳舞,往火中扔酒和食物,献给火神,祈求渔猎丰收,驱灾去病,人畜兴旺。赫哲人祭火神和平时用火时有一些禁忌:点火时,要磕头;烧火时,木柴的根部要朝里,枝部朝外;打猎时,遇到灰堆要绕行;做饭时,要往火里扔点食物;不能用锐器捅火;等等。赫哲族有一个关于"护火神"的神话,讲述一位名叫都热马林的老人,用自己的生命保护了火神,保护了火种,给人类带来了光明和温暖。赫哲人祭火神和对火的崇拜,可从早年猎人供奉的神龛得到证实。神龛当中绘有一棵神树,树上挂有太阳,还供有一双人形偶像即猎人的保护神——额其和。人类从蒙昧时期进入野蛮时期,再由野蛮时期跨进文明时期,都是以火的运用技术作为标志的。可以这么说,人类的文明史就是火的历史。詹姆斯·乔治·弗雷泽在《金枝》一书中指出:"火是一种巫术,以保证人和牲畜、五谷和果实,都能得到充足的阳光。可以烧掉或消除可以导致疾病和死亡,威胁一切生物的物质的或精神的有害因素,而净化人和牲畜与作物。"这个论断说明了赫哲人祭火神的原因,火神在赫哲人所信仰的众神中占有重要的位置。

赫哲人根据早年祭祀火神时的仪式整理加工成现在的舞蹈——篝火舞,人们围着篝火,翩翩起舞,参加的人多,男女老少都有,十分热闹,它是集体舞,以示庆祝渔猎丰收。后来,赫哲族文艺工作者由篝火舞改编的《欢乐的网滩》在省市汇报演出中获过奖。赫哲族的篝火舞在开江节、河灯节、三月三、九月九、乌日贡大会等节日的晚上都有表演。

八、天鹅舞

赫哲族崇拜动物,相信动物都有自己的灵魂,因此,赫哲人的舞蹈动作很多是模仿动物动作的。

赫哲族家乡,有不少沼泽湿地,我们熟悉的北大荒就在赫哲族家乡。每年春暖花开时,一群群洁白的天鹅从南方竞相飞来栖息、繁殖。赫哲人每天都能观赏到白天鹅,非常了解它们的习性,白天鹅给赫哲人带来了无尽的快乐。赫哲族信奉萨满教,相信万物有灵,因此,把身边形象美好的白天鹅也作为图腾崇拜,赫哲族把天鹅当作自己民族的吉祥物来看待。展翅高飞的天鹅象征着赫哲族的生活蒸蒸日上,洁白无瑕的天鹅也是赫哲族男女青年的爱情象征,表达了赫哲人对纯洁爱情的忠诚与向往。赫哲族把天鹅叫作"胡萨",它在赫哲族民间故事和传说中都有所体现。赫哲族著名的神话故事说胡力中的《天鹅姑娘》讲述的就是青年男女的爱情故事。[①] 故事内容为:

> 男主人公尤虎是个勤劳善良的青年猎手。在一次狩猎时,他从虎口救了一个老人的命,老人十分感激,把膝下聪明伶俐的姑娘天鹅许配给他。正当猎手外出打猎筹备喜事时,天鹅姑娘被部落头人抓去逼婚。姑娘坚决不从,被关进水牢。尤虎闻讯赶到,打开水牢,救出天鹅。两位年轻人被逼无奈,双双跳崖自杀,化成了两只展翅飞翔的天鹅。

---

① 黄任远:《伊玛堪田野研究报告》,中国社会科学出版社,2016,第119页。

过去，由此故事改编的天鹅舞广泛流传于赫哲族民间，述说了姑娘逃婚、抗婚、投河，最后变成美丽天鹅的神话传说。这个神话故事表面上反映的是天鹅姑娘坚决捍卫爱情的不屈不挠、反抗世俗的精神，实质上折射的是当时人们对爱情的渴望与向往，同时也是对传统包办婚姻的不满和无奈。赫哲人喜欢天鹅，他们觉得天鹅是神圣的、高贵的、优美的、不可侵犯的，因此，赫哲人发自内心敬仰天鹅。过去，在民间流传过优美抒情的天鹅舞，展现了天鹅戏水、展翅飞翔的优美舞姿。过去，妇女身穿镶有彩色花边的长袍，脚穿鱼皮长靴，常在家中的院内载歌载舞。舞蹈动作为：开始双腿交叉半蹲，双臂伸向两侧，上下缓缓舞动，接着双脚随身体向前舞动，仿佛天鹅在江中自由荡漾，动作优雅，速度变快时，上体直立，双腿立起，前后跳动，两臂上下快速摆动，宛如天鹅在飞舞，还时而模仿天鹅的叫声，有平飞、蹲下、喝水、起立、飞翔等动作，并可以向前后左右不同的方向做固定的动作。动作有一定的规律，好似天鹅相互追逐嬉戏，主要表现天鹅的快乐生活。天鹅舞，赫哲语叫"胡沙德克得依尼"。赫哲族天鹅舞动作简单，但形象生动鲜明，至今仍是赫哲人喜欢的民族舞蹈。

由于生产生活方式、自然环境的改变，科技的发展，歌舞形式的天鹅舞人们很少能见到了。为了不让赫哲族天鹅舞这一民族艺术失传，新一代赫哲族文艺工作者默默努力地做整理、抢救工作。20世纪50年代，在赫哲族群众的协助下，文艺工作者曾整理、创新、编演了天鹅舞，再现了赫哲人与天鹅的和谐共生的美好情景，受到赫哲人的广泛好评，并收录到《黑龙江歌舞》舞台艺术片内。改革开放后，随着国家对少数民族文化的保护和弘扬政策的实施，赫哲人也开始慢慢意识到民族文化的重要性。于是，赫哲人又重新编排天鹅舞，使天鹅舞重返舞台。在赫哲族乌日贡大会上，天鹅舞的表演受到人们的好评，让人们重新感受天鹅舞的艺术魅力，也让这一民间舞蹈能够得到更好的保护与传承，成为黑龙江省第二批非物质文化遗产。

九、鱼鹰舞

赫哲人崇拜鹰，赋予它特有的神性。20世纪30年代，凌纯声在松花江下游考察，见到"萨满住房西首，竖有木杆三根，叫托落。中间的一根最长，上面绘有蛇、龟、蛤蟆、四足蛇、爱米等神形"，就是用木头刻的鹰的形象。从黑龙江密山市新开流遗址挖掘到的"骨雕鹰头"，也说明了赫哲人对鹰的崇拜由来已久。在伊玛堪中有许许多多神鹰（赫哲语叫"阔力")与人互变的传说,这些都是赫哲先民对鹰图腾观念的反映。

图腾崇拜是一种最原始的宗教形式,"图腾"一词来自印第安语,意思是"它的亲属,或它的标记"。在原始人信仰中,他们认为,本氏族人都来源于特定的物种,大多数情况下,认为本氏族与某种动物具有亲缘关系。黑龙江省同江市街津口赫哲族风情园展览馆门前,矗立着赫哲族图腾柱石雕,上面有黑熊、老虎、梅花鹿、鹰等动物图案。由于赫哲族姓氏不同,崇拜的图腾也不同。尤氏家族崇拜黑熊,付氏家族崇拜老虎,毕氏和何氏家族崇拜梅花鹿,孙氏和舒氏家族崇拜独角龙。鹰是赫哲族全民的信仰,伊玛堪说唱故事中,基本上每篇都有鹰与女人互换,帮助氏族解决困难或帮助莫日根复仇的情节。赫哲人把女人与鹰合二为一,以表示对妇女的尊敬。

辽朝统治者对赫哲族先祖五国部居民的压迫之深已达极点,由海东青[1]就可说明一切。海东青是一种猛鹰,据说海东青非契丹境内所产,而是出自五国部的东部沿海一带,深受辽国契丹人盘剥的女真人每年被要求进贡大量上好的海东青。海东青,肃慎语"雄库鲁",意思是世界上飞得最高、最快的鸟。《本草纲目·禽部》记载:"雕出辽东,最俊者谓之海东青。"海东青属于大型猛禽,体重健壮;雌性比雄性还大。最重可达6公斤;身高1米左右,两翅展开2米多长;有"万鹰之神"的含义。传说10万只神鹰才出1只海东青,是中华肃慎族系的最高图腾。《满洲发达史》:"契丹欲得此鹰,恒驱女真人为先锋,以与五国部之土人战。土人战而败,则与土人之手攫得此鹰。故每每以之引起骚乱,为女真人所不堪。"[2]《吉林通志》载:"遣使诣五国及鼻骨德、乌古、敌烈四部捕海东青鹘""五国鹰路执杀辽捕鹰使者,辽使伐之"。[3] 索贡辽国使臣凶横残暴,以皇使身份到处搜刮勒索,理直气壮地污人妻女。这时的女真人对辽怀着阶级仇、民族恨,由此可见,由于海东青,五国部与辽朝之间摩擦不断。

赫哲地区盛产海东青,人们经常看到海东青在高空中展翅翱翔,日子苦的时候,老人对飞翔的鹰说:"神鹰啊,你把我们的疾苦带走吧,把幸福带给我们。"后来,日子慢慢变好了,老人就以为是神鹰赐给他们幸福。

---

[1] 一种凶猛而珍贵的鸟,属雕类,产于黑龙江下游及附近海岛。
[2] 〔日〕稻叶君山:《满洲发达史》第二章,杨成能译,东亚印刷株式会社奉天支店,1940,第75页。
[3] 〔清〕长顺、讷钦修、李桂林、顾云:《吉林通志》卷九,清光绪十七年(1891年)刻本,第7页。

因此，全族人崇拜神鹰，也就有了崇拜鹰的习俗。民间传说鹰是神鸟"阔力"，它的威力无比，在伊玛堪故事中基本上都有体现。早年赫哲人用海东青捕猎，可以捕到鱼和小动物。

赫哲族文艺工作者通过走访老渔民、老猎人，挖掘、整理鱼鹰舞。鱼鹰舞模拟鱼鹰的动作，时而独立船头，时而展翅翱翔，时而捕捉鱼儿，时而飞舞盘旋，动作十分矫健。鱼鹰舞舞者用矫健的舞姿，形象地反映了赫哲渔民粗犷、剽悍、勇武的气质。

十、鱼神舞

鱼给赫哲族提供了衣食，提供了生存的条件，它是赫哲族的"神"。当时赫哲人认为大鱼神给了他们小鱼，让他们填饱肚子。没有这些鱼，赫哲人可能被饿死。赫哲人有句俗话：柳蒿芽炖鱼可"度命"。困难时期，赫哲人就是依靠柳蒿芽、鱼、一把小米煮成的粥活下来的。因此，赫哲人感谢和敬畏鱼神。萨满舞传承人尤文兰组织六个老太太研究鱼神舞，研究三天，做了六个鱼神——一个鲑鱼神、一个鲤鱼神、两个胖头鱼神、两个怀头鱼神。她们把鱼神像背在背后，在舞台上表演。她们的舞蹈服装都是自己用鱼皮做的帽子、衣服、裤子、乌拉。最终鱼神舞排练成功，在赫哲族重大节日上进行了表演，受到广泛好评。1994年，这个舞蹈在抚远乌日贡大会上获得一等奖。

以上的舞蹈统称为萨满舞，萨满一人完成的舞蹈主要是萨满跳神治病或萨满跳神送魂，风格偏于严肃。双人完成的萨满舞的风格是主次分明、动作整齐、富于变化。集体萨满舞主要由大萨满领舞、小萨满伴舞，具有气势和观赏性。赫哲族萨满舞从远古流传至今，经历了从精神需求转变为民族文化需求的过程。

十一、哈康布力

20世纪30年代初，凌纯声在记录赫哲族民间故事时，曾记有男女同舞的词，叫"哈康布力"，这是赫哲族舞蹈的专用名词。"布力"这个词有"干"与"做"等多层含义，是舞蹈的特有规范语。"哈康"类似达斡尔舞蹈的"罕伯"，是指大家拉着手跳舞时发出的呼叫声。

流行于赫哲族的民间舞蹈哈康布力是一种集体舞，早年在万里霍通、富锦噶尔当、苏苏屯一带，过年过节时，就有很多青年男女跳哈康布力。

跳哈康布力时,男女双方都同意后,方可同跳,不跳的人旁观。跳舞时,男女拉手,有时相抱转身,有时并进。舞蹈有向前一步跳、拉手、拍手、转身等动作。由于年代久远,会跳此舞的人已不多见了。需要挖掘整理,创新发展,才能传承下去。

十二、庇里西勒

赫哲族"庇里西勒",又称为"庇里沁",这两个名称都是外来语。舞步是踢踏步,传入赫哲地区后,又有了很大的改进,突出了本民族的风格,成为赫哲族的一种民间舞蹈。此舞不限参与人数,舞蹈动作统一,可以用脚踢打出各种复杂的快速节奏,令人兴奋。

从史书上看,赫哲族是有舞蹈传统的。《隋书》记载了1300年前赫哲族的诸位使臣在隋文帝举行的宴会上翩翩起舞的情景,"使者与其徒皆起舞,其曲折多战斗之容"。看起来那时的舞蹈很威武,不仅外交官会跳,随从人员也会跳,可见其普及程度。其实我国古代北方各族,包括赫哲远祖在内的通古斯系东夷土著,都有"喜饮酒歌"的特点。对于保持着原始形态特点的民族来说,喜欢歌舞,是完全符合人类发展的必然规律的,因为舞蹈在原始部落的生活中具有十分重大的意义。赫哲族丰富多彩的舞蹈,在其口头说唱文学伊玛堪中也有反映。除了几乎篇篇皆有的、极为普遍的"萨满舞"外,对生活中其他舞蹈场面的描述,也为我们提供了宝贵的线索。例如,在《阿格弟莫日根》里记述着采野菜时跳的舞蹈:"他往前走着走着,来到了草甸上,四处一看,只见东西两个部落的人们,有男有女,有老有少,三个一群五个一伙的,有的说,有的笑,有的唱,有的跳,乐呵呵地在那里采野菜。"[1]《查占哈特尔》载:"赫哲人风俗,每年正月初一日,青年男女集在宽阔房屋之中在一起跳舞,并有种种游戏,如巴力其(捉迷藏)、阿尔初阔其(嘎拉哈),哈康布力等。"[2] 伊玛堪说唱中所记载的跳舞场面,说明古代的赫哲族舞蹈是很兴旺发达的,它不但出现在大型活动中,也可以出现在劳动中。

---

[1] 宋宏伟:《伊玛堪集成》,黑龙江人民出版社,2014,第396页。
[2] 同上,第1561页。

第六章　赫哲族游戏

赫哲族游戏不是凭空想象的,而是赫哲先人的实践与智慧的结晶,是赫哲族文化的积淀,游戏不但给赫哲族儿童带来童年的快乐,也增强了他们的体质,磨练了他们的意志,为他们从小适应各种艰苦环境做最充分的准备,也为他们留下了永久的童年记忆。

第一节　儿童绳戏

一、编花绳

编花绳的赫哲语叫"夹帕卡巧里",是至少需要2人参加的游戏,最好多人参加。

（一）游戏方法

将一条长度为60～80厘米的线绳结好后,用双手四指（大拇指、食指）套上后撑开,出现网花。另一个人也用双手四指接过来,同时套出不一样的网花。两人或多人互相套,直至套出来的花样与上次花样一样为止。这是少女们最爱玩的游戏。

（二）场地、器材

天气冷时,在屋里玩;天气暖时,在屋外面玩;天气炎热时,在树荫下玩。

二、抡圈

抡圈游戏,赫哲语叫"哈系啸卡"。

（一）游戏方法

准备一条长度适宜的绳子，在绳子的一头拴上一个不太重的物品，比如大小适宜的装有谷物的口袋，一人扯着绳子的另一头抡圈，其他人一个个或一组组从绳子上方跳过，失败者将被淘汰。坚持时间长的那一组为胜。

（二）场地、器材

场地：平整的地面。器材：一根长绳子。

三、摇绳跳

摇绳跳，赫哲语叫"哈多利干"。

（一）游戏方法

有两种玩法，一种是单人跳，自摇自跳，摇一周跳一次，也可摇两周跳一次，也可带一人，可前可后，或带两人，一前一后，摇绳人在中间，摇一周跳一次。另一种方法是两人摇大绳，大家依次跳，也可一起跳，可连续跳，也可跑出去再跳。跳绳游戏现在非常普及，是小学女生特别喜欢的游戏。

（二）场地、器材

场地：平整的地面。器材：一根长绳子。

四、跳绳

跳绳赫，哲族叫"布依固"，这种跳绳难度较高。

（一）游戏方法

两人摇绳，一人跳绳，跳绳者四肢着地，向上翻跳，绳子掠过腰间和背部。

（二）场地、器材

场地：平整的地面。器材：一根长绳子。

五、拉绳

拉绳,赫哲语叫"依系鲍拦",这是一种角力游戏。

(一)游戏方法

在绳子的两端各打一结成背带,两人背对背,绳结穿在右肩上,两人一起用力拉,看谁能把对方拉动,拉动对方者为胜。

(二)场地、器材

场地:平整的地面。器材:用麻绳或皮条结成圆周为2~3米的环状绳套。

六、捆绑

捆绑,赫哲语叫"鲍基玛巧里",两人一对一进行游戏。小男孩喜欢玩这种游戏。

(一)游戏方法

两人一对一进行,看谁先将对方捆住。

(二)场地、器材

场地:平整的地面。器材:一根长绳子。

七、抛绳

赫哲族的一种抛绳游戏,在赫哲族青少年儿童当中广泛流行,趣味性十足。这种游戏深受赫哲族儿童的喜爱。

(一)游戏方法

抛绳有以下几种玩法:一种是把绳子的一端打个扣,摇挂在大树的树干上,儿童拽着绳子爬到树上。另一种玩法是在绳子一端拴住一个较短的棍子,将棍子抛挂在大树的树杈上,儿童拽着绳子爬到树上。还有一种玩法就是把绳子的一头固定在地里,另一头给捕捉者(相当于"猎人"),

其余人为被捕捉者（相当于"猎物"）。被捕捉者跑到绳区，捕捉者带绳跑，被捕捉者没来得及抬腿跑开，就会被绳子捉住。捕捉者动作一定要迅速，以免"猎物"跑掉，被捕捉者动作也得敏捷，以防被"猎人"捉住。

（二）器材

大树，若干根绳子。

第二节　角力游戏

一、拔大葱

拔大葱是赫哲族地区从青少年到成年男子都喜欢的一种民俗体育项目。

（一）游戏方法

少年儿童游戏，两人一组，两人相对而站，上半身相错一些，各自将一只脚伸到对方裆下半步，两腿弯曲；半蹲；上体前倾，双臂环抱于对方腰间，双手紧扣。下令"开始"后，双方同时发力，向上拔对方，谁的脚先离开地面，谁就负。

（二）场地

拔大葱这项角力运动无须器材，对场地也没有什么要求，只要是一小块平整的地面即可。这项运动便于普及与开展，特别适宜于中小学课间休息时进行。

二、掰手腕

这是赫哲族地区从少年儿童到成年男子都喜欢的一种上肢力量较量的民俗体育项目。

（一）游戏方法

两人对坐，胳膊放于桌面上，两手相握（同用左手或右手）同时用力，扳倒对方为胜。规则是肘部不准移动，手后仰不准用小臂支撑。两人均站稳，原地不动地掰手腕。身子或腿脚动者，或者被对方把手腕子掰倒过去者则为败者。也有两人俯卧在地面上扳腕子的，规则同前。

（二）器材

平整的桌子1张，凳子2个。

三、举人赛

这种运动，赫哲语叫"基开木布里"。举人赛一般是在黑龙江赫哲族与俄罗斯那乃族之间进行，其实就是大力士的较量。他们是勤劳、勇敢的民族，在长期生活过程中，经常要和动物进行力量性对抗，因而平时生活当中也特别注重力量性的练习。举人赛逐渐演变为青少年一种举重物游戏活动。

（一）游戏方法

一名队员盘腿坐在地上，另一名队员双手放在对方的腋下，用力地将他提举到膝盖的高度。

（二）场地

四周没有障碍物的沙土地、草地或垫子。

四、顶鹿

祖祖辈辈生活在我国东北地区的鄂温克族、达斡尔、赫哲族等少数民族，这些民族在长期生活过程中，狩猎和蓄养动物，经常与动物或猎物进行较量，后来这种力量的较量演变为民间儿童游戏活动——"顶鹿"。

（一）游戏方法

游戏时，两个人的手和脚都着地，然后两人的额部顶在一起。当听到"开始"时，两人用力顶对方，将对方顶退半步距离，或对方的头主动离开时，视为胜利。

（二）场地

平整的地上或垫子上。

五、扛物跑

很早时期，我国北方地区的赫哲族、满族、蒙古族少数民族的主要生产方式是狩猎，捕获动物以后要靠马驮人背。在很多山林或地形复杂环境下，马或牛到达不了，只有靠人背的形式将猎物运下山。在长期的生产过程中，此项力量性游戏活动便产生了。

（一）游戏方法

游戏时，两个人一组，背对背站立，两臂的肘部勾在一起，将另一个人背起。多组进行短距离比赛，跑得快者为胜。

（二）场地

平整的地上。

六、熊角力

熊角力，赫哲语叫"玛帕卡巧里"，意思是力量大。熊角力起源于狩猎的劳动当中，后来人们模仿狩猎场景，逐渐演变为一种身体较量的游戏比赛。

（一）游戏方法

先将一名队员用绳子捆住其腰，这名队员作为"熊"，"熊"腰上的绳子可伸出几个绳头，长度适宜。"熊"若把绳子另一头的队员拽到自己跟前，此队员就被淘汰出局。有时，两三个队员同时扯"熊"。

（二）场地、器材

场地：在平整的土地上，或是草地上进行游戏。器材：三条长绳。

七、挤油

挤油，赫哲语叫"木依莱埋求里"，这是一种赫哲族少年儿童的游戏。

（一）游戏方法

大家站到直径2米的圆圈内，相互往外挤别人，不许用手去推，只能用肩膀去挤推别人，直到圈中只剩下最后一人，则其为胜者。早期屋子里面很冷，这项运动适合冬季大冷天时进行，缓解寒冷。

（二）场地

平整的地面。

八、推熊

推熊，意思是比力气的比赛。开始起源于狩猎的劳动当中，后来人们模仿狩猎场景，逐渐演变成一种青少年男子之间身体较量的游戏比赛。

（一）游戏方法

选出身体壮实、体重较大的一个人当作"熊"。在平整的土地上画2条相距3.5米的横线。把参加游戏的人分成两组，选出的"熊"站在两组的中间。游戏开始时，两组的人合力将"熊"推到对方区域为胜。

（二）场地

在草地上、运动场上，或是在平整干净的土地上进行。

第三节 抛掷游戏

这类民俗体育游戏项目通常以投掷或抛甩的形式存在于人们的日常生活、劳动中。通过开展这些民俗体育项目，人们最终收获的是身体上的健康和心情的愉快，这也是人们开展这类体育活动最基本的目的。

一、抛石

抛石在赫哲族地区通常有三种玩法。第一种赫哲语称为"那拉奥里·胡埃歹列"。第二种称为"哈而因"。第三种玩法称为"哈尔啸卡"。

（一）游戏方法

那拉奥里·胡埃歹列的玩法为：参赛者用一只手攥住一块石头，然后在两腿之间摆动两次，第三次用力把石头抛出去，最后看谁抛得最远，最远者为胜。哈而因的玩法为：两人一组，选两块重量大致相同的石头，每人一块，同时将石头从岸上抛到水里，谁抛出的石头最远，谁为胜者。哈尔啸卡的玩法为：大家站在河岸边，借助弹弓（或线绳）把石块投向河里，看谁投的石块最远，远者为胜。

（二）器材

合适的石头或砖块一枚。

二、撇石子

场地可选在空旷的平地，也可选在平缓的河岸边。选手自己准备一些适中的鹅卵石和扁圆片石。参赛人数不限，计个人成绩。

（一）游戏方法

第一种是在一定距离内，参赛者用相同数量的石子按前后顺序向立于空地上的木牌投掷石子，石子击中木牌多者为胜。第二种是在一条投掷线后，选手按先后顺序投石子，投出的石子远者胜。裁判未发口令时，不得擅自投掷石子，否则不计比赛成绩，第一次警告，第二次罚下场。

（二）场地器材

石子远投需投在20米宽的区域内。

三、抛包

抛包，赫哲语叫"比那"，是指将背包尽量向上或向远处抛出去，越过专门设置的障碍。

（一）游戏方法

将包抛到规定高度，并越过障碍物后快速向前跑并接住，以越过障碍多而包不落地者为胜。

（二）场地、器材

场地：平整土地。器材：一定规格的包。

四、抛草捆

抛草捆赫哲语叫"夹帕干"，要先把一捆草绑紧作为玩具。

（一）游戏方法

参赛人员分成两组，一组 2～4 人，两组相距 25～30 米。一组队员将草捆抛过去，另一组队员去接，没抓住草捆的队员就站住不动，抓住草捆的队员与抛草捆的一队迅速交换位置，站稳后，迅速把草捆抛向另一队。就这样反复进行，直到其中一队中最后一位在场的队员没抓住草捆，那么这一队就算输家。

（二）场地

选一平整的地面，沙滩、草地均可。

五、抛塔墩

抛塔墩，赫哲语叫"埃何埃"，是流行于赫哲族青少年当中的一种游戏比赛活动。

（一）游戏方法

在一山脚下，放一爬犁。游戏时，把参赛人员编成人数相等的两队，其中一队每人托起一个草球站在雪橇上，从高处一起抛向距离爬犁大约 3 米的坡下的另一队（也叫"猎人"队），"猎人"队用长矛又快又准地刺杀，如果有人没有刺中草球或被打倒了，就意味"猎人"受伤或死了，他就退出游戏变成服务人员。草球抛完，两队轮换进行，直到有一个队没有"活"的人为止。

（二）器材

把秋天的大塔墩起下来，装进旧网里，挤压成球形，球的直径为 40～50 厘米，放置在阴面或盖上干草，阴干成草球。

六、打兔子

赫哲族是我国古老而唯一的渔猎民族，早期主要以打鱼、狩猎为生。在狩猎过程中，像兔子这样的小动物有时突然出现在眼前，继而逃跑。有时猎人要偷偷接近猎物，又不能靠得太近。出现这样的情况时，猎人会顺手拿起石块或木棒去打击猎物。这样的事情在打猎过程中经常出现，为顺利打到猎物，也为了训练孩子们的投掷准确度，逐渐出现了打兔子游戏。

打兔子，赫哲语叫"囊图鲁"，是赫哲儿童喜闻乐见的娱乐活动，是赫哲地区的中小学体育课堂中常见的体育游戏。

（一）游戏方法

参赛者在投掷线后，单手投掷狩猎棒击打摆放在近、中、远三条横线上的猎物。击中近处猎物，得 1 分；击中中处猎物，得 2 分；击中远处猎物，得 3 分。胜负判定标准：击中猎物累计得分多者胜，若分数相同，再掷狩猎棒，直至决出胜负。

裁判员组成及职责：主裁判 1 名，选定比赛场地，检查比赛器材，主持比赛，决定比赛结果。副裁判 2 名，负责猎物摆放，器材递送，协助主裁判组织运动员安全有序地进行比赛。记录员 1 名，负责参赛队员的登记，记录比赛结果。要求：不许助跑投掷狩猎棒。一般情况下，狩猎棒直接击中猎物方可得分；若狩猎棒不是直接击中猎物却仍把猎物击倒，可判为有效得分。近、中、远三条横线上的每个猎物若被击中，就把它撤掉，不可重复击打。判罚：投掷狩猎棒时，脚踩投掷线或狩猎棒出手后，身体越过投掷线，记投掷一次，击中猎物无效。比赛时听到"开始"的口令后，方可投掷狩猎棒，否则视为犯规，并取消比赛资格。要求动作优美，脚步轻快，节拍自然，勇武彪悍。

（二）场地、器材

场地：选择自然林边或空地，场地长 30 米、宽 6 米。在狭长场地的一端画 1 条投掷线，在距投掷线 15、20、25、30 米处分别画 1 条摆放猎物的横线（女 15～25 米，男 20～30 米）。器材：用柞木或桦木削成长约 45 厘米、宽 6～7 厘米的狩猎棒 3 根（备用若干），形稍扁，一端手握适合为宜，女用狩猎棒比男用的略小。准备软质野兔标靶 3 个。参赛者着简易猎装，参赛人数不限，实行单人排序赛。

七、甩石子

早期的北方地区的少数民族以狩猎为主，赫哲族经常有投掷的动作，后来青少年模仿成人甩石子的动作，这一习惯动作逐渐演变为青少年儿童游戏活动。

（一）游戏方法

找一根有 2 节的秫秸或 50 厘米长的树棍，用刀将一端劈开长 15 厘米的口儿。一端夹上一个小石子，手拿着另一端，游戏时，用力向远处甩。多人参加游戏时，比赛投掷的距离或比赛准确性；一个人游戏时，为自娱自乐的活动。

（二）器材

小石头或砖块，也可以用沙包代替。

八、打水漂

赫哲族世代生活在中国东北三江沿岸，他们与水有着浓厚的情感。生产劳动之余，会拿起身边的石片或土片投向水中，欣赏着泛起的波纹，以此为乐。

（一）游戏方法

参加游戏的人排好顺序，依次将石片尽量小角度地投向水中，石片在接触水面时不断跳跃前进，比试谁打出的水花（即在水面上跳动的次数）多。

（二）场地、器材

场地：平静的河面。器材：若干枚石片或硬土片。

第四节 赛跑游戏

一、出声赛跑

出声赛跑，赫哲语叫"埃利安"，是早年赫哲儿童常玩的一种游戏。

（一）游戏方法

一个人深呼吸后，开始跑，同时一直喊出声，不许间断，声音停止，跑步也一同停止，看谁跑的距离远。

（二）场地

平整土地或草地。

二、一口气跑

一口气跑，赫哲语叫"埃追坡"。

（一）游戏方法

参赛者需要深深吸一口气，然后开始奔跑，其间不断发出"啊"或"唉"的声音。能听到声音的时候，说明参赛者还在跑；如果声音停止了，就说明参赛者已经停下了，这就是他的终点。谁的终点远，谁就是胜利者。在突遇烟雾和溺水时用得上这一技能。

（二）场地

平整土地或草地。

三、耐寒赛跑

这是在赫哲族居住地的寒冷的季节，青少年勇敢地挑战自然的比赛。

（一）游戏方法

参赛者需要不戴帽子，不戴手套，不穿外套，光脚跑出很长一段距离，谁坚持到最后，谁就是胜利者。

（二）场地

平整土地或雪地。

四、塔头上赛跑

塔头上赛跑，赫哲语叫"拆克拆木布利"。春、夏、秋季，孩子们在沼泽地选出带有数量适当、分部适宜的"塔头"的区域，确定起点和终点。

（一）游戏方法

两人一组，在晃动或不晃动的塔头上奔跑，用时最少者为胜。这种运动主要锻炼孩子们的灵敏度和耐力，培养孩子们在狩猎中的奔跑能力。

（二）场地、器材

场地：平整土地或雪地。器材：砖若干。

五、背人赛跑

背人赛跑，赫哲语叫"乌度安"。

（一）游戏方法

两人一组，做距离为 50 米的折返跑。一人背着另一人，从起点跑到终点后，折返至起点，换人，再跑一个折返，先到起点者为胜。这项运动主要训练突遇水灾、火灾时的必要动作。

（二）场地

场地：平整土地或雪地。

第五节　跳跃游戏

一、单脚跳

单腿跳，赫哲语叫"多姆洋"，是以前儿童经常玩的一种游戏。

（一）游戏方法

两人一组或多人一组，在同一起点线前，一只脚着地，不停地往前跳，先到达终点者为胜。单腿跳主要锻炼儿童的腿部力量，是平时避免腿脱臼和骨折的必要动作。

（二）场地

平整土地或雪地。

二、冲力单腿跳

冲力单腿跳，赫哲语叫"拖面迷·布依固"。

（一）游戏方法

这项运动有助力跑，参与者助力跑到起跳线前，单腿着地，跳跃三次，接着双腿着地，跳跃一次，以起跳线到最后双脚落地的距离的长短定名次。

（二）场地

平整土地或雪地。

三、双手扳大脚趾跳

这项运动是以前儿童经常玩的一种游戏，男、女孩都可以参加的游戏比赛活动。

（一）游戏方法

参赛者在起跳线前弯身，手扳着自己的大脚趾，使劲一跳，着地时，双手也不能松开大脚趾，看谁跳得远。

（二）场地

平整土地或草地。

四、兔子跳跃

兔子跳跃，赫哲语叫"果系冒好·布依固"。

（一）游戏方法

确定20米长的起点、终点。参赛儿童都站在起点线前，用力起跳，首先两腿轮换着单腿着地，各跳一下，然后双脚着地，以此类推，先到终点者为胜。

（二）场地

平整土地、草地或雪地。

五、赫哲族跳高

选两根有杈的木杆插在沙滩上，再用一根长木杆横搭在竖杆的杈上。

（一）游戏方法

开始先跳0.5米高，越跳所用木杆越来越高甚至超过头顶，助跑的距离随之变长，跳得最高者为胜。有时，参赛者脚脖上分别绑上1斤、2斤、3斤沙袋去跳，跳得高、加的沙袋重者为胜。

（二）场地

平整土地或草地。

六、撑竿跳跃

撑杆跳跃,赫哲语叫"布依固·高考果",为借杆跳往高处或越过之意。这是早期在青少年当中很流行的一种比赛游戏活动。

(一)游戏方法

分背包和不背包两种,但方法是一样的。选择有小河或山涧的地带,或有障碍物的地方。每位队员手持3米左右的有弹性的木杆,手持木杆支撑跳过河流,或山涧,或障碍物,越过者为胜。这种运动模仿的是动物过河或山涧的动作。主要锻炼少年儿童的跳跃能力。

(二)场地器材

场地:平整土地或草地。器材:有韧性结实长杆。

第六节 女孩游戏

女孩子在游戏的过程中,身心能得到放松。这是一种有益身体健康的游戏项目。

一、摸瞎糊

赫哲族民间谚语:老太婆爱唱白本出,小媳妇爱玩摸瞎糊。赫哲族春节有个习俗,正月初一的早晨,姑娘、媳妇和孩子们换上了新做的绣了云边的狍皮衣裤、鹿皮衣褂,先给家里的老人磕头、拜年,然后纷纷到亲戚朋友和邻居家串门拜年。村里的伊玛堪歌手家里更是挤得满满登登,许多老年人来敬酒,请他讲动人的民间传说和故事、演唱民间说唱。一些小姑娘、小媳妇喜欢聚在一起,玩"摸瞎糊",掷"嘎拉哈";男孩子聚在一起玩叉草球、射草靶、滑冰、滑雪。家家户户,到处热热闹闹、喜气洋洋。

(一)游戏方法

摸瞎糊就是用毛巾把一个人的眼睛蒙上,数人围着她转,谁被抓住,谁就成为"蒙瞎人",这样接着玩下去。

(二)场地、器材

场地：平整土地。器材：毛巾。

二、玩娃娃

玩娃娃是3～6岁的赫哲小女孩花大部分时间玩的一种游戏。

(一)游戏方法

娃娃是由若干块鱼皮、布匹和兽皮缝制而成。玩娃娃就是把它当成真人,跟它说话,让它动,让它哭,让它笑,等等,以完成不同节奏和各种动作为主要内容。

(二)器材

若干块鱼皮、布匹,针、线。

三、女仆

在赫哲族小女孩中,有一种名为"女仆"的游戏很是流行。

(一)游戏方法

主要做法是,小姑娘蹲在地上,手拄着膝盖靠带动手肘来跳跃,还要模仿鹅、鸭等禽类的叫声。谁保持这个姿势跳得最远,谁就是胜利者。类似的游戏：孩子们分成两队,半蹲着相向跳跃,同时不断地发出布谷鸟的叫声,哪个队的队员率先跳入对手的起跳区域,哪个队就获胜。

(二)场地

平整土地。

四、藏猫猫

这是在青少年儿童当中流行的一种游戏活动。适合5～10岁的小女孩玩。

（一）游戏方法

参加人数不限，选出一个"抓人"。在一定范围内，在"抓人"不许看的前提下，其他人都藏好。当"抓人"问"藏好了没有？"若没人回答，说明已藏好，"抓人"开始找人，何时找到，何时为止。由被找到的人接替"抓人"，找不到者为败。

（二）场地

平整土地。

五、找物

找物，赫哲语叫"基阿亚科安"，是找故意藏起来的东西的游戏。

（一）游戏方法

两三个人在户外，屋里一人将一件东西藏起来，让她回来找。若她找到就成为藏者，另一个就成为找者。

（二）场地器材

场地：平整土地。器材：准备藏的物品。

六、抬轿子

抬轿子是适合于6～12岁的女孩子游戏，这是在赫哲族儿童当中很流行的一种游戏活动。

（一）游戏方法

两人面对面站立，一只手攥住自己另一只手的手腕，另一只手攥住对面人的手腕，另一人也是如此。然后蹲下，一个人骑到两人的手腕上，两腿分别穿过每个人胳膊形成的环内，还可以搂这两人的脖子。之后，两人站起，抬着人往前走，可以摇晃，唱着"瓦尔荡、瓦尔荡，娶个媳妇响当当……"一直晃悠、唱着，直到抬不动了停下。还可以分成三人一组，组数不限，轮流上轿，哪组抬的时间长，哪组获胜。

（二）场地

游戏场地不限，可以在江水中洗澡时玩，也可以在江边沙滩上玩。

七、打抱球

打抱球，俗称"打口袋"，是在赫哲族儿童当中很流行的一种游戏活动。

（一）游戏方法

在一平地上，相距15～20米画2条长约10米的横线。比赛时，分成人数相等的两队，一队分散于2条横线中间的场区，另一队分列于2条横线后，用一口袋（口袋内装有稻谷）击打对方。对方抓住口袋或抱住口袋，那么，掷口袋队员出局；对方被击中后，口袋掉地，被击中队员出局。一方使另一方队员全部出局为胜。

（二）场地、器材

场地：平整土地。器材：沙包。

八、跳房子

（一）游戏方法

1. 单、双腿逐格跳

单腿左右均可，但跳格过程中不能出现换腿或者两条腿交叉跳。单双腿逐格跳时不能踩线，手着地，或者跳跃后没有站稳，坐在地上，均被判失误，换由另一方跳。

2. 单、双腿越格跳

单、双腿越格跳分为两种，第一种是起跳时直接跳向第二格，后面是空一跳一，直到跳完；第二种是双方商定指定的格子跳跃，指定格子的多少由游戏双方决定，难度较第一种大。但是，无论哪种形式，均不能出现踩线、手着地等动作，否则视为违例，由对方跳。

3. 单、双腿夹（踢）"包"跳

单、双腿夹（踢）"包"跳与前两种规则相同，不同的是加入了夹

"包"或者踢"包"的动作，难度更大。"包"可以是石块或瓦片或小布包，将"包"顺序踢向第二格、第三格，以此类推，直到踢完为止。越格跳时，"包"必须踢过空格，若压线或停留在空格内，则视为失误，由对方跳。

4. 单腿顶"包"跳

将"包"置于头顶，然后单腿跳，规则和上述相同，但头上的"包"不允许落地，否则由对方跳。

（二）场地、器材

场地：只要是平整的场地即可，一般采用双排方格，并排设格5~10个，格的大小没有严格规定，可根据参与者年龄大小和场地限制来自己决定。也有其他格子的画法。

器材：由六片方形的布缝成的沙包，里面填充沙子或者豆类，也可用小石块或者小瓦片来代替。

九、打枕头

打枕头是流行于我国黑龙江省佳木斯地区的赫哲族中的传统体育项目。

（一）游戏方法

将一个枕头立于屋内炕沿上，用毛巾将一人的眼睛蒙住，令其背对枕头向前走几步，原地旋转数圈，每转一周要用手指一下枕头，然后再去打枕头。参加者由于旋转而迷失方向，往往不但打不中枕头，却误打了围观者，以此共同取乐。

（二）器材

枕头一个、布一块。

第七节 球类游戏

一、圈内抢球

圈内抢球，赫哲语叫"博耶"，是一种冰上或雪上进行的移动类的游戏。

（一）游戏方法

通常是 6～12 岁的孩子玩的游戏。每个人都有一个河柳枝做成的木棍，还有一个用鱼皮或鹿皮做成的直径为 10～15 厘米的球，玩家站成一圈，然后所有人开始踢球，直到有人用木棍从对手那里把球抢过来，并能长时间保护球，就为胜者。

（二）场地、器材

场地：平整土地。器材：球一个。

二、抢球赛

抢球赛是早期赫哲族比较流行的一种游戏比赛活动，这个比赛大人小孩都可以参加。

（一）游戏方法

比赛规则：双方画一条对抗线，一名队员向对手区域投掷草球，尽量不让对方接到。如果对手接到了，那么投掷球的一队就要让出自己的一个位置让胜者占据。比赛一直这样进行下去，直到一方再无位置让给对方，比赛就分出胜负了。这种抢球比赛是锻炼身体的最佳方式，并且不受季节的影响，临时宿营地都能进行比赛。队伍中的成员要用手将球传来传去，不让对手拿到球，需要假动作的帮助，要快速传球、快速移动，以保证胜利。此项运动需要参与者有很好的体力，动作灵敏，运动灵活，目标准确，勇敢向前。

（二）场地、器材

场地：平整土地。器材：球一个，最常见的球是用苔草或河柳皮做成的，或是用球的替代品——一团干草或土块。

第八节　其他游戏

此类项目是以娱乐和趣味性为主，是赫哲族特色民俗体育项目。在游戏过程中，强调趣味性与本民族特色相结合。

一、打花脸

打花脸是赫哲族节日中的一种娱乐性游戏活动。被抹花脸的人不能翻脸骂人，否则会群起而"攻"之。此时，大家会哈哈一笑，非常开心。

（一）游戏方法

正月十五到正月十六，男女老少在晚上，趁人不备，便往其他人脸上抹上锅底黑灰。

（二）器材

锅灰。

二、打秋千

每年清明就开始打秋千玩。赫哲族大小、小孩子都喜欢玩。

（一）游戏方法

互相换班荡着玩，坐、站、卧均可，荡得高者为胜。

（二）场地器材

先搭个架子或在大门上边的框上挂上绳子，绳子上拴上一块板，板子在下面，把绳子系好。

三、放气球

放气球是早期赫哲族儿童喜欢玩的一种游戏。

（一）游戏方法

气球是用野猪膀胱或鱼泡做的，向里面吹气，扎住口。气球表面上可糊上彩纸，拴上穗子。气球用绳拴着，攥在手中。让大风吹着，在空中飘。

（二）器材

气球若干。

四、弹球

弹球是20世纪80年代以前，赫哲族儿童喜欢玩的一种游戏。

（一）游戏方法

在地上挖很多弯曲土坑，规定去向，用手将玻璃球弹入坑内，再将玻璃球由这个坑弹入另一个坑，参加者人数不限，轮番弹，所弹的球不能准确入坑者终止弹球，等到下一轮方可再弹，弹入最后一个坑者为胜。

（二）场地、器材

玻璃球若干枚。

五、打弹弓

打弹弓是20世纪90年代以前，赫哲族男孩和成年男子喜欢玩的一种打小动物的游戏。

（一）游戏方法

使用的弹弓多为传统弹弓，弹子多为河滩上挑选的小石子或用黄泥搓成的晾干的小泥球。选一树干做靶，或在两棵树或两根木杆之间拉一绳，在绳上悬挂若干个气球或小瓶等物靶。在数十步外画一横线，在横线后进行射准，约定次数内，击中次数多者胜。游戏开始前，双方先商定某物（多为小鸟）为射击对象，然后左手握住枝丫下端，右手用拇指和食指捏住裹有小石头的皮质带，瞄准目标，用力一拉，然后松开手，石头就向前飞去。射中目标者为胜。建议最好在没有人的场所进行游戏。现在社会积极保护动物，建议把射击目标改为固定的靶子或以砖头代替。

（二）器材

弹弓、子弹。选取一个"Y"形的树杈，将其去皮修整，使其表面光滑，树杈的角度在30度为宜，太大或太小均有碍射击效果。然后在枝丫的顶端处挖两个凹槽，用来固定两条发射用的"皮带"（来自自行车的废车内胎或废听诊器的橡胶管，上乘之选是用作为自行车气芯的空心橡胶管），中间用较宽的椭圆形的皮质带连接，以作包裹弹丸之用。弹弓的子弹通常是就地取材，用的多是小石头或瓦片。

第七章 赫哲族乌日贡大会概况

赫哲族是中国东北地区历史悠久的一个少数民族，也是东北地区的世居民族。其居住地域广阔，赫哲族主要分布于黑龙江、松花江、乌苏里江交汇构成的三江平原和完达山余脉地区，另外一部分居住于俄罗斯境内，主要居住在贝加尔湖以东至库页岛（俄称"萨哈林岛"）一带。千百年来，赫哲人逐江而行、依山而居、渔猎而生；地处寒温带，四季分明，水系发达，泡泽密布，植被茂盛。过去动植物资源极其丰富，世代以渔猎为生的赫哲人创造了独具地域特色、民族特色的渔猎文化。

生产生活方式的改变、渔猎资源的减少、科技的发展、城市化进程的加速等使赫哲族的民俗文化不断地消失，特别是赫哲族民俗体育文化的传承出现了危机。在这样的情况下，就要寻求保护传承赫哲族民俗体育文化的各项措施，其中，赫哲族乌日贡大会就是大家寻求的有效途径。

第一节 乌日贡大会的设想

早期，赫哲人大多是三五一伙或更多的人组队进山狩猎，或下江捕鱼。劳作时，一些青年人总少不了要进行生产技能的比拼。休息时，大家总会要求老把头说唱一段伊玛堪。特别是喜获渔猎丰收之后，大家就要用喝酒、唱歌、跳舞、摔跤等活动来欢庆，使身心愉悦，体能得到释放。这些活动只是乐一乐、玩一玩，没什么章法。

赫哲族信仰萨满教，早期的赫哲族每逢三月三，跳鹿神；九月九，过鹿神节。跳鹿神当时是为了驱魔避邪，保佑全村无病无灾，人丁兴旺，祈求渔猎丰收，日子平平安安。每逢三月三的那一天，村里的萨满穿上神服，敲起神鼓，全村的男女老少都跟着"咚咚"的鼓点，载歌载舞，跳起欢快的鹿神舞，人们尽情欢乐。20世纪20年代，赫哲族居住的村屯中有盛极一时的宗教活动。例如，在街津口、德勒乞跳鹿神时，有200余人参加，场面非常热闹，这就是赫哲族早期最大的群众性集会。

赫哲族网滩或猎场上的各种技能的比拼、伊玛堪的说唱及宗教祭祀活动的形式和内容为赫哲族文体大会奠定了深厚的文化基础。

近代，赫哲族是一个饱受苦难的民族，在恶劣的自然环境中生存，在弱肉强食的部落之间的征战中付出很大的牺牲，特别是在抗击外夷侵略的保家卫国战争中做出了巨大贡献。赫哲族军民在抗击沙俄侵略者、日本侵略者的入侵中，英勇顽强，在戍守边疆中抒写着本民族的历史与荣耀。所有的困难都没有摧垮赫哲人，反而造就了赫哲人吃苦耐劳、不畏艰难困苦、积极乐观向上的性格。

中华人民共和国成立后，赫哲族也受到了"大跃进"及"文化大革命"的影响，赫哲族的政治、经济、文化等方面处于非常脆弱的境地。

改革开放后，赫哲族的政治、经济得到了根本性的好转，跟随国家前进的脚步，赫哲族进入了快速发展时期。赫哲族百姓的生活发生了翻天覆地的变化，人们过上了幸福的生活。

物质文明丰富了，人们对精神文化生活要求就会有所提高。这就需要一个平台来赞美人们的美好生活，保护和展示赫哲族浓厚的渔猎传统文化，增强赫哲族族体意识，增进团结。正是在这样的大好形势下，在赫哲族有识之士的倡导下，在政府部门的大力支持下，在全体赫哲民众的参与下，于1985年6月28～29日在同江县街津口赫哲族乡举办了以文艺、体育为主要活动内容的"首届赫哲族文体大会"。1988年6月，将赫哲族文艺、体育活动融为一体的文体大会正式更名为乌日贡大会，"乌日贡"是赫哲语"娱乐喜庆"之意。到第五届乌日贡大会（1997年6月，在同江市举行），大会每三年举办一次，会期2天；从第六届乌日贡大会（2001年7月，在双鸭山市的饶河县举行）开始，每四年举办一次，会期2天，定于每年的农历五月十五召开。到2017年，已成功举办了十届乌日贡大会。

目前，赫哲族最大的民族盛会是乌日贡大会，由赫哲族聚居地轮流举办，一般每届都在渔汛喜获丰收后的6月下旬（农历五月十五）召开，会期2～3天。这时的赫哲族所居住的三江（黑龙江、乌苏里江、松地区）流域正值休渔期。居住在三江等地区的赫哲族从四面八方汇集到举办地，载歌载舞共同欢庆自己盛大的民族节日。乌日贡大会既是赫哲族的欢庆节日，又是以节日庆典的形式来展示和活态传承赫哲族浓厚的渔猎传统文化。赫哲族乌日贡大会一般都会进行鱼神舞、鱼叉舞、天鹅舞、萨满舞等富有本民族浓郁特色的文艺表演。在赫哲族的乌日贡大会上，民间说唱文学"伊玛堪"最吸引观众的眼球，颇有韵味。在乌日贡大会上，还举行摔跤、杜烈其、渔王角力、叉草球、撒网、顶杠、拉杠、打兔子、射箭、游泳、划船、拔河等民俗体育竞技或表演项目。

乌日贡大会现已举办了十届，规模和社会影响力越来越大。大会期间，散居在其他省市的赫哲族也纷纷赶回来参加本民族的节日盛会。俄罗斯境内与赫哲族同根同源的那乃人也来参加竞技，大会期间有多家媒体进行了报道。可以说，乌日贡大会在宣传、传承赫哲族民俗体育文化方面做得非常成功。乌日贡大会作为展现赫哲族浓厚渔猎文化与体育竞技的重要舞台，对传承赫哲族传统渔猎文化起到了积极的推动作用。

第二节　乌日贡大会的相关元素

赫哲族乌日贡大会在发展的过程中不断得到完善，1991年6月27～28日，第三届乌日贡大会在位于乌苏里江畔的饶河县四排赫哲族乡举行。第一次点燃了圣香，第一次唱起了乌日贡大会的会歌，第一次打出了会徽和会旗，第一次跳起了"温吉尼"，从此，赫哲族乌日贡大会的内容和程序基本上固定下来。

一、会徽、会旗

第三、第四届乌日贡大会上出现了各代表队自己设计的会徽、会旗。关于能不能像全国运动会（简称全运会）一样有自己标志性的会徽、会旗，经过主委会的讨论和广泛的征集，于第五届乌日贡大会上，采用了孙玉森设计的会徽、会旗，延续至今。

乌日贡大会的会徽图案是立式椭圆形结构，与赫哲族的萨满神鼓同形。萨满神鼓是赫哲族宗教传统文化的缩影，也是唯一流传于民间的打击乐器。赫哲族有一句谚语，"神鼓一敲震长空，腰铃一甩起祥风"。它是古代赫哲族祭祀活动以及大型庆典活动中必不可少的"神具"，可以肯定地说，赫哲族家家都有神鼓。神鼓形状的会徽代表着赫哲人用世代敲响的神鼓，激荡着一代又一代赫哲族子孙继承先辈们拼搏进取的精神，祝福民族兴旺与繁盛。

会徽主体图案由一只引颈高飞的白天鹅、两条凌空跳跃的鲟鱼和三条不同颜色的水波纹组成。白天鹅是赫哲族的吉祥物，象征着纯洁与美好的爱情，把它置于图案的中心，寓意赫哲族的生活吉祥、美好、幸福。两条腾空飞越的鲟鱼对称分布在白天鹅两边，鲟鱼是松花江、乌苏里江、黑龙江的名贵鱼种。中华人民共和国成立前，赫哲族世世代代以渔猎为生，以鱼肉为食，以鱼皮为衣，图案中的鲟鱼代表着赫哲族丰富的渔业资源和富有情趣的鱼文化。

图案下方是三条波浪线，深蓝、棕黄、墨绿颜色各一，代表着养育了赫哲族子子孙孙，孕育了赫哲族悠久丰富的渔猎文化的黑龙江、松花江、乌苏里江。

图案的外圈为云纹，它是游牧、渔猎民族崇尚蓝天、白云的重要体现。

会徽底面的字母是乌日贡的汉语拼音"Wurigong"，代表着乌日贡之名。

整体图案寓意世世代代以渔猎为生，繁衍在三江流域的赫哲族像鲟鱼一样腾飞，像白天鹅一样在蓝天中展翅高翔。

会旗为长方形，旗标与会徽相同，旗身为天蓝色，旗标为银白色。

二、吉祥物

在第十届乌日贡大会上，出现了吉祥物——鱼宝，设计者是佳木斯大学美术学院的教师邢晗。吉祥物是以黑龙江特有的鳇鱼为形象，进行了卡通处理，显得亲和可爱。鱼宝着以赫哲族服饰，头戴鹿角神帽，身着萨满神裙，用以烘托乌日贡大会的氛围。鱼宝手持弓箭，代表着赫哲族传统体育项目——射箭，体现了乌日贡大会的运动精神。鱼宝代表着黑龙江、松花江、乌苏里江最名贵的鳇鱼资源，赫哲族的宗教信仰及赫哲族的渔猎生产生活方式。

三、温吉尼

赫哲族世代信仰的宗教为萨满教，在中华人民共和国成立前盛行于赫哲地区，有着广泛的群众基础。由赫哲族祭祀活动演变而来的萨满舞，也称作"温吉尼"，在每届乌日贡大会上都以开场舞形式出现。激昂的神鼓声、腰铃的甩动声及"人神沟通"的肢体语言所体现的舞蹈动作给人神秘的感觉，舞蹈包含欢快的节日氛围、庆祝丰收的喜悦，以及祈求神灵保佑人们风调雨顺、平平安安、幸福美满等含义。

温吉尼就是赫哲族早年的跳鹿神。每逢三月三，跳鹿神；九月九，过鹿神节。当时是为了驱魔避邪，保佑全村无病无灾、人丁兴旺，祈求渔猎丰收、生活平安。现在，因为赫哲族渔猎经济的衰退、医疗事业的发展、群众思想觉悟的提高，萨满在群众中的影响大大被削弱了，所以跳鹿神的宗教活动渐渐地发生了转变。如今赫哲族的鹿神舞已发展成为赫哲族民间较大的节庆中的一种展示原始宗教信仰、增添传统文化色彩和烘托喜庆气氛的娱乐活动。

四、祭圣水

圣水采自黑龙江、松花江、乌苏里江三江之水，祭奉于圣坛，以感激大自然对赫哲族的赐予和赫哲人对江河神灵的敬畏。

五、圣香与圣香坛

中华人民共和国成立前，赫哲族信仰萨满教，相信万物有灵，相信任何事物都有神灵在主宰。因此，赫哲族百姓从事大型活动之前，比如，开江打鱼、进山围猎等都要点上蒿子香，进行祭祀。它由远古赫哲族先民祭拜神灵发展而来，代表着赫哲族盛大节日活动的开始，寄托着淳朴善良的赫哲人对美好生活的期许与祝福。

点燃圣香象征着传统，预示着开始，蕴含着祝福，看到这一幕，会使赫哲人本能地感受本民族历史文化，憧憬美好的未来。

祭圣水、点燃圣香、跳温吉尼已成为赫哲族乌日贡大会活动中最为厚重的赫哲族传统文化的积淀。

赫哲族乌日贡大会，从第三届开始有了点燃圣香的仪式，即有了乌日贡大会的圣香坛。

历届乌日贡大会的圣香坛，从设计到制作，相对来说较为简单。赫哲族第九届乌日贡大会圣香坛的设计、制作秉承的理念是：美观、大气，继承且脱俗，反映具有普遍意义的赫哲族传统信仰文化和热爱自然、保护自然、追求和谐共生的理念。赫哲族第九届乌日贡大会圣香坛，由底座、柱体和象形的圣乞勒花（迎春花）冠三个部分组成。高近6米、直径80厘米的柱体上雕有熊、虎、鹿、鹰及鳇鱼及天神、吉星神、山峡神和'爱米'神的形象。另外，有单层或双层的云朵，使其整个画面庄重、宏大又极富质感和立体感，更有众多神灵飘浮云天或喜降人间的艺术效果。之所以雕制熊、虎、鹿、鹰等动物形象，是因为这既是赫哲族崇拜动物、信奉万物有灵这一朴素观念的反映,也是赫哲人图腾崇拜之遗迹的确切说明。被确认的赫哲族古老氏族'贝尔特吉尔'即有熊的心脏之意。有些赫哲族的故事中说,熊是人变成的,还有猎熊后请求原谅的祭拜仪式,这都说明熊在赫哲族一些部落群体和氏族中是作为图腾而加以崇拜的。虎,一些赫哲族人称其为'老祖宗'。人们把虎神圣化,赋予他通灵、能口吐人言、保佑后代等许多灵异之处,把虎看成是氏族的祖宗神和保护神。鹿,人们把它看成是吉祥、美好的化身。一些狩猎的部族里流传有鹿变作女人与赫哲族猎人一起生活及富有灵性的金鹿给猎人带来好运的故事和传说。鹰,即阔力,是赫哲族羽族图腾,是女性萨满和女性酋长的化身。阔力作为原始宗教中的一个神灵,从前为赫哲人所崇拜,人们赋予她特有的神性。阔力神鸟从本质意义上来说,就是氏族的发端大神、远古始妣的象征,是图腾崇拜与早期祖先崇拜交织的原始宗教传统观念的反映。鳇鱼是三江流域体形最大的鱼,过去,上千斤的鳇鱼是常见的。人们把它看作是能帮助人类驱除险恶、能力非凡的战神。同时,它也是代表人们对物质生活的依靠。这在动物崇拜极为盛行的时期,使得赫哲人对鳇鱼加以崇拜就显得尤为自然和可信。天神,赫哲人最尊敬之神,他能使你逢凶化吉、家业兴旺。吉星神,赫哲人对吉星神的崇敬仅次于天神。赫哲人认为,吉星神为最洁净之神,他能使你祛病安身、吉祥幸福。山峡神,赫哲人敬奉的威力较大的神,他能镇服各类妖魔,保佑你平安顺利。'爱米'神,赫哲人认为他既能战胜妖魔鬼怪,又是沟通、保佑、辅助人神之间的使者,也是萨满施展神术的神。柱体顶端的巨型圣乞勒花(迎春花),既是圣香坛整体美感的需要,也为我们形象地注释了赫哲族民间祭拜神灵必焚乞勒香草的古老习俗。①

六、会歌

乌日贡大会从第三届开始有了会歌,第三届的会歌为《东方有个赫哲人》(图8-1)。

---

① 尤利军:《赫哲族乌日贡》,黑龙江省赫哲族研究会,2018,影印本,第374页。

第七章 赫哲族乌日贡大会概况

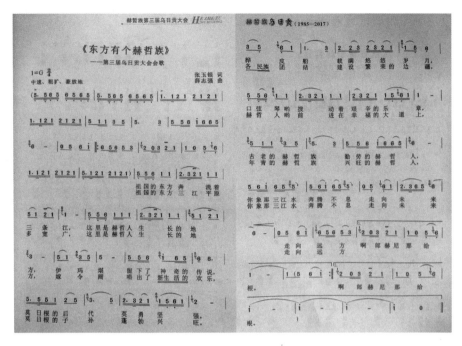

图8-1 第三届会歌

第六届乌日贡大会会歌《乌日贡之歌》（图8-2）。

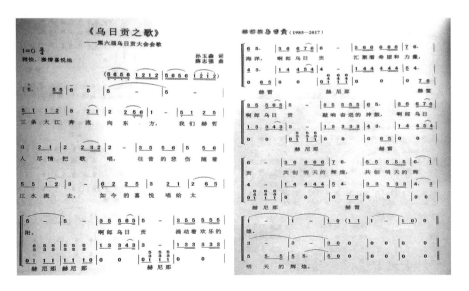

图8-2 第六届会歌

第七届乌日贡大会会歌《乌日贡会歌》(图 8-3)。

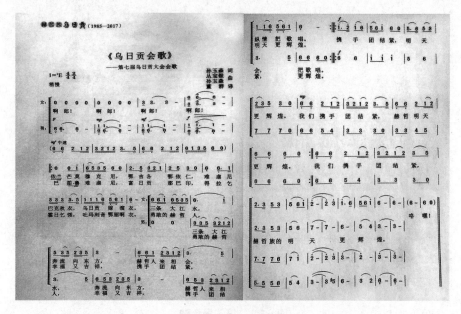

图 8-3　第七届会歌

1991 年 6 月 26～27 日，乌日贡大会在饶河县四排赫哲族乡举行，就在这届大会上，第一次跳起了温吉尼，第一次打出了乌日贡大会的会旗和会徽，第一次唱起了会歌，也是第一次由时年已 80 岁高龄的赫哲族著名伊玛堪歌手葛德胜老人点燃了第一束圣香。

七、篝火晚会

赫哲族乌日贡大会第一天晚上都要举行篝火晚会，晚会的内容主要是歌舞。第五届篝火晚会节目单见图 8-4。

乌日贡篝火晚会是赫哲族传统渔猎文化的体现，在丰收喜悦之余，在酒足饭饱之后，人们齐聚在篝火旁，尽情地欢唱、欢跳，表达自己的欢乐之情。不管认识不认识，会不会跳舞，都可以踩着鼓点舞动起来，尽情释放欢乐的情绪。

> 1. 开场：《永远的乌日贡》
> 2. 伊玛堪说唱：《赫哲莫日根》
> 3. 独唱：《我爱渔乡夜色美》
> 4. 舞蹈：《冬钓》
> 5. 歌伴舞：《大顶子山哟高又高》
> 6. 小合唱：《赫尼哪》
> 7. 舞蹈：《鹿神舞》
> 8. 独唱：《美丽的敖其湾》
> 9. 小合唱：《赫哲人心里比蜜甜》
> 10. 歌伴舞：《今天我们过节》
> 11. 独唱：《赫哲酒歌》
> 12. 联欢舞会：《乌苏里芒莫尼》

图 8-4　第五届篝火晚会节目单

第三节　乌日贡大会程序和各届文体项目

　　乌日贡大会会期为2天，开幕式流程如下：上午8时或9时，开幕式开始，领导、演员、运动员、裁判员入场；升国旗，奏国歌，升会旗，奏会歌；大约在上午10时，祭三江圣水，点燃圣香，跳温吉尼；领导致辞；演员、运动员、裁判员宣誓；演员、运动员、裁判员退场，开幕式结束。接下来是文艺比赛，晚上有篝火晚会，第一天结束。

　　第二天主要是体育比赛，大约在下午3时结束。

　　所有的比赛项目结束后，完成成绩登记，接下来进入闭幕式阶段。程序是：领导、演员、运动员入场；宣布文艺、体育比赛获奖名单，颁发集体奖、莫日根奖；领导致辞；降会旗，奏会歌；交接会旗；宣布闭幕。（表8-1）

表 8-1 历届乌日贡大会一览

届次	名称	时间	地点	表演或竞赛项目
一	赫哲族首届文体大会	1985.6.28~29	同江县街津口赫哲族乡	文艺：传统民歌、新民歌、民间舞蹈、现代民族舞、伊玛堪、说胡力、口弦琴弹唱。 体育：叉草球、射击、赛船、顶杠、拉杠、游泳、撒旋网、潜水 8 个项目。 代表队：有同江、佳木斯、北京联合、八岔、四排、敖其、街津口 7 个代表队
二	赫哲族乌日贡大会	1988.6.27~28	同江市街津口赫哲族乡	文艺：伊玛堪、嫁令阔、口弦琴弹奏、新民歌、传统民间舞蹈、现代民族舞。 体育：划船、游泳、射击、叉草球、跑万岁、登山、旋网捕鱼、顶杠、拉杠、摔跤，共 10 项。 代表队：有街津口、八岔、四排、敖其佳木斯、同江市区、散居代表队 6 个代表队
三	赫哲族乌日贡大会	1991.6.26~27	饶河县四排赫哲族乡	文艺：舞蹈、声乐、乐器。 体育：划船、游泳、摔跤、射击、叉草球、射箭、顶杠、拉杠、杜烈其，共 9 项。 代表队：八岔、街津口、同江市区、敖其、佳木斯、饶河镇、四排 7 个代表队

续表 8-1

届次	名称	时间	地点	表演或竞赛项目
四	赫哲族乌日贡大会	1994.6.23～24	佳木斯市敖其镇	文艺：舞蹈、声乐、乐器。体育：摔跤、射击、划船、叉草球、顶杠、拉杠、射箭、杜烈其，共7项。代表队：四排、饶河镇、街津口、八岔、同江市区、抚远市、佳木斯市区、佳木斯市郊区，共8个代表队
五	赫哲族乌日贡大会	1997.6.19～20	同江市	文艺：舞蹈、声乐、乐器。体育：划船、射击、射箭、摔跤、渔网角力、叉草球、杜烈其、顶杠、拉杠，共9项。代表队：八岔、街津口、同江市区、佳木斯市区、奥奇镇、抚远、四排、饶河、勤得利9个代表队
六	赫哲族乌日贡大会	2001.7.5～7	双鸭山市饶河县饶河镇	文艺：舞蹈、声乐、乐器。体育：游泳、摔跤射击、叉草球、射箭、顶杠、拉杠、叉鱼、剥鱼皮、织渔网、杜烈其、拔河，共11项。表演项目：鹿毛球、挡木轮。代表队：八岔、街津口、同江市区、佳木斯市区、敖其、抚远、勤得利、联合、饶河镇、四排10个代表队，特邀俄罗斯那乃区代表队

续表 8-1

届次	名称	时间	地点	表演或竞赛项目
七	赫哲族乌日贡大会	2005.6.21～22	抚远市抚远镇	文艺：舞蹈、声乐、器乐、伊玛堪。 体育：摔跤、射击、叉草球、射箭、顶杠、渔网角力、打兔子、划船、杜烈其、拔河，共10项。 代表队：敖其、北京与哈尔滨联队、佳木斯市区、勤得利、饶河镇、四排、八岔、街津口、同江市区、抚远市抓吉镇，共10队，特邀俄罗斯那乃区代表队
八	赫哲族乌日贡大会	2009.6.7～8	佳木斯市市郊	文艺：舞蹈、声乐、赫哲语、服饰。 体育：摔跤、射箭、划船、顶杠、渔网角力、打兔子、叉草球、杜烈其，共8项。 代表队：街津口、八岔、饶河镇、四排、抚远、北京、哈尔滨、勤得利、同江市区、佳木斯市区、敖其，共11队，特邀俄罗斯那乃族代表队

续表 8-1

届次	名称	时间	地点	表演或竞赛项目
九	赫哲族乌日贡大会	2013.6.22~23	同江市	文艺：声乐、舞蹈、器乐、服饰、语言。 体育：摔跤、射箭、顶杠、叉鱼、渔网角力、狩猎、掷木轮、叉草球、杜烈其、划船、渔具技巧赛，以及群众性竞技项目拔河。 表演项目：椰图鲁、打奓、打马仗、鹿毛球。 游戏项目：背媳妇、赶渔汛。 代表队：同江市区、八岔、街津口、佳木斯市区、敖其、抚远、饶河镇、四排、北京、哈尔滨、双鸭山、勤得利，共12队，特邀俄罗斯那乃区代表队
十	赫哲族乌日贡大会	2017.6.22~23	双鸭山市饶河县	文艺：民族文艺、民族语言、传统手工艺展示。 体育：摔跤、射箭、划船、顶杠、叉鱼、渔网角力、狩猎、掷木轮、打兔子、叉草球、杜烈其、拔河，共12项。 代表队：饶河镇、四排、同江市区、八岔、街津口、佳木斯市区、敖其、抚远、北京、哈尔滨、勤得利，共11队，特邀俄罗斯那乃区代表队

第二届乌日贡大会参赛队有 6 队，上一届有 5 队，传统体育项目由 8 项增至 11 项。

第三届乌日贡大会参赛队为 7 队，完善了大会各个环节，第一次出现了点燃圣香，第一次打出了会旗和会徽，第一次唱起了会歌，第一次跳起了大型集体舞蹈温吉尼。

第四届乌日贡大会参赛队增至 8 队。

第五届乌日贡大会参赛队增至 9 队，第一次邀请了俄罗斯那乃族代表团观摩大会并参与了演出。会后经大家提议、研讨、决定将乌日贡大会的举办时间由三年一届改为四年一届。

第六届至第十届期间，参赛队数量还在增加，到第十届已增至 11 队。乌日贡大会由最开始的弘扬文艺、体育精神逐步发展为集文艺、体育、服饰、餐饮、民族语言、传统工艺与参观、座谈、研讨等于一体的既欢度节日又广泛交流文化的民族盛会，内容一届比一届丰富，表演和竞技一届比一届精彩。

赫哲族是中国东北地区唯一以渔猎为业，使用狗拉雪橇的民族，长期的社会生活和民族习俗，使赫哲族积累了丰富的渔猎经验。因此，在赫哲族的民俗体育文化中，许多传统体育项目都是带有浓厚渔猎风格和民俗体育文化色彩。具有赫哲族渔猎特色的体育项目基本上在每届乌日贡大会上都有体现。

赫哲族的乌日贡大会充分展现了浓郁的民族风格、多姿多彩的赫哲族民俗传统文化和精彩的民族体育风尚，也充分体现了赫哲人勤劳勇敢、拼搏奋进、集体主义至上的精神风貌和传统思想，以及积极向上的生活态度。

第四节　乌日贡大会的作用

一、增强了赫哲族凝聚力

赫哲族自古以来就繁衍于黑龙江、松花江、乌苏里江流域，素有"雄族"之称。赫哲族说唱文学伊玛堪忠实地记录了古代赫哲族的历史与文化，较为翔实地记录了部落之间的征战与反征战、掠夺与反掠夺，因此，赫哲族的历史就是一部征战史，在当时，整个赫哲族全民族同庆同乐的场景是不可能出现的。改革开放的中国国富民安，在这样的大背景下，20 世纪 80 年代，乌日贡大会像磁铁一样把一大半赫哲人聚集到三江平原上，尽情地欢歌笑语，诉说思念之情。天南海北的赫哲人亲如一家，经过两三天的交流沟通，加深了对民族内部的了解，增进了民族的凝聚力，增强了民族的自豪感和自信心。

二、抢救了赫哲族文化遗产

20世纪80年代，赫哲地区会说赫哲语的人不多了，会唱伊玛堪的就更少了，因此，急需抢救和保护赫哲族语言和文化。2006年，伊玛堪被批准列入全国非物质文化遗产名录。2011年11月23日，联合国教科文组织批准伊玛堪为"急需保护的非物质文化遗产名录"。伊玛堪是赫哲族的百科全书，承载着赫哲族的历史与文化，历经几千年，延续至今。在赫哲族的婚宴上，在休息的网滩上，在狩猎宿营的篝火旁，伊玛堪说唱荡气回肠，引人入胜。由于科学技术的进步、生产生活方式的改变，伊玛堪生存空间逐渐压缩，保护与传承的措施突显。"三乡两村"都设有伊玛堪传习所，有国家、省、市级传承人传教，收到了较好的效果。每一届乌日贡大会上，都设有赫哲语和伊玛堪说唱比赛，并设有奖项，大大促进了赫哲族伊玛堪的说唱水平。

现在会说赫哲语的人太少了，有一些人只是零星会一些简单的词语，赫哲语一旦消失，不可能再现。因此，一定要加大保护力度，尽量营造语言环境。赫哲地区的伊玛堪传习所都有传承人教授赫哲语，伊玛堪的说唱必须用赫哲语，故赫哲语得到了较好的保护与传承。现在的乌日贡大会设有赫哲语比赛项目，为保护民族语言做出了较大的贡献。

赫哲族是一个能歌善舞的民族，大家熟悉的《乌苏里船歌》享誉大江南北。优美的旋律、动听的曲调、朗朗上口的歌词，使人们都会随着音律哼唱起来。赫哲族民间曲调有多种，如"嫁令阔""白本出"等。赫哲族舞蹈多数由萨满舞改编，体现崇尚自然、崇拜神灵、歌颂美好生活的意愿。乌日贡大会基本上每届都有声乐、舞蹈竞技比赛，大大促进了民族舞蹈与音乐的发展。

赫哲族是我国唯一的渔猎民族，渔猎生产生活一直持续到中华人民共和国成立。赫哲族有着悠久的独特的渔猎文化，特别体现在赫哲族传统体育方面。赫哲族的叉草球直接由叉鱼演变而来；杜烈其由挡亮子演变而来；划船、游泳、潜水等是赫哲族几千年来居住在江边自然习得的技能。打兔子、射猎、跑山、赛狗爬犁等都是上山狩猎的产物。随着渔猎文化转化为农耕文化，赫哲族由渔猎产生的传统体育面临着消失的危险。赫哲族有识之士为了保护传承本民族文化而成立的乌日贡大会，对赫哲族传统体育的传承起到了不可替代的作用。乌日贡大会抢救了一大批赫哲族文化遗产，创作了一大批文学艺术作品，锻炼和培养了一大批音乐、舞蹈、体育方面的人才。

英雄史诗伊玛堪的说唱艺术蕴含着丰富的赫哲族哲学思想，代表着厚重的萨满文化。浑厚而古朴未琢的传统民间小调优美动听。赫哲族鱼皮衣制作精美，鱼皮画技艺精湛。渔猎文化演变而来的传统体育项目如叉草球、杜烈其、射箭、摔跤等，这些丰富的内容几乎涵盖了赫哲族的历史、哲学、宗教、文学、艺术、体育等方方面面，是几千年赫哲族劳动人民智慧的结晶和民族精神情趣的象征。在乌日贡大会的推动下得到了很好的发展。

三、促进了国际间民族友好往来

1997年6月19～20日，乌日贡大会在黑龙江、松花江汇流处的同江市举办。第一次邀请了与赫哲族同宗同源的俄罗斯那乃族代表团观摩大会，并参与了演出。此后各届乌日贡大会都特邀俄罗斯那乃代表团参加，很好地诠释了乌日贡大会大团结、大交流、大促进的宗旨。

乌日贡大会扩大了民族之间的交往和国际间的友好往来，抢救了一批又一批的文化遗产，促使了伊玛堪、鱼皮制作技艺、桦皮工艺等多个项目被列入联合国教科文组织和国家非物质文化遗产名录。

每一届赫哲族乌日贡大会规模越来越大，参与人数越来越多，俄罗斯那乃人来参与的人数也越来越多。可以说，乌日贡大会是赫哲族宣传赫哲族渔猎文化的窗口，是推广传承和创新发展赫哲族渔猎文化的平台。

四、促进了地区经济、文化的发展

赫哲族乌日贡大会已举办了十届，由开始的弘扬文艺、体育精神逐渐发展到集文艺、体育、民族语言、民族服饰、传统工艺、餐饮、参观、座谈、研讨等内容于一体，既有欢庆节日又有广泛交流的盛会。大会内容一届比一届丰富，竞赛、表演一届比一届精彩。赫哲族乌日贡大会繁荣了赫哲人的文化生活，促进了学术团体、文化机构的发展。1986年，佳木斯城区赫哲族联谊会成立。1987年，赫哲族第一个市级的群众性学术团体——同江市赫哲民族研究会成立。1993年，黑龙江省赫哲族研究会成立。2006年后，同江市赫哲族研究会、饶河县赫哲族研究会、抚远市赫哲族研究会相继成立。另外，还有多个赫哲族文化机构成立，包括街津口赫哲民族文化村、四排赫哲族风情园、敖其湾赫哲族旅游区、中国赫哲族博物馆、中国赫哲族网站、赫哲族历史文化资料库、赫哲族少儿艺术培训中心、赫哲族伊玛堪艺术团等文化机构和文化产业。现场观看乌日贡大会的群众、游客等利用闲余时间都会参观一下赫哲族有关的文化村，品尝一下赫哲族特有的鱼宴及欣赏美丽的三江平原。这些都带动了赫哲族当地经济的发展，带来了实实在在的经济效益。

1985年举办第一届赫哲族文体大会以来，截至2017年已举办了十届赫哲族乌日贡大会。举办赫哲族乌日贡大会既是为了深入贯彻落实党的民族政策，也是为了进一步继承和弘扬赫哲族优秀的传统文化，还能增强民族体质，为建设中国特色社会主义事业服务。从第一届"赫哲族首届文体大会"到第十届"赫哲族乌日贡大会"，每一届赫哲族乌日贡大会都有新意，既延续着以往的竞赛项目和表演项目，又在以往的基础上向前迈进了一步，不断推出新项目、新题材，实现普及与提高相结合、大众性与专业性相结合、传统体育项目与现代体育项目相结合、竞技运动与表演展示相结合、体育竞技与体育科研相结合，使赫哲族体育文化走上了普及、提高、规范、科学的道路。

实践证明，做好每一届赫哲族乌日贡大会工作，对于满足赫哲族日益增长的文化生活需要、继承和弘扬赫哲族优秀的传统体育文化、振奋民族精神、增强民族凝聚力、促进中国特色的社会主义精神文明建设和物质文明建设具有重要的意义。赫哲族乌日贡大会是赫哲族的文化大会，对赫哲族文化与历史发展的影响是现实而深远的，越来越深入人心。不断完善的乌日贡大会以它莫大的感召力不断地激发赫哲人民团结奋进在中国特色社会主义新时代。赫哲族以其特有的渔猎文化在中华民族的文明进程中，绽放永久的生机与活力，谱写赫哲族的华美篇章。

五、简述"乌日贡"节

赫哲族乌日贡大会至今已经举办了十届，一至五届每三年举办一次，从第六届开始，每四年举办一次。第三届乌日贡大会出现了多个"第一次"：第一次唱出了会歌；第一次打出了会旗和会徽；第一次点燃了圣香；第一次跳起了大型温吉尼舞蹈。可见，乌日贡大会除继续原有的社会功能外，还被赋予了新的内涵。就在这届乌日贡大会上，有人提议，能否把乌日贡大会定为乌日贡节。大会主委会就此提议召开了临时会议，参加人员为赫哲聚居区的市县乡村的负责人及较有民间影响力的人士。大家一致同意成立乌日贡节,时间定为乌日贡大会的第一天——农历五月十五,并上报给省和国家有关部门,经批准,赫哲族有了自己的娱乐喜庆的乌日贡节。

根据地方政府或部门及人口、经济条件的不同,乌日贡节的规模和内容有所差异。总的原则是每年农历十五这天,各地赫哲族群众分别组织欢庆节日,每四年延续乌日贡大会。

承载着赫哲族丰富民俗文化的四年一届的乌日贡大会演变为每年固定的赫哲族的节日,顺应了赫哲族广大人民的意愿,促进了赫哲族文化的发展和社会的进步。

第八章 赫哲族民俗体育文化的保护与传承

体育文化研究学者认为,体育起源于史前时代的生产劳动过程之中,并伴随着战争、宗教、巫术活动的出现,内容得到进一步丰富,赫哲族民俗体育的起源也是如此。赫哲族传统体育起源于何时虽无据可查,但从被誉为赫哲史诗的民间说唱文学伊玛堪的描述中可以看到,早在古代,赫哲族就有叉草球、射箭及摔跤的比赛,叉草球最迟在元朝时期出现。在《一新萨满》故事中讲道:"巴尔道夫妇有一对儿子,七八岁时就开始学习弓箭刀法。到了十五岁,箭法已很纯熟,百步之内百发百中;刀法也很熟练,时常带领家丁在囤四周打猎。"① 《查占哈特尔》中有这样的记载:"葛伦的儿子葛伦贝叶自从父亲去世后学习弓箭长枪。每日在后院练习两次,如此数年,能射中吉哈弗禄土库(铜钱眼),一箭不漏;又能射落空中飞鸟,人人称赞他的本领。"② 可见,赫哲族传统体育活动具有悠久的历史。

在历史上,赫哲族先民创造了大量的体育活动,目前,已经挖掘整理出的赫哲族民俗体育项目有百余种,它们大多源于赫哲族的渔猎生产生活、宗教活动及部落之间的战争,具有浓郁的民族特色和地域特征,是赫哲族智慧的结晶和民族精神情趣的象征。

2017年1月24日,中共中央办公厅、国务院办公厅发布了《关于实施中华优秀传统文化传承发展工程的意见》(以下简称《意见》)。《意见》指出:"文化是民族的血脉,是人民的精神家园。"赫哲族民俗体育文化也是一样,是中华优秀传统文化的重要组成部分,是赫哲人的精神追求。赫哲族地区党和政府对民俗体育文化的传承与保护高度重视,对民俗体育文化的复兴提出了根本要求。只有充分发挥民俗体育文化的价值,扎根于人民,赫哲族民俗体育文化资源才能得到更好的传承与保护。如何把赫哲族民俗体育文化传承下去,首先要考虑的是传承方式,其次是传承的困境,

---

① 黄任远、黄永刚:《赫哲族萨满文化遗存调查》,民族出版社,2009,第206页。
② 凌纯声:《松花江下游的赫哲族》,民族出版社,2014,第911页。

最后是传承与保护的措施。

第一节 赫哲族民俗体育文化的传承方式

赫哲族在其几千年的历史发展长河中,创造了丰富多彩的民俗体育文化,它是中华民俗体育文化的重要组成部分,具有鲜明的渔猎文化特征。赫哲族民俗体育文化主要起源于生产实践、军事训练、宗教祭祀、民俗节日和一些民间游戏等方面。

在古代时期,赫哲人为了获取食物就需要掌握必要的狩猎技能。由于赫哲族主要生活在三江流域,鱼类资源极其丰富,因此,赫哲族练就了造船和叉鱼的高超本领,从而就产生了叉草球、赛船等民俗体育项目。赫哲族对鱼的习性非常了解,在不同的季节采用不同的渔猎方式,像雨季,河岔灌满了雨水,鱼随着水流游到河岔之中,这时是挡亮子捕鱼的大好时节,而挡亮子这项技能就衍生了赫哲人喜爱的杜烈其这一民俗体育项目。冬季赫哲地区冰雪覆盖,这时是打围猎的季节,赫哲人赶着狗雪橇、穿上滑雪板,随着动物的脚印追赶鹿群、狍子群、野猪群等,通过这项技能衍生了追鹿、刺野猪、打兔子等民俗体育项目。

赫哲族部落之间为了争夺更多的资源,在战争和军事训练中衍生出摔跤、射箭、角力等民俗体育项目。赫哲族众多伊玛堪故事中,基本上都涉及复仇西征,在战争中多数使用的方式就是摔跤,主要是徒手摔打,腿、脚、手并用,方式不限,只要制服对方即可。赫哲族崇尚英雄,故通过战争产生的赫哲族民俗体育射箭、摔跤等项目,深受赫哲人的喜爱。

赫哲族信仰原始宗教——萨满教。在古代时期,居住于北寒带地区的人们信奉萨满教。由于自然环境恶劣,人们无法战胜自然灾害,只能祈求神灵的帮助。赫哲人相信万物有灵,万事万物都有神灵在主宰;他们崇拜祖先,相信祖先的神灵永远不灭。赫哲族也相信福祸都是神灵或鬼神在作怪,于是赫哲族就产生了祭祀活动或驱邪活动,萨满教由此产生。祭祀活动离不开舞蹈,从而产生了萨满舞。随着科技、经济、医疗、哲学等方面的发展,人们信奉的萨满教已成为历史印记,为了纪念萨满文化,民俗工作者进行了创造性转化、创新性发展,从而演变成现在的萨满舞,这使赫哲族人民用勤劳、智慧创造出来的各类民俗体育文化得以世代相传。

赫哲族世居三江流域,该区域河网密布,山川纵横,动植物资源十分丰富。河里游的鱼类就有七八十种;陆地上跑的有东北虎、黑熊、棕熊、野猪、马鹿、梅花鹿、狍子、麝、狐狸、貂、獾、兔子等；空中飞的像海东青、雕、老鹰、隼、天鹅、鹤、鹭、雉等动物也是应有尽有。因此，产生了适合少年儿童的各类游戏，如老鹰捉小鸡、掷骰子、打冰嘎、溜冰、爬树、捉迷藏、摸瞎胡等儿童游戏。

赫哲族民俗体育种类繁多、形式多样、内容丰富、博大精深、源远流长。我们有责任、有义务以有效的方式把赫哲族优秀的民俗体育文化传承下去。目前，赫哲族民俗体育文化传承主要有下列几种方式。

一、家族传承

重峦叠嶂、沟壑密布的三江流域，渔猎资源异常丰富，世代生活于此的赫哲族选择了渔猎生产方式。赫哲人捕鱼技能高超，投鱼叉百发百中。赫哲人从小就开始练习叉草球，目的是掌握叉鱼这项渔猎本领。早期的赫哲族男孩从小就练习叉鱼技能，掌握叉鱼技能主要靠家族式传承。平时，赫哲族家长带着家族里的男孩去渔猎场捕鱼，孩子们看着家长如何叉鱼，心领神会。回家后孩子想学叉鱼，家族长辈就用硬草编织很多个草球，将草球放在男孩前方10步远的地方，让孩子用鱼叉投向草球，长辈在一旁不断强调动作要领。经过长期的训练，当男孩投10次鱼叉，能够叉中6次以上时，家族长辈又提高叉草球的训练难度，将草球扔出后，让男孩叉在地上滚动的草球，男孩要叉中它必须眼明手快。当男孩叉草球命中率很高时，家族长辈就认为男孩可以划木舟到江河中真正练习叉鱼了。赫哲人的叉鱼本领是典型的家族式传承，所以赫哲族中诞生了许多叉鱼高手。赫哲儿童一般在10～12岁就已经掌握了划船、叉鱼的本领。

冬季赫哲人进山狩猎，往往是一家人或家族成员一起去，猎人必须能够操纵狗队及掌握滑雪橇和滑雪板的技能。跟家长进山狩猎的孩子们，跟着家长也就学会了操纵狗队、驾驭雪橇的技能，同时练就了滑雪的高超本领。可以说，赫哲族的孩子没有不会叉鱼的，没有不会高山滑雪的。早年的赫哲族儿童常驾着狗爬犁奔驰在林海雪原之中，穿着踏板穿越在高山峻岭之中。"两块板穿山越岭，狗拉爬犁一溜烟"，说明了当时狩猎的情景。

赫哲少年儿童为了丰富闲暇时光，根据生产劳动的一些常用技能，创造出了很多种民俗体育项目。这些体育项目的启蒙教育主要来自家族传承的渔猎技能。

随着科技和经济的快速发展、社会的进步，家族式传承民俗体育也逐渐被其他形式所取代，但对于适合家族式传承的民俗体育项目，希望有责任的家族将其永远地传承下去。

二、群体传承

赫哲族民俗体育文化是在赫哲族风俗习惯中产生的，在民众中有共同认知，在相同理念中向前发展，因此它的传承具有群众性质；由于赫哲族民俗体育群众参与性高，因此它的传承具有广泛性。随着当今科技、经济、信息化的快速发展，赫哲族民俗体育文化的群众性的传承又具有开放性。

赫哲族特色的民俗体育文化往往在本民族地区范围内传承。比如，赫哲族的跳鹿神也叫跳太平神，它是一种集体舞。早期的赫哲族每逢三月三，跳鹿神；九月九，过鹿神节。当时跳鹿神是为了驱魔避邪，保佑全村无病无灾，人丁兴旺，祈求渔猎丰收，日子平平安安。每逢三月三、九月九，村里的萨满穿上神服，敲起神鼓，全村的男女老少都跟着"咚咚"的鼓点，载歌载舞，跳起欢快的鹿神舞。20世纪20年代，在赫哲族居住的村屯中鹿神舞是盛极一时的宗教活动。例如，在街津口、德勒乞跳鹿神时，有200余人参加，场面非常热闹。现在由于赫哲族渔猎经济的衰退、医疗事业的发展、群众思想觉悟的提高，萨满在群众中的影响力已经消失，因此，跳鹿神的宗教活动渐渐地发生了转变。如今赫哲族的鹿神舞已发展成为赫哲族民间较大节庆中的一种展示原始宗教信仰、增添传统文化色彩和烘托喜庆气氛的娱乐活动。在丰收的网滩上，在林间的篝火旁，在逢年过节的欢宴上，赫哲族都会不自觉地跳起鹿神舞。赫哲族的鹿神舞能够延续至今，靠的就是群众的民族文化认同及群众参与性极强的民俗体育活动。

赫哲族的鹿神舞，赫哲语叫"温吉尼"。每届乌日贡大会上的开场舞都是温吉尼。这是集体舞，参演队员穿着节日盛装，头戴鹿角神帽，脚穿民族长靴，手持神鼓和神槌，展示着灵动的舞姿，体现了"人神之间的沟通"。赫哲族萨满舞入选为黑龙江省第一批非物质文化遗产名录。赫哲族萨满舞是集体舞，需要大家的智慧和集体的力量，需要集体传承，但真正的萨满已经不存在，只能由萨满的后代根据前辈的萨满舞蹈的动作进行编排。在这一过程中，又需要家族传承，总之，不论是家族传承还是群体传承，都是为了把优秀的赫哲族民族文化传承下去，使之永不消失。

赫哲族民俗体育文化的传承离不开群众的参与，只有大家齐心协力，才能把民俗体育文化更好地传承下去。

三、社会传承

社会性传承属于开放式传承形式。所谓社会性传承，就是通过设立某些专门的学校或培训机构，向社会广招学员，向学员系统地介绍专业知识，系统传授技能与技术，以此实现传承民俗体育文化的目的。社会传承是传统文化传承机制中的一种较为新颖的类型，比家族式传承更具广泛性，比群体性传承更具科学性。它打破了传统的家族式、群体式传承的局限，使民俗体育文化传承的对象更为广泛，也提高了民俗体育项目的规范性、实效性和科学性。它能使传承人通过有效的学习途径更快、更好地掌握相关专业知识和技能。一些高校、中小学，特别是赫哲族地区的民族学校开设了地道的民俗体育项目，如黑龙江省同江地区的中小学开设了赫哲族的民俗体育项目——打兔子、挡木轮、刺野猪、叉草球等。赫哲族现在的聚集区"三乡两村"都开设了民俗博物馆，或是民俗村，或是研习班，主要传播赫哲族传统文化，既有实物、图片，又有开放日的定时表演项目。比如鱼叉、布鲁、激达、桦皮船、萨满服饰等的实物展出，民俗体育文化的图片介绍，同江街津口民族文化村上、下午各一次的赫哲族民间舞蹈展演等，这都属于社会传承。社会传承民俗体育文化是非常重要的，它促进了民俗体育文化的可持续性发展。

现在赫哲族集聚区有"三乡两村"，分别是同江市街津口赫哲族乡、八岔赫哲族乡、饶河四排赫哲族乡、佳木斯市敖其乡敖其赫哲族村、抚远市乌苏镇抓吉赫哲族村。这五个乡村都设有赫哲族伊玛堪传习所，传授伊玛堪技艺的同时，也传授民间舞蹈，像温吉尼、天鹅舞、腰铃舞等。传习所现在教授学员有上千人，小的学员只有几岁，大的学员有 70 岁。赫哲族虽然是我国"六小民族"之一，但在社会传承民族文化方面做出了巨大的贡献，同时也收到了良好的效果。

四、民俗语境传承

这里所说的语境是以当地母语为基础的语言环境，一些少数民族的民俗体育文化就是靠民族语境来传承、传播的。1985 年 6 月 28 日，召开了"赫哲族首届文体大会"，目的是以节日庆典的形式保护和展示赫哲族浓厚的渔猎传统文化，会期一般为两天。1988 年 6 月，该大会正式定名为乌日贡大会，"乌日贡"是赫哲语，为"娱乐、游戏"之意。第一届到第四届,每三年举办一次;从第五届开始,每四年举办一次,会期2天。大会定于每年的农历五月十五召开,这时赫哲族所居住的三江(黑龙江、乌苏里江、松花江)地区正值休渔期。农闲的赫哲人从四面八方汇集而来,共同欢庆自己的民族节日。大会主要展现民族文化娱乐项目和民俗体育竞技项目。民族文化娱乐项目有最受人们喜爱的民间说唱文学"伊玛堪",还有鱼神舞、温吉尼(萨满舞)、赫哲族酒歌等。民俗体育竞技项目有摔跤、杜烈其、渔王较力、叉草球、撒网、顶杠、拉杠、打兔子、射箭、游泳、划船、拔河等。乌日贡大会充分展示了浓郁的赫哲族民族风格和多姿多彩的赫哲族民俗传统文化,也充分体现了赫哲人勤劳勇敢、拼搏奋进、集体主义至上的精神风貌和传统思想,以及积极向上的生活态度,同时也增强了民族共同体意识,加强了民族团结。

乌日贡大会现已举办了十届,规模和社会影响力越来越大。大会期间,散居在北京、山东、吉林、辽宁等地的赫哲族也纷纷赶回来参加本民族的节日盛会。俄罗斯境内与赫哲族同族的那乃人也来参加竞技,有多家媒体进行了报道。可以说,乌日贡大会在宣传、传承赫哲族民俗体育文化方面做出了巨大的贡献,每届大会举办得非常成功,值得一见。乌日贡大会作为展现赫哲族浓厚渔猎体育文化的重要舞台,对传承赫哲族传统渔猎文化起到了积极的推动作用。

从乌日贡大会中,我们可以看到,语境传承更加具有民族凝聚力,彰显了民族特色,它是保护、传承民俗体育文化的重要平台。

五、活态传承

赫哲族民俗体育文化的活态传承是指在其生成、发展的自然环境和人文环境中进行保护,在人们生产生活中进行传承的方式。

民俗体育文化传承的行之有效的方式是"活态传承",它不是静态固化的记录延续,而是要有生命力地向前发展。像赫哲族唯一信仰的萨满教,是赫哲族几千年来根深蒂固的原始信仰,他们认为萨满不仅是主持祭祀的祭司,更是无所不知的智者,沟通人与神的使者,治疗百病的能手,会占卜、能送魂、助求子的奇人。萨满在各项活动中,头戴鹿角神帽,手拿神鼓,身穿神衣、神裙,腰带挂有腰铃,给人神秘之感。每年三月三、九月九,赫哲地区都要举办大型祭祀活动,消灾祈福,庆祝丰收,大家跟着萨满跳鹿神。对当时的场面有这样的描述:"三月三、九月九,男女老少街上扭。消灾祈福跳鹿神,萨满大神显身手。敲响神鼓震长空,腰铃一甩起祥风。驱走病魔和鬼怪，祈求神灵保太平。"赫哲族伊玛堪说唱者都是大萨满，他们既是音乐家又是舞蹈家。伊玛堪是说一段、唱一段，有时还要跳一段，这是赫哲族闲暇时间最好的娱乐方式。20 世纪 50 年代以前，生产力的低下、频繁的战争、生活的困苦、科学技术的落后及精神生活的贫乏等都导致萨满教在赫哲族中的兴盛。人们无力摆脱困苦，只能祈求神灵的帮助，以此得到心灵的慰藉。当时，只能如此。

中华人民共和国成立后，随着社会发展的需要，萨满教逐渐退出了历史舞台。赫哲人为了留下祖先宝贵的精神遗产，取其精华、去其糟粕，创编了适合新时代需要的萨满舞，深受赫哲人及观赏者的喜欢。赫哲族伊玛堪已成为世界文化遗产，萨满舞已被列入第一批黑龙江省非物质文化遗产名录，赫哲族聚居区都成立了赫哲族文化传习所。传习所教授赫哲语、伊玛堪、萨满舞等，赫哲族萨满舞的传承人编排了鹿神舞、天鹅舞、鱼神舞、神鹰舞等，在乌日贡大会上进行了表演，受到了观众的一致好评。每届乌日贡大会中晚间的篝火晚会上，赫哲人都要跳上一段篝火舞，还要说唱大段伊玛堪，深受赫哲人的喜欢。现在赫哲人秉着"保护为主、抢救第一、合理利用、传承发展"的原则来开发民俗文化。在宗教文化基础上的伊玛堪、萨满舞是活态传承的成功典范，活态传承使得赫哲族优秀的文化遗产得以保护传承、创新发展。

总之，通过各种形式的传承使得赫哲族民俗体育文化发挥其应有的文化价值，更好地为中国特色社会主义新时代的精神文明建设服务。

第二节 赫哲族民俗体育文化的传承困境

赫哲族民俗体育文化来自生产生活、军事战争、宗教信仰、民俗节庆等方方面面，展现了古代先民辉煌的历史和多姿多彩的生活，体现了先民的聪明才智及创造精神，反映了赫哲族传统文化的厚重与深远。

赫哲族民俗体育文化是在渔猎文化的背景下产生、发展起来的。随着社会的发展和对文化的日益重视，对赫哲族民俗体育文化的传承保护也加大了力度，但也面临着诸多方面的困境。

一、赫哲族民俗体育文化生存环境恶化

赫哲族民俗体育文化也同样受到西方体育文化的冲击。改革开放

40多年，中国的经济实现了突飞猛进的发展。当今在全球一体化的背景下，中国的体育文化受到西方体育文化的冲击。而西方现代体育有规则规范、竞技性强等特点，像篮球、足球、田径、游泳等就深受中国年轻人的喜爱。它们的到来更加挤压我国民俗体育的发展空间，冲击民俗体育文化，使民俗体育文化的影响力不断减弱，特别是流传范围有限的赫哲族民俗体育项目面临着消失的危险。

随着中国城镇化脚步的加快，赫哲族民俗体育参与者数量减少，赫哲族民俗体育文化浓厚的"乡土气息"渐渐变淡。受青少年升学或青年人外出务工等因素的影响，经过长期渔猎形成的赫哲族民俗体育项目（像挡木轮、叉草球、追鹿、杜烈其、射箭、顶杠等）生存的自然环境和人文环境都在缩小，严重地影响了赫哲族民俗体育的发展。20世纪90年代前，孩子们在愉快地进行叉草球、赛船、摔跤、嘎啦哈、跑山等民俗体育项目随处可见。现在，孩子们游戏的空间缩小、课业学习负担加重，很少见到他们愉快玩耍的情景了，赫哲族民俗体育文化生存的空间变得越来越小。赫哲族的叉草球运动由于生活方式的转变失去了生存的"土壤"，赫哲族民俗体育文化发展的空间持续缩减。

随着科学技术的进步，电子产品占据了很多青少年儿童的闲暇时间，从而也挤压了赫哲族青少年儿童的民俗体育活动时间，赫哲族民俗体育文化的发展在用时上也在缩减。

赫哲族民俗体育的生态环境是民俗体育文化生存的基石，生态环境的破坏将严重阻碍民俗体育文化的发展，有可能使一些民俗体育项目丧失其生存的能力，造成严重的损失。

二、赫哲族民俗体育文化传承乏力

体育文化传承，是指一个民族将自己长期积累的体育文化以"接力棒"的形式传授给下一代的交接过程。文化传承具有稳定性、完整性、延续性和强制性等特征，同时民俗体育文化依赖的风俗习惯、自然环境及宗教信仰等相关因素，这使赫哲族民俗体育文化又表现出脆弱性。

赫哲族民俗体育一些项目是通过言传身教进行传承的，随着城镇化的发展和农村劳动力的剩余，赫哲地区的年轻人大量涌入城市，造成了承载赫哲族民俗体育活动的主体严重流失，传承链条出现了断裂。

赫哲族民俗体育文化的传承人是民俗体育文化发展、传承的保障，随着老一辈传承人的老去或离世，后辈民俗体育文化艺人严重匮乏，使本来就脆弱的民俗体育文化活动出现了后继无人的状况，一些民俗体育项目难以传承下去，最终走向消亡的境地。40 岁以上的赫哲族妇女都会跳房子、欻嘎拉哈等游戏，她们儿时冒着酷暑，几个小伙伴饶有兴致地在庭院中跳来跳去；冬季几个小伙伴坐在暖炕上欻嘎拉哈。这些情景都一去不复返了。女孩们用合适的野猪的脚趾骨做小人，用骨窝一端做底，用骨头一端做头，粘上头饰、眉毛、眼睛、鼻子、嘴巴和衣服，摆放在窗台上。做好的小人各式各样，煞是好看。这种工艺和这种游戏基本上已经消失，真是太可惜了。最好是有这些记忆的家长积攒一些猪脚骨头，带着孩子做这样的手工游戏，既能锻炼孩子的动手能力，培养审美情趣，也能增进亲子之间的感情。

当今，赫哲族民俗体育文化传承仍要以传承人为主体。但是，现在社会的娱乐方式、生活方式丰富多彩、种类繁多，五彩缤纷的世界吸引着无数年轻人的参与，这使古老的民俗体育文化活动出现了"门前冷清"的局面。许多年轻人不喜欢参与民俗体育文化活动，更谈不上顾及与传承了。这些因素都制约着赫哲族民俗体育文化的发展与传承。

三、赫哲族民俗体育文化学校传承有限

学生是民俗体育文化传承的重要群体，是民俗体育文化源远流长的必不可少的纽带，学校体育是学生教育的一个重要环节。从现阶段学校体育教学内容来看，幼儿园、小学开设的民俗体育项目要多一些，但通常比较简单，像幼儿园有老鹰捉小鸡、拉网捕鱼、民族舞蹈等项目。小学有老鹰捉小鸡、爬树、打兔子、跳大绳、腰铃舞等项目。初高中主要以西方现代体育项目为主，民俗体育项目为辅，主要有叉草球、跳绳、打兔子、刺野猪、摔跤等非常有限的民俗体育项目。大学要稍好一些，许多大学公共体育课堂开设了杜烈其、渔王角力等民俗体育项目，但这主要依靠擅长民族传统体育研究的教师教学。如果大学中没有研究赫哲族传统体育的教师，也就谈不上这方面的传承了。因此，黑龙江省的大学中的体育教师一定要有一部分从事赫哲族民俗体育文化的研究，最好辐射到周边省份，像吉林、辽宁等女真先民的世居之地。

赫哲族有上百种民俗体育项目，但在学校开设的民俗体育项目极其有限。中小学及大学体育对现代体育的关注程度远远胜于本土的民俗体育。赫哲地区的一些中小学不具备开设现代体育的教学条件，但这些学校也未能开设适合本土的民俗体育项目。在民众的日常生活中，经常看到中小学

生去参加现代体育舞蹈、健美操、跆拳道等培训班，但很少有孩子接触民俗体育项目，因此更谈不上对民俗体育文化的学习、传承和发扬了。

四、赫哲族民俗体育文化相关研究不足

政府职能部门主要侧重于赫哲族渔猎文化的保护与传承，"三乡两村"都设置了民族村或赫哲族民俗博物馆。佳木斯敖其赫哲族民族村设有展示原始赫哲文化的文博馆。体育学术界、民俗文化学术界等应致力于民俗体育文化的弘扬与传承，对赫哲族宝贵的民俗体育文化资源加以挖掘与整理、开发和利用，并进行理论与实践的深入研究。这些系统工作需要强大的专家团队、科研工作者、民俗体育文化学者的辛勤工作，同时也要借助政府相关职能部门的政策、物力和财力的扶持。

目前，中国许多高校设置民族传统体育学的本科专业、硕士研究生点，还有部分高校招收民族传统体育学博士研究生。培养的学生绝大多数的起点为武术套路和散打两个专业方向，涉及民俗体育文化专业内容较少，而且他们从事民俗体育文化的后续研究不够，导致关于民俗体育文化的高质量的学术论文、著作、专利、成果奖、国家级和省级科研项目不多。到目前为止，民俗体育专业领域的许多概念仍处于具有多种定义、多种说法的学术观点的局面。例如，民俗体育、民间体育、民俗民间体育等，甚至本科专业的名称怎么称谓还处于不同观点的讨论之中。相关学术研究成果还没达到一定的水平，亟待提高对民俗体育文化的相关学术问题的研究。

五、赫哲族民俗体育文化社会宣传力度不够

1980年以前，偏远村寨集体化的自娱自乐活动内容较多。赫哲地区儿童的户外活动，如打口袋、跳房子、滚铁环、玩嘎拉哈、跳皮筋、弹玻璃球、滑冰车、打雪仗等，在本地区广泛流传。东北地区的赫哲族的顺口溜"老太婆爱唱白本出，小媳妇爱玩摸瞎糊"，反映了当时民俗体育活动与人们生活的密切关系。现在孩子们户外游戏活动时间被电视、电脑、手机等网络媒体所取代，很少再见到人们进行民俗体育活动的情景了。大人、小孩在业余时间几乎都守在电视、电脑、手机前，从而使本应常伴人们身边的赫哲族民俗体育文化渐行渐远，有的甚至变成了民俗节日的点缀。

赫哲族民俗体育文化不是一朝一夕形成的，而是经过无数次的经验积累并具有一定的地域影响力之后才被后人流传下来。因此，我们一定要格外珍惜前辈世世代代留下的集体智慧，针对现在赫哲族民俗体育文化发展的状况，社会层面的宣传力度还不够，需要进一步加强。

六、赫哲族民俗体育文化管理机制欠缺

2003年以来，国家开始重视对非物质文化遗产的保护工作，其中也包括民俗体育文化。第一批国家级非物质文化遗产保护名录中有518项，其中民间舞蹈有41项，杂技与竞技有17项。省级非物质文化遗产保护中的民间舞蹈、民俗体育也占有一定的比例，说明国家与地方政府非常重视民俗体育文化的保护工作。一些民间组织、科研机构也经常举办各种学术研讨，重要内容之一就是民俗体育文化的传承与保护。但相对于丰富多彩的民俗体育文化来说，还是冰山一角，说明从国家到地方的管理机制还远远不够。民俗体育文化资源丰富的地区往往都在偏远的边疆地区，这些地区经济相对落后，交通不便，导致各层次的管理机构鞭长莫及，地方管理机构缺失或不健全，再加上资金投入不足，人才匮乏，从而制约了民俗体育文化的传承和发展。

赫哲族经历了几千年风雨，创造了极具浓郁民族特色、内容丰富、形式多样、风格古朴的民俗体育文化，它是中华民族文化的重要组成部分。面对丰富多彩的赫哲族民俗体育文化，在保护与传承方面，国家和地方都做了大量的工作。研究机构、民间协会、高校等一些体育工作者不断地进行挖掘与整理、开发与利用、保护与传承的工作。在民俗节日、民运会等主要活动上进行表演或竞技的民俗体育项目，对于赫哲族民俗体育来说极其有限。出于各种原因，赫哲族民俗体育项目在当今社会中的传承在逐年递减，这不得不令我们深思和担忧，我们不想让任何一个民俗体育项目在我们身边消失，因此应该上下联动，共同努力，保护与传承宝贵的赫哲族民俗体育文化。

第三节 赫哲族民俗体育文化的传承措施

文化是一个国家、一个民族的灵魂。毛主席曾经多次强调："要建设民族的、科学的、大众的中华民族新文化。"2016年5月24日，习近平总书记在同江八岔村看望赫哲族群众,并赞扬赫哲族历史悠久、文化丰富,特别是渔猎技能高超,图案艺术精美,伊玛堪说唱有韵味。由此可见,国家领导人非常关心赫哲族的生产生活,也非常重视民族文化的发展。

赫哲族历史悠久,民族文化丰富,保护和发展民俗体育文化是体育工作者的责任和义务。赫哲族传统体育展示的是本民族的传统,通过萨满舞再现赫哲族的宗教信仰,通过叉草球再现赫哲族的原始叉鱼的生产方式,通过摔跤再现赫哲族狩猎与战争场面……赫哲族传统体育锻炼了参赛者的体能和技能,诉说着赫哲人艰辛的生活历程。为了生存,风里来雨里去,与恶劣的自然环境抗争,与猛兽搏斗,与外敌拼杀,体现了赫哲民族顽强向上的民族精神。赫哲族民俗体育文化在重大节日上的展示能更好地激发全民族的热情,增进民族团结,因此,保护与传承赫哲族传统体育具有极其重要的意义。

赫哲族先辈创造的叉草球、叉鱼、赛船、撒网、杜烈其、顶杠、挡木轮、射箭、摔跤、打兔子、跑山等独特的民俗体育曾经是赫哲人民业余文化生活的重要组成部分,给赫哲人带来了无尽的欢乐,为锻炼赫哲人的渔猎生产技能做出了巨大的贡献。随着赫哲地区渔猎资源的减少,传统渔猎生产的渐失,来源于渔猎生产生活的极具鲜明渔猎特征的赫哲民俗体育出现了衰退。对此,探讨赫哲族民俗体育的保护发展的有效途径,对传承几千年流传下来的我国唯一的渔猎民族的传统体育文化具有非常重要的意义。

没有人知道赫哲族各项体育诞生于哪一年,代代相传、传承至今的赫哲族民俗体育在当今多么熟悉,对于当时来说是多么的珍贵。我们应该润物细无声地加以保护和传承。对赫哲族传统渔猎文化的继承和保护已成为重要问题,尤其是在这种具有传承功能的民俗体育活动中,如何保护和发展赫哲族的传统渔猎文化显得至关重要。当地政府采取多种措施加强保护赫哲族民俗体育文化的力度。赫哲族民俗体育受国内生产生活方式的改变和外来文化的影响以及市场经济的冲击,赫哲族传统的渔猎文化面临着消失的危险。比如,具有赫哲族自身特点的鱼叉、桦皮船、三块板船、滑雪板、狗爬犁、弓箭等在现实生活中很难见到,基本上都陈列在民族博物馆中,急需创造多种有效途径来保护与传承。根据赫哲族民俗体育产生的背景,把赫哲族民俗体育分为以下几类:渔业、狩猎与军事、地域环境、儿童游戏项目。我们要把这几个种类的民俗体育文化研究好,对于繁荣民族传统体育文化将起到完善和丰富的作用。

1953～2015年,我国已完成了十三个"五年规划",在稳中推进了政治、经济、文化、体育、生态文明等方面的建设,并取得举世瞩目的成就,为全面建成小康社会打下了坚实基础。尤其是1978年以来的改革开放,使中国经济得到前所未有的快速发展,人们生活水平得到极大的改善。市场经济的出现、科技的发展、全球化时代的到来,不断冲击着中国的传统文化及人们的思想,赫哲族一部分民俗体育文化也面临失传和消失的境地。发展、传承、保护赫哲族民俗体育文化是体育工作者的责任和义务。传承和保护不能盲目,而应有恰当的保护方法和传承策略。

一、政府主导下的保护与传承

中国《非物质文化遗产保护法》提出,"国家大力扶持民族地区、偏远地区非物质文化遗产保护、保存工作"。政府相关职能部门非常重视民族传统体育的保护与传承工作,除出台相关的保护政策、建设场馆及添置健身器材等方面以外,还投入资金,重点扶持一些地方特色的民俗体育项目,确定区域性的非物质文化遗产保护名录及其代表性传承人,以便更好地保护和传承民俗体育文化,使之更快、更好地发展。

习近平总书记在党的十九大报告中指出:"文化是一个国家、一个民族的灵魂。文化兴国运兴,文化强民族强。没有高度的文化自信,没有文化的繁荣兴盛,就没有中华民族伟大复兴。"由此可见,国家非常重视文化事业的繁荣发展。赫哲族民俗体育文化工作者也积极开展民俗体育文化资源的挖掘和整理工作,挖掘整理出极具民族特色的民俗体育项目,如叉草球、杜烈其、鹿毛球、追鹿、天鹅舞、温吉尼等。这些都是国家相关政策主导和扶持的结果。

由于赫哲族地区经济发展相对落后,政府投入资金有限,主导作用还要加大,地方民众保护民俗体育文化的意识还要增强。虽然出现了上述问题,但赫哲族地区的政府仍为赫哲族文化的传承付出了很大的努力。1990年11月15日,全国唯一的赫哲族博物馆在黑龙江省同江市开馆。展出的78件文物中,有6000多年前赫哲族人使用过的石斧、陶罐等,还有鱼皮衣裤、桦皮船、狗拉爬犁等。其中,有118张反映赫哲渔猎民族的宗教信仰、文化艺术、新生活的照片。

赫哲族"三乡两村"都成立了非物质文化遗产传习所,指派传承人传承赫哲族非物质文化遗产,像伊玛堪、萨满舞、鱼皮衣制作等,获得了良好的效果。

赫哲族"三乡两村"也都成立了赫哲族民族展览馆、民俗村、民族文化村等，主要是传承和宣传赫哲族的渔猎文化及民俗体育文化。

相信随着国家经济的不断快速发展，人们生活水平的不断提高，赫哲族民俗体育文化资源将得到很好的保护与传承。把民俗体育项目作为一种健身娱乐的方式进行大规模的宣传和推广，这样会更符合中国非物质文化遗产保护的整体部署。我们应着眼于对特殊群体的民俗体育文化进行研究的工作，对赫哲族民俗体育文化的发展从各个角度进行分析，在理论上，提供一份具有扎实、鲜明观点的体育文化新成果，充实国内体育文化理论；在实践上，为全民健身运动提供更多的素材，为合理利用民俗体育资源提供借鉴。

二、通过融入学校体育课堂进行保护与传承

随着我国经济、科技、教育、体育事业的快速发展，本来只有赫哲语而没有文字的赫哲族快速"汉化"的现象越来越严重，再加上中国城镇化速度的加快，许多赫哲族青壮年进城务工人数越来越多，使赫哲族民俗体育文化传承的中坚力量不断外流。有些赫哲族古老的民俗体育出现了危机，有的民俗体育游戏项目甚至亮起了"黄灯"。如果赫哲族某项民俗体育消失，它的损失是不可估量的，不仅是赫哲族传统体育文化的损失，也是中华民族传统体育文化的缺失。如何让赫哲族优秀的民俗体育文化健康、可持续地发展呢？实现赫哲族传统体育与学校体育的有机结合是最佳途径之一。

赫哲族所处的自然地理环境是在中国东北边疆地区，与俄罗斯的东部地区为近邻，也是中国的一个跨境民族。随着国家对传统文化保护力度的加大、各种相关政策的出台，一些优秀的、适合学生的民族传统体育项目得以走进课堂。可充分发挥各类学校的教学资源平台作用，在现有学校体育课程中，介绍并穿插一些民族传统体育文化内容，或利用学校资源向所在区域的人们宣传喜闻乐见和比较熟悉的民族传统体育项目是保护与传承赫哲族民俗体育文化的有效措施。赫哲族是中国东北地区的古老民族，其民俗体育文化也主要在黑龙江省的三江流域地区流传。在佳木斯地区和双鸭山地区的赫哲族聚集区的学校中开展赫哲族传统体育项目，具有便利条件。

赫哲族民俗体育文化资源丰富、历史厚重，集健身、娱乐、观赏、休闲、教育于一体。为了更好地传承赫哲族民俗体育文化，赫哲族民俗体育项目走进当地学校体育教学课堂势在必行，因此，必须创新和开发赫哲民俗体育文化资源，更好地为当地学校的体育教学服务。近些年，赫哲地区很多中小学开设了叉草球、杜烈其、打兔子、刺野猪等体育课程，内容简单，易于掌握，教学注重基础性、健身性、教育性。体育课程的教学，使学生了解博大精深的赫哲族优秀的民俗体育文化，激发和培养学生对民俗体育文化的兴趣，起到强身健体的功效，从而达到保护、传承民俗体育文化的目的。例如：黑龙江省同江市街津口乡赫哲族中学，该学校以本民族民俗体育项目为特色，在学校体育课堂中开设挡木轮、打兔子、叉草球、拉杠、顶杠、渔王角力、射弩等项目，使本民族的民俗体育进入当地学校。这些项目民族特征明显、内容独特、形式新颖、群众基础好，特别是挡木轮、叉草球等项目，经过改造创新后，形式简洁、规则明确，适合学校体育课堂，受到学生的欢迎。课间，几个男生可以进行打马仗、摔跤、"挤油"等赫哲族游戏项目。

民俗体育进入体育教学课堂，既传承了民族文化，又达到学生健身娱乐的目的。幼儿园开设的民俗体育主要是游戏类项目，如丢手绢、老鹰捉小鸡等，主要体现的是娱乐性；小学主要体现的是趣味性、娱乐性，应开展运动负荷较低的民俗类体育项目，如跳绳、毽球、打兔子、打沙包、跳房子、拔河、民族舞蹈等；初高中主要体现的是竞技性、健身性、娱乐性，所开设项目基本上与小学相同，但应加大运动强度；高校开设的项目不仅体现健身性，还有民俗体育文化的发展与传承的理论研究。这些赫哲族民俗体育项目在学校的开发，不仅增强了学生的体质，保护了赫哲族民俗体育文化，还间接地培养了赫哲族民俗体育项目的传承人，为赫哲族民俗体育文化的传承与保护做出了较大的贡献。

将赫哲族一些优秀的传统体育项目适当改造，完善竞技比赛规则或民俗体育游戏方法，并进行一定的文化包装之后，使广大青少年和儿童能够接受，并逐渐喜爱，就能够在学校体育当中得到广泛应用和推广。当前，东北地区越来越多的体育专家和体育学者认识到学校体育与赫哲族传统体育相互促进的重要性。

民俗体育文化资源经过合理的开发，引入学校体育教学之中，通过学校体育和赫哲族传统体育文化相结合，既能使民俗体育发挥健身功能、娱乐功能，又使学生学习民俗体育文化的相关知识，有效地促进赫哲族民俗体育文化的开发、传承与保护。这样有助于实现赫哲族传统体育文化朝着健康、可持续的方向发展，使赫哲族优秀的民俗体育文化得到保护和传承。

三、通过加强学术研究进行保护与传承

要使民俗体育文化可持续健康发展，学术研究作为保障必不可少。不但政府应成立专门从事民俗体育文化研究机构，有条件的高校也应成立民俗体育文化研究基地或研究所，充分利用科研机构和高校的雄厚学术力量、专家人才集中的优势，对民俗体育文化进行挖掘、整理和开发，用科学的态度指导民俗体育文化的普及与传承，使更多的民俗体育文化实现大众化、通俗化、时尚化，夯实民俗体育文化的群众基础，推动其向着更为科学、先进的方向发展，使优秀的赫哲族民俗体育文化得到更好的保护与传承。

赫哲族民俗体育文化的根基在民间，要挖掘、整理，做学术研究的学者必须深入赫哲人生活的偏远地区。赫哲族民俗体育项目主要掌握在交通不便的农村地区中的老年人群当中。比如：赫哲族聚居区 50 岁以上的妇女在小时候经常玩的"嘎拉哈""跳房子""踢口袋"等活动，现在的大人和小孩子几乎没有人玩了。要想知道"嘎拉哈"的多种游戏玩法，必须深入赫哲族偏远的农村地区，访谈 50 岁以上的妇女才能取到"真经"。这就需要民俗体育文化研究者克服各种困难，要有充分的思想准备，深入挖掘，仔细甄别，才能得到更多、更真实的素材。深入持久地研究赫哲族民俗体育文化，才能达到更好的保护与传承的目的。

四、依托旅游资源进行保护与传承

1953～2020 年，中国已完成了十三个"五年规划"，并取得了举世瞩目的成就，为国民经济的发展打下了坚实的基础。尤其是从 1978 年开始的改革开放，使中国经济得到前所未有的快速增长，使人们的生活水平得到了大幅度的提升，与此同时也给各行各业的经济发展迎来了春天。第三产业中的旅游业便是其中之一。旅游市场经过多年的繁荣发展，现在以休闲娱乐为主的旅游模式占据旅游产业的主体。随着全国各地旅游业的蓬勃发展，借助各自的当地地缘和资源优势纷纷打造特色旅游服务。优美的自然风光、深厚的历史文化、多姿多彩的民俗民风都是旅游资源非常重要的元素。以民族传统体育文化为品牌的特色旅游促进了旅游业的发展，通过旅游产业与民族传统体育文化的嫁接，促进民族传统体育文化得到更好的保护与传承，两者相辅相成、实现共赢。

2016年年底，由国家旅游局、国家体育总局联合发布的《关于大力发展体育旅游的指导意见》中提出："到2020年，在全国建成100个具有重要影响力的体育旅游目的地，建成100家国家级体育旅游示范基地，推出100项体育旅游精品赛事，打造100条体育旅游精品线路，培育100家具有较高知名度和市场竞争力的体育旅游企业与知名品牌，体育旅游总人数达到10亿人次，占旅游总人数的15%，体育旅游总消费规模突破1万亿元。"2017年，全民健身工作"十项新举措"中，计划在全国范围内建设100个运动休闲特色小镇。这些小镇将发挥体育的潜在优势，利用特色体育产业与当地旅游业的深度融合，每个特色小镇有30～40个体育运动项目，吸引以家庭为单位的人群来旅游观光和体育健身。

随着中国旅游业的发展，旅游观光产业的兴起，以"民俗体育活动"为主题的旅游景点大量涌现。

美丽的东北三江平原周边山高林密，特别是赫哲族地区，水草丰茂，群山环绕，夏季稻田是碧波荡漾，秋季是金光灿灿；宽阔的黑龙江、松花江、乌苏里江汹涌澎湃，4000米宽的黑龙江宽广辽阔；美丽的完达山是动物的乐园，有白天鹅、白鹭、鸳鸯、野鸭子、野鸡、猛禽、驯鹿、梅花鹿、狍子等，游客在夏天都能见到。秋季是浓墨的山水画，与俄罗斯隔江相望，自然风光优美，特别是白露前后，还可看到成群的大马哈鱼逆流而上的场面，可以亲身感受一下"叉鱼"的乐趣，每年都吸引大量的国内外游客。再加上美丽的赫哲族小镇有很多民俗体育运动项目可以体验，为游客增添了无穷的乐趣，特别适合家庭旅游。

适合春夏秋季旅游的项目有叉草球、叉草靶、鹿毛球、打兔子、刺野猪、射箭、射弩、跑地箭、摔跤、顶杠、拉杠、打脚力、拔河、钓鱼、抓鱼、叉鱼、赛船、拉纤赛、打水仗、游泳、撇石子、渔网角力、搬原木、杜烈其、跳沙坑、滑沙、爬山、欻嘎拉哈、投骰子、老鹰捉小鸡、摸瞎胡、打马仗、翻绳、拔大葱、跑塔墩、爬树、学松鼠跳等，让游客参与其中，乐在其中，深受游客的喜爱。

我国东北地区冬季漫长，一年中有小半年时间被冰雪覆盖，陆上雪多冰厚，特别是高山密林、沟壑、江河全被冰雪覆盖。针对这样的自然环境，过去，聪明的赫哲族创造出了便捷的交通工具——爬犁和滑雪板。赫哲族的狗爬犁，是当地人运货或出行的交通工具，在赫哲族生产生活中发挥了重要的作用。东北有"十一月，大冷天，跑爬犁，雪冒烟"的顺口溜，形容得非常贴切。适合冬季旅游的赫哲族民俗体育运动项目繁多，有狗爬犁、闯下坡、滑雪、追鹿、打雪仗、堆雪人、挖雪窖、滑冰、滑冰车、打冰磨、打冰嘎、叉草球、叉草靶、鹿毛球、杜烈其、射弩、顶杠、拉杠、打脚力、打兔子、刺野猪、老鹰捉小鸡、打口袋、跳房子、欻嘎拉哈、憋死牛、摸瞎胡、打木轮、翻绳、拔大葱、爬山、打马仗、冬捕等。孩子们在冰上、雪上尽情玩耍，增添了无穷的乐趣。赫哲族小孩玩的小爬犁是大爬犁的缩小版，可在一定坡度的沙子上滑下，也可在有雪的山坡上滑下，以卧、坐、站立等姿态滑下，非常惊险有趣。现在，大爬犁已失去了原有的运输功能，而成了现在北方地区旅游的特色交通工具，赫哲雪乡观光者乘坐狗爬犁或马爬犁奔驰在辽阔的林海雪原，别有一番情趣。小爬犁的游戏功能还在，但都成了增加旅游收入的新亮点和经济增长点。在元旦、春节等冬季节假日，很少看到白雪的南方人会到东北雪乡来旅游。他们欣赏雪景的同时，也感受东北的民俗民风。他们坐在狗爬犁上，奔驰在林海雪原之中，感受东北的千里冰封，万里雪飘的冬季风光。这些民俗体育项目已经进入了经济范畴，成了发展旅游的"招牌"，带来了可观的经济效益，促进了当地经济的发展，同时也保护与传承了赫哲族民俗体育。

依托旅游资源来保护与传承赫哲族民俗体育文化，给当地民众带来经济实惠的同时，唤醒了他们传承本民族文化的自觉，也提高了他们对本民族文化的自信。赫哲族"三乡两村"地区基本上都设置了旅游景区，佳木斯敖其湾赫哲族旅游园区就设有滨水、狩猎功能区，文博馆；饶河县四排赫哲族乡利用淳朴民风、秀丽风景、厚重文化建设了四排赫哲风景区。景区内设有赫哲族风情园、展览馆等，开辟了多条旅游路线，有生态、风情、边境游等。体验赫哲族民俗体育活动，像钓鱼、抓鱼、网鱼、打水仗、游泳、划船等，真是乐趣无穷。做到了赏异国风光、畅游乌苏里江、垂钓大雁湖、徜徉马场岛、品尝"江水炖江鱼"，体会赫哲风情。四排赫哲族民俗风情园就坐落在四排乡，园内建有度假区、钓鱼娱乐区、观光游览区、冰雪文化区等4个功能区。步入园区，可以欣赏到赫哲人飞叉捕鱼的绝技、巧手制作的鱼皮衣、桦皮船和工艺品，可品尝具有浓郁风味的"生刨鱼花"和"塔拉哈"。同江街津口是赫哲族的故乡，开发了街津口国家森林公园以及赫哲族文化村，感受街津口美丽的山水的同时，可以到文化村观赏赫哲族传统舞蹈、民族体育项目，同时还能听上一段赫哲说唱"伊玛堪"。同江八岔赫哲族乡依托赫哲民俗个性化优势，推动文化旅游产业融合发展，先后建设了天赐湖公园、赫哲族渔猎文化馆等文化旅游设施。2019年，八岔赫哲族乡荣获"中国最美生态文旅小镇"称号。抓吉赫哲族民俗村建有赫哲文化传习所、民族文化博物馆，使赫哲族渔猎文化及民俗体育文化在这里得到传承与发扬。这些都为赫哲族体育旅游创造了良好的基础条件。通过民俗体育文化与旅游产业的有效结合，使广大游客积极参与到民俗体育活动之中，既丰富了旅游产业的内涵，又弘扬了赫哲族民俗体育文化，提升了当地旅游的知名度，二者互相促进，协调发展。

通过旅游为赫哲族民俗体育文化搭建了传播的平台，也成了赫哲族民俗体育展示的舞台，同时也丰富了旅游的文化内涵。在国家非常重视生态环境建设的今天，大力倡导尊重自然、保护自然、敬畏自然、追求人与自然的和谐统一的同时，达到保护与传承赫哲族民俗体育的目的。

由此可见，民俗文化是旅游产业的重要组成部分，民俗体育文化给游客带来了知识与快乐。民俗体育文化借助旅游业得到了进一步的发展，旅游业借助民俗体育文化丰富了它的内涵。要大力开发民俗体育文化资源，更好地为旅游业服务，这同时也是保护与传承赫哲族民俗体育文化的有效措施。

五、通过借助民俗节日进行保护与传承

每个民族传统节日，大多蕴藏着丰富的民族文化内涵，民族传统节日与民族传统体育文化有着十分密切的关系，因此，了解、认识和研究少数民族传统节日与民族传统体育之间的关系，有助于民俗体育文化的保护与传承，赫哲族也不例外。

赫哲族民俗文化是中华文化的重要组成部分。民俗节日是民俗文化的反映，赫哲族民俗体育文化是赫哲族节日的重要活动内容。其中，赫哲族最盛大的节日之一是赫哲族的乌日贡大会和赫哲族乌日贡节。创新和开发赫哲族民俗体育文化资源，为赫哲族节日增添娱乐、喜庆的氛围，丰富节日的活动形式，充实节日活动的内涵。赫哲族民俗节日为赫哲族民俗体育文化提供了展示的平台和发展的空间。

赫哲族散居在我国最东北的三江流域，地广人稀，几千年形成的风俗习惯、宗教信仰产生了丰富多彩的、独具特色的民俗节日活动。联合国教科文组织曾经提道："在原始氛围内保存民族传统活动，使其充满活力。"我们要营造民族传统体育文化赖以生存和发展的基础环境，努力保护赫哲族传统民俗节日，力争为民俗体育文化的发展营造一个良好的氛围和充足的空间，积极引导民众参与到民俗传统体育文化活动中来，建立良好的群众参与基础，保证赫哲族民俗传统体育文化的可持续性发展。

赫哲族的全民族聚会乌日贡大会，"乌日贡"，赫哲语为"欢乐喜庆"之意。1985年6月，赫哲族首届赫哲族文体大会胜利召开，目的是联络感

情,增进族内人们之间的友谊。第二届改称为乌日贡大会至今。随着赫哲族乌日贡大会知名度越来越高,天南海北的赫哲人借着乌日贡大会齐聚一堂欢庆自己的节日。在2009年第八届乌日贡大会上,运动员、新闻记者、国内外学者、观众,还有俄罗斯境内的那乃人代表等上千人参加了大会。多家媒体对此进行了报道。截至2017年,赫哲族乌日贡大会已整整召开了十届,如今已成为宣传赫哲族民俗体育文化的重要手段。乌日贡大会以文艺、体育为主要内容。其中,神秘的萨满舞表演最为精彩,还有民俗体育项目叉草球、顶杆、摔跤、渔王角力、杜烈其等民族特色项目,吸引了很多观众。叉草球、杜烈其经过长期的演变、开发与创新,已发展成集观赏性、娱乐性、竞技性、独特性于一体的民俗体育项目,深受赫哲人的喜爱。借助乌日贡大会,开发、创新的民俗体育项目得到更好的保护与传承。

赫哲族民俗体育有100多项,主要项目有叉草球、射箭、摔跤、顶杠、拉杠、挡木轮、赛船、拉纤、渔王角力、拔大葱、撒旋网、游泳、叉鱼、打兔子、刺野猪、杜烈其、追鹿、鹿毛球、滑冰、滑雪、托日乞、抽冰嘎、嘎拉哈、温吐鲁、囊图鲁、酷苏恩等。为了具有观赏性,在乌日贡大会上竞技项目只有叉草球、射箭、摔跤、顶杠、拉杠、杜烈其、打兔子、赛船、渔王角力等项目,基本上都是需要有很好的体力的项目,很多赫哲人有心无力,所以导致看表演的多,参与的少。针对这种情况,大会的组织者积极通过多种途径扩大赫哲族群众的参与度。例如,增加适合普通民众参与的娱乐性较强的比赛项目,如打兔子、抓鱼、背媳妇、搬原木、撒旋网等比赛,要求的体力不是很大,主要是吸引赫哲族群众积极参与,使乌日贡大会成为政府主导、赫哲族群众为主体的上下联动的盛会,从而达到普及、宣传、保护和传承的目的。

赫哲族传统体育在全国少数民族运动会(简称民运会)上独具风采。从1987年开始,赫哲族传统体育连续出现在民运会的表演项目中,如1987年的撒旋网、1991年的叉草球、1995年的叉鱼、1999年的鹿毛球、2003年的杜烈其和叉草球、2007年的杜烈其和温吐鲁、2011年的杜烈其和火球等。赫哲族传统渔猎体育在全国少数民族运动会上,作为黑龙江省代表团的主打,在黑龙江省少数民族运动会上成为焦点。从1987年开始,赫哲族民俗体育逐渐走向全国,在全国及省市少数民族运动会上的频频亮相,吸引了人们的关注和参与,扩大了影响力,起到了宣传的作用,也是很好的保护与传承的重要途径。特别是在2009年中华人民共和国成立60周年的庆典活动上,赫哲族鹿毛球的表演推动了赫哲族民俗体育文化在全国的传播。

民族传统节日离不开民俗体育活动的烘托，给民俗体育活动提供了时间和平台。民俗体育文化活动是民族传统节日不可缺少的内容之一，它丰富了民族传统节日，活跃了民族传统节日的氛围。民俗体育文化与民族传统节日的有机结合，是民俗体育的一大特色。地方政府要积极参与其中，在政策上给予支持，在实践活动中给予指导。在民族传统节日期间举办丰富多彩的民俗体育文化活动，将极大地促进赫哲族民俗体育文化的传承与保护。

六、通过加大媒体宣传力度进行保护与传承

如何保护与传承优秀的民俗体育文化，保护民俗体育非物质文化遗产，保护珍贵的赫哲族民俗体育文化资源，除需要政府职能部门、各级学校、广大民众的积极配合和参与外，还要提高广大人民群众对赫哲族民俗体育文化资源的保护意识。只有更多的民众关注和参与，赫哲族民俗体育文化资源才能得到更好的保护与传承，从而健康快速地向前发展。同时，也要加大媒体对赫哲族民俗体育文化的宣传力度，使更多的民众了解赫哲族美丽的自然环境和丰富的民俗文化，从而加入保护、传承民俗体育文化的队伍中，在社会中积极营造宣传、保护、传承民俗体育文化的氛围。可以通过一些活动来宣传民俗体育文化，如通过举办民俗体育文化周、民俗体育文化节、民俗体育竞赛等活动，让媒体参与其中，加大宣传力度，使之传播范围更广。还可以开设专题、专栏，举办论坛、讲座、科普等活动，使民众更好地了解赫哲族民俗体育文化，这有利于民俗体育文化的传播和推广普及，从而达到保护与传承的目的。例如，到赫哲地区旅游可关注官方微信公众号，随时查看赫哲族地区的各种信息，有各种文化活动的视频，通过它们，可以了解赫哲族民俗体育文化，对赫哲族民俗体育文化起到了宣传作用。

在信息高度发达的今天，加强媒体对民俗体育文化的宣传是十分必要的。要充分利用媒体平台宣传赫哲族民俗体育文化，让更多的民众了解民俗体育文化，接受民俗体育文化，并在现实中参与到民俗体育文化活动中来，从而达到对赫哲族民俗体育文化的保护与传承的目的。

七、通过国际间的交流进行保护与传承

民俗体育文化资源根植于民间,它与相应的自然环境和人文环境是密不可分的,因此,民间是民俗体育文化资源保护和传承的主体。很多民俗体育文化是靠口传身授才传承到今天的。

赫哲族只有语言,没有文字,具有本民族特色的叉草球、追鹿、打木轮、渔王角力、射箭、顶杠等,能够出现在今天,就是靠民间的口耳相传流传至今。赫哲族的一些民俗体育项目离不开自然资源,像游泳、滑冰车、打冰磨、跑山、欻嘎拉哈等项目与自然环境有直接的关系。赫哲族居住地依山傍水,三江沿岸就是赫哲人家,哪个孩子不喜欢水!整个夏天,小河、河岔是孩子们的乐园,他们游泳、打水仗、跑水、潜水、跳沙坑、划船、憋水抓鱼等。冬季,冰封的江河是孩子们的滑冰场,打滑出溜的、滑冰车的、打冰磨的、溜冰的、打冰嘎的,到处都是孩子们欢快的身影。几乎每年的冬季,在冰冻的黑龙江中心地带,都要清理出一块滑冰场,举行中俄两国青少年滑冰友谊赛,还有拔河比赛。一条界河成了友谊的桥梁,沟通了两国人民的情感,加深了两国人民的情谊。有的地区举行两国冬季河上马拉松比赛。打马仗、摔跤、滑雪等娱乐性、参与性广泛的民俗体育项目的保护与传承,主要靠的是民俗体育的爱好者;摔跤、掰手腕、拉杠、渔王角力、射箭等民俗体育项目主要在民间靠个人兴趣爱好传承。这些民俗体育项目在民间的保护与传承更具有大众性、广泛性,民间传承才是民俗体育文化传承的最佳途径。

中国赫哲族与俄罗斯那乃族同根同源,1858 年的《瑷珲条约》和 1860 年《中俄北京条约》的签订,使同一民族的赫哲人分属中俄两国。在中国的是中国赫哲人,在俄罗斯的现在称那乃人,因为同根同源,所以民间往来密切。2018 年 7 月 23 日,笔者在同江调研期间,还看见了俄罗斯那乃族一个小伙子到赫哲族朋友家来玩,他们以亲戚的关系友好往来,赫哲人也经常去俄罗斯那乃人家串门。赫哲族的乌日贡大会,俄罗斯那乃人派团队参加表演或比赛,赫哲族也经常参与那乃人的民间体育活动。他们经常相互交流,相互借鉴,共同保护和传承赫哲族民俗体育文化。

1994 年 8 月 23 日至同年 9 月 4 日,中国黑龙江民族民间艺术团应日本国立民族博物馆、全日本乡土艺能协会和福井县政府邀请,参加了日本福井县举办的"94"福井国际艺术节。此次出访日本,艺术团带去了"东方萨满神""冬钓""开江乐"等舞蹈和歌曲节目。艺术团在日本共演

出 5 场，展现了赫哲族独特的魅力和风采，赢得了专家、学者的赞誉，以及各国民间艺术家和日本观众的欢迎。

1997 年俄罗斯那乃文化艺术节、2005 年俄罗斯那乃区新村建村 150 周年庆典、2006 年俄罗斯太阳区干顿村建村 355 周年庆典、2016 年俄罗斯那乃文化艺术节，黑龙江的赫哲族人都有派团队参加活动，表演了萨满神舞、伊玛堪说唱、歌曲等，受到了观众称赞和好评。由于语言相同，他们可以无障碍交流，同歌同舞，观摩那乃人的文艺演出，欣赏民间艺人的手工制品等，进行了广泛的民间交流，推动了赫哲族民族文化的传承与传播。

八、健全法律机制有效保护与传承

为了保护民俗传统体育文化资源，国家和地方出台了相应的法律法规，对濒临灭亡的民俗体育项目进行抢救与保护。2004 年 8 月，全国人大常委会批准实施《保护非物质文化遗产公约》；2005 年 12 月，国务院颁布《关于加强文化遗产保护的通知》（简称《通知》），《通知》的指导方针为"保护为主、抢救第一、合理利用、加强管理"，目标是"成为全社会的自觉行为"；1995 年 8 月，全国人大常委会全票通过的《中华人民共和国体育法》第十五条指出："国家鼓励、支持民族、民间传统体育项目的发掘、整理和提高。"这些政策的出台对民俗体育文化的传承与保护提供了法律保障，极大地促进了民俗体育文化的发展。赫哲族萨满舞、叉草球、天鹅舞都被收入黑龙江省非物质文化遗产名录。

赫哲族"三乡两村"都成立了赫哲族非物质文化遗产传习所，确定传承人，招收学员，教授赫哲语、伊玛堪、鱼皮衣、鱼皮画的制作，以及民间舞蹈、萨满舞、篝火舞等。他们培养了上千名学员，使赫哲族民俗体育文化得以传承和发展。

以上各种有力措施，让根植于特定民族和地理环境的赫哲族民俗体育文化更好地融入群众的生产、生活、学习之中，转化为人们强身健体、娱乐身心的不可缺少的日常活动，使赫哲族民俗体育文化资源得到更好的保护与传承。

第九章　赫哲族运动员参赛成绩

　　赫哲族世居我国最东北地区，自然环境优美，河网密集，山林密布，野生动植物资源极其丰富，三江里的鱼类就有近 80 种，山林中动物种类繁多，过去常用"棒打狍子瓢舀鱼，野鸡飞进饭锅里"来形容赫哲地区自然资源的富庶。赫哲族以渔猎为生，不识五谷。赫哲族夏捕鱼为粮，冬捕猎易货。赫哲族的渔猎生产生活练就了赫哲族吃苦耐劳的精神，恶劣的自然环境造就了赫哲人超强的忍耐力，因此，赫哲族过去被称为"雄族"。如今，赫哲族生产生活方式发生了性质上的改变，但赫哲族积极向上、拼搏进取的精神代代相传。因此，赫哲族的运动员练就了一身本领，虽然赫哲族人口较少，但在全国、省市运动会上取得了较好的成绩。

第一节　黑龙江省少数民族运动会参赛情况

　　1982 年，黑龙江省第一届少数民族传统体育运动会（会址：牡丹江），孙玉铁、尤明义参加了射击项目的比赛。

　　1986 年，黑龙江省第二届少数民族传统体育运动会（会址：佳木斯），参加人员为孙玉森、尤满祥、付宝军、孙玉民、尤双福、尤晓坤、何锐刚、何彦军、于忠文。他们获叉草球、撒旋网优秀表演奖。

　　1990 年，黑龙江省第三届少数民族传统体育运动会（会址：大庆），参加人员为孙玉森、吴福常、尤玉军、尤延军、乔志鹏、尤晓坤、何彦春、付志丽、付玉玲、付淑梅、吴明祥。他们参加了竞赛项目"珍珠球"和"颈力"的比赛。他们获叉草球获游戏表演奖。会上，孙玉森被表彰为"全省民族传统体育活动先进个人"，街津口赫哲族乡被授予"开展少数民族传统体育活动先进乡"荣誉称号。

　　1994 年，黑龙江省第四届少数民族传统体育运动会（会址：齐齐哈尔），参加人员为付淑梅、付冬梅、吴翠霞、韩卫民、尤俊宏、毕红兵。他们获叉鱼、冬猎优秀表演奖，孙玉森再次被表彰为"黑龙江省民族传统体育活动先进个人"。

1998 年，黑龙江省第五届少数民族传统体育运动会（会址：牡丹江），参加人员为孙玉森、吴宝臣、乔志鹏、孙玉虎、尤立松、尤俊利、吴福军、吴彩云、齐亚萍、齐艳华、尤满玲、尤秀梅、付玉玲、付娟、何玉林。他们参加了竞赛项目"颈力"的比赛。他们叉草球、挡木轮优秀表演奖。

2002 年，黑龙江省第六届少数民族传统体育运动会（会址：哈尔滨），参加人员为孙玉森、吴宝臣、乔志鹏、孙玉虎、尤立松、吴宝利、吴福军、尤卫民、郭亮亮、何玉林、付娟、付玉玲。他们叉草球优秀表演奖，参加了竞赛项目"打布鲁"的比赛，何玉林取得比赛第二名。

2006 年，黑龙江省第七届少数民族传统体育运动会（会址：齐齐哈尔），参加人员为董建民、孙玉森、乔志鹏、尤明国、尤明忠、尤俊宏、尤延军、尤俊生、毕红兵、李景山、李延山、尤超、孙中馗、吴赫雷、尤明芬、尤卫萍、何玉林、葛玉霞、葛彦伟、付娟、付晓峰、刘刚、于浩、何思明。他们获杜烈其表演一等奖及叉草球二等奖。

2010 年，黑龙江省第八届少数民族传统体育运动会（会址：佳木斯），参加人员为乔志鹏、尤明国、尤延军、毕红兵、吴宝利、吴振山、孙中馗、李景山、尤雷、尤超、王海龙、吴艳清、周赫娟、尤玮玲、齐亚萍、何玉林、王丽琴、付玉江、付霞、付娟、任彩云、何思明、何石峰、尤晓坤、王亦伟、王连军、徐强、于浩。他们获杜烈其、挡木轮表演一等奖，克莫奴、打夵表演二等奖，其中，尤明国被表彰为"全省民族体育工作先进个人"。

2018 年 7 月 29 日，同江市赫哲族代表队参加了在杜尔伯特蒙古族自治县举办的黑龙江省第九届少数民族传统体育运动会暨杜尔伯特蒙古族自治县第二十四届那达慕大会，赫哲族运动员包鹏、尤今等荣获女子 60 米板鞋竞速第一名的好成绩。

第二节　国家级运动会参赛情况

1958 年，在全国滑雪大赛上，尤满昌获 10 公里高山滑雪少年男子组第一名；尤景玉获该项目成年男子组第二名，吴明新获第六名。

1959 年，在全运会公路自行车比赛中，毕大川获"国家运动健将"称号。

1987 年，全国第三届少数民族传统体育运动会在新疆乌鲁木齐举行，参加人员为尤满祥、付宝军，表演项目为"撒旋网"，获优秀表演奖。

1991年，全国第四届少数民族传统体育运动会在广西南宁举行，参加人员为孙玉森、尤玉军、尤晓坤、付淑梅、付志丽。表演项目为"叉草球"获表演三等奖。

1995年，全国第五届少数民族传统体育运动会在云南昆明举行，赫哲族参加人员为付淑梅、付冬梅、吴翠霞、韩卫民、尤俊宏、毕红兵，表演项目为"叉鱼"，获表演三等奖。

1999年8月，全国第六届少数民族传统体育运动会分会在西藏拉萨举行，参加人员为孙玉森、乔志鹏、孙玉虎、尤立松、尤俊利，表演项目为"鹿毛球"，获表演一等奖。

1999年9月，全国第六届少数民族传统体育运动会主会场北京举行，参加人员为孙玉森、吴彩云、张新奇，表演项目为"挡木轮"，获表演一等奖。同年，他们还参加了中华人民共和国成立50周年庆典活动。

2003年，全国第七届少数民族传统体育运动会在宁夏银川举行，参加人员为孙玉森、何玉林、乔志鹏、付攀、尤延军、石雷、尤闯、吕振中、齐艳华、尤建颖、付亚秋、尤文梅、葛玉霞，表演项目为"杜烈其""叉草球"，均获表演一等奖。会上，孙玉森还被表彰为"全国民族体育工作先进个人"。"民族体育之花"为尤伟萍。

2007年，全国第八届少数民族传统体育运动会在广东广州举行，参加人员为董建民、孙玉森、乔志鹏、尤明国、尤延军、尤俊生、尤俊宏、毕红兵、吴宝利、毕立智、吴福军，表演项目为"杜烈其"，获表演银奖。"民族体育之花"为贺宇慧。

2011年，全国第九届少数民族传统体育运动会在贵州贵阳举行，参加人员为孙玉森、乔志鹏、尤明国，表演项目为"叉草球"，获表演二等奖。毕长虹任大会表演项目裁判员。"民族体育之花"为尤荃平。

2015年于8月9日，全国第十届少数民族传统体育运动会在内蒙古鄂尔多斯市举行，参加人员为乔志鹏、尤明国、毕立智、吴宝利、孙中尫、尤俊宏、尤闯、尤浩、尤超、尤雷、尤延军、胡靖、韩霖、吕振中、李景山、孙俊哲，表演项目为杜列其鹿毛球，分别获表演二等奖和三等奖。"民族体育之花"为付成成。

2019年9月8日，中华人民共和国第十一届少数民族传统体育运动会在郑州市举行。黑龙江省参赛的表演项目"叉草球"由同江市指导编排，荣获一等奖。

赫哲族是一个能歌善舞的民族，也是富有体育资源的民族。赫哲族人口虽少,只有五千多人,但赫哲族人人都在努力保护和传承本民族的文化,努力践行创造性的转化和发展。我们相信,在习近平新时代中国特色社会主义思想的指引下,在全体赫哲族人的努力下,在政府部门的大力支持下,赫哲族优秀的民俗体育文化一定会有更好的前景。

参考文献

[1]〔晋〕陈寿：《三国志》，北京，中华书局，1959年。

[2]〔唐〕魏征等：《隋书》，北京，中华书局，1973年。

[3]〔宋〕欧阳修、宋祁等：《新唐书》，上海，同文书局，1903年。

[4] 中华书局：《清实录》，北京，中华书局，1986年。

[5]〔清〕傅恒：《皇清职贡图》，沈阳，辽沈书社，1991年。

[6]〔清〕张缙彦：《宁古塔山水记》，哈尔滨，黑龙江人民出版社，1984年。

[7] 黑龙江省地方志编纂委员会：《黑龙江省志·民族志》，哈尔滨，黑龙江人民出版社，1998年。

[8] 凌纯声：《松花江下游的赫哲族》，北京，民族出版社，2011年。

[9]《赫哲族简史》编写组：《赫哲族简史》，北京，民族出版社，2009年。

[10]《民族问题五种丛书》黑龙江省编写组：《赫哲族社会历史调查》，北京，民族出版社，2017年。

[11] 黄泽、刘金明：《赫哲族·黑龙江同江市街津口乡调查》，昆明，云南大学出版社，2004年。

[12] 张嘉宾：《那乃人传统的生产习俗》，《黑龙江民族丛刊》1995年第3期。

[13] 杨茂盛：《赫哲族的源流、分布与变迁》，《黑龙江民族丛刊》1988年第2期。

[14] 徐景学：《西伯利亚史》，哈尔滨，黑龙江教育出版社，1991年。

[15] 孙亚强：《赫哲族伊玛堪代表性传承人口述史》，哈尔滨，黑龙江人民出版社，2016年。

[16] 黄任远：《伊玛堪田野研究报告》，北京，中国社会科学出版社，2016年。

[17] 孙玉民、孙俊梅：《中国赫哲族》，银川，宁夏人民出版社，2011年。

［18］郝庆云、纪悦生：《赫哲族社会文化变迁研究》，北京，学习出版社，2016年。

［19］内蒙古东北少数民族社会历史调查组：《黑龙江省抚远县下八岔赫哲民族乡情况》，《黑龙江民族丛刊》1985年。

［20］内蒙古少数民族社会历史调查组：《达斡尔鄂温克鄂伦春赫哲史料摘抄》，呼和浩特，内蒙古民族出版社，1962年。

［21］张嘉宾：《黑龙江赫哲族》，哈尔滨，哈尔滨出版社，2003年。

［22］朱宏伟：《伊玛堪集成》，哈尔滨，黑龙江人民出版社，2013年。

［23］赵德龙：《中国赫哲族体育》，哈尔滨，黑龙江人民出版社，2014年。

［24］潘宏伟、崔性赫：《赫哲族传统体育保存现状及发展研究》，《四川体育科学》2014年第2期。

［25］黄任远：《伊玛堪田野研究报告：对赫哲族歌手吴连贵的调查》，北京，中国社会科学出版社，2016年。

［26］黄任远、黄永则：《赫哲族萨满文化遗存调查》，北京，民族出版社，2009年。

［27］黄任远：《赫哲族》，沈阳，辽宁民族出版社，2014年。

［28］《同江赫哲风物》编辑委员会：《同江赫哲风物》，哈尔滨，黑龙江人民出版社，2016年。

［29］郭晓华：《佳木斯地区历史文化研究》，北京，社会科学文献出版社，2005年。

［30］黄聪：《中国古代北方民族体育史考》，北京，人民出版社，2009年版。

［31］孙玉民、孙俊梅：《中国赫哲族》，银川，宁夏人民出版社，2011年。

［32］杨光：《赫哲族社会文化变迁研究》，长春，东北师范大学博士学位论文，2011年。

［33］吴桂华：《满—通古斯语族民间文学的奇花异葩》，《民族文学研究》2001年第2期。

［34］西安地图出版社：《中国地图册》，西安，西安地图出版社，2010年。

［35］张璇如：《赫哲族族源问题》，《北京民族》1990年第5期。

［36］合灿温、张士东：《从高句丽民族的濊系来源及其与周边民族关

系看高句丽语》,《通化师院学报（人文社科版）》2015 年第 2 期。

[37] 刘江波：《浅谈体育文化对人的社会观念的影响》,《成功（教育)》2010 年第 12 期。

[38]〔明〕宋濂等：《元史》卷三十四,《文宗卷·本纪第三十四》,北京, 中华书局, 2001 年。

[39]〔俄〕史禄国：《北方通古斯的社会组织》, 赵复兴等译, 呼和浩特, 内蒙古人民出版社, 2014 年。

[40]〔苏〕基列：《那乃人的民族游戏》, 陈柏霖译, 哈尔滨, 黑龙江民族出版社, 1995 年。

[41]〔美〕查尔斯·佛维尔：《西伯利亚之行》, 斯斌译, 上海, 上海人民出版社, 1974 年。

[42]〔清〕曹廷杰：《西伯利东偏纪要》, 沈阳, 辽海书社, 1885 年。

[43]〔宋〕马端临：《文献通考》, 北京, 中华书局, 2011 年。

[44] 张伯英：《黑龙江志稿》, 哈尔滨, 黑龙江人民出版社, 1992 年。

[45]〔春秋〕左丘明：《国语》, 王超译, 北京, 北京联合出版公司, 2015 年。

[46]〔宋〕范晔：《后汉书》, 北京, 中华书局, 2007 年。

[47] 赵尔巽：《清史稿》, 北京, 中华书局, 1977 年。

[48]〔清〕阿桂等：《满洲源流考》, 沈阳, 辽宁民族出版社, 1988 年。

[49] 屠寄：《黑龙江舆地图》,［出版者不详］, 1899 年。

[50]〔宋〕叶隆礼：《契丹国志》, 上海, 上海古籍出版社, 1985 年。

[51]〔汉〕班固：《汉书》, 北京, 中华书局, 1962 年。

[52]〔明〕魏焕：《皇明九边考》,［出版者不详］, 1936 年。

[53]〔明〕任洛、薛廷宠：《辽东志》, 沈阳, 辽沈书社, 1934 年。

[54]〔明〕李贤、彭时、吕原等：《大明一统志》, 台湾, 台联国风出版社, 1965 年。

[55]〔宋〕王钦若、杨忆、孙爽等：《册府元龟》, 北京, 中华书局, 1985 年。

[56]〔唐〕房玄龄等：《晋书》, 北京, 中华书局, 2015 年。

[57]〔元〕陶宗仪：《南村辍耕录》, 北京, 中华书局, 2004 年。

[58]〔英〕詹姆斯·乔治·弗雷泽：《金枝》, 赵阳译, 西安, 陕西师范大学出版总社有限公司, 2010 年。

[59]〔明〕李时珍:《本草纲目》,刘衡如点校,北京,人民卫生出版社,1977年。

[60] 王国维:《宋元戏曲考》,北京,朝华出版社,2018年。

[61]〔汉〕许慎:《说文解字》,北京,中华书局,1963年。

[62]〔唐〕孔颖达等:《毛诗正义》,北京,中华书局,1957年。